Serve The People

A Stir-Fried Journey Through China

味人民服務

從小麵攤到五星級餐館的奇妙歷程

林留清怡 著

韓良憶 譯

書評

美籍華人記者林留在其融合回憶錄與食譜的迷人作品中，記錄了她在上海與北京時工作與生活的點滴。她在北京的職業廚藝學校研習時，發現了自己對中國飲食與文化的熱情。成長於美國、父母生於臺灣的作者坦承，她於二〇〇〇年初至中國時，確實覺得與自己的文化根源有所隔閡；畢業於美國新聞學校的她，最後成為*Time Out*雜誌北京的美食編輯。作者在旅居上海與北京期間，開始記錄她在北京華聯廚藝學校時所經歷的沮喪、但終究值得的學習過程。在那裡她拜師於學校師傅王主任門下，這位成長於文革時期的老派師傅，傳授她切菜、採買以及如何通過烹飪考試的基本功。

然而，一紙單薄的文憑並無法免去女性在專業廚房受到歧視，以及當地不願意聘雇外國人的窘境，但林留還是在張大廚的麵攤為流浪民工煮食，也曾在名為「陷老滿」（Xian'r Lao Man）的熱門餃子館工作，後來又極其幸運地獲得到梁主廚的高檔餐廳黃浦會的實習機會。林留透過敘述與她並肩工作的許多中國人的故事（還有他們的食譜），以及至河南的味精工廠或盛產稻米的廣西省的旅程，對其克服文化藩籬做了完整、生動的禮讚。

——《出版人週刊》

在中國研習烹飪使得作者能夠擁抱其文化傳統。*Time Out*雜誌北京美食特派記者林留坦承，她雙親並不認為廚師是個成功的職業。他們從臺灣移民至美國，把女兒送到長春藤名校，並不是為了讓她謀得「中國地位最卑微的工作」。然而作者自二〇〇〇年起搬至中國追求自由記者生涯後，卻發現「除了寫作之外，中國食物成了她第二狂愛的事物」。她進入北京的華聯廚藝學校學習，在那裡她勤勉聽講、恭敬服從、複製師父的手藝，甚至還考慮像其他多數男性學員一樣，在期末考時作弊。然而，學校的年長總管王主任卻將林留納入羽下，傳授她珍貴的傳統烹飪手藝，並且一點一滴地透露出其在文革時期所歷經的駭人過往。作者在透過與其相遇的人們記錄中國的巨變時，始終保持極為崇敬的態度。她在一家餐廳裡跟一名離婚女子一同包餃子，這名女子曾花了大把鈔票，透過「人蛇」安排與臺灣男子結婚。儘管身為女性與外國人，她仍成功在上海的黃浦會謀得一職，這兒正是迷人成功的梁子庚主廚（Jereme Leung）所服務之處，其西化的餐點表現風格與異國原料的使用，領先群倫。做為兼職飲食評論家，作者驚訝於餐廳老闆竟敢對她公然行賄，但在品嚐像是幼犬與雄性牲畜的生殖器官等奇特食物時卻毫無懼色。除了幾則引人垂涎的食譜之外，林留還以三道「小菜」妝點其筆下平易可親的故事：參觀河南的味精工廠，到平安（Ping'an）的稻田，以及中國四大美食發源地之一揚州。本書得以讓人一窺快速變遷中的國家樣貌。

——《科克斯書評》（*Kirkus Reviews*）

林留為現代中國及其變化萬千的飲食廚藝做了迷人的導覽。

——《時人雜誌》

《味人民服務》逍遙自在、融合多種文化、美食家式的寫作風格，正是讀者會喜歡的。書中充滿動人可口的敘述、真實的食譜、有趣幽默的軼事，以及一個找到人生方向並深深為其著迷的年輕女子所經歷的一切美好。

——《國際先驅論壇報》（*International Herald Tribune*）

三十一歲、聰明慧黠的林留知道世人都愛好的廚子，特別是懂得滿足人們對中國文化飢渴的廚子。

——《華盛頓郵報》（*Washington Post*）

千萬別錯過林留的《味人民服務》。這部罕見的作品不僅饒富趣味，也極其動人。

——《華爾街日報》（*The Wall Street Journal*）

故事有趣且特別。

——美國廣播節目*Fresh Air*

林留帶領讀者嬉遊於中國，有點像是中國美食版的「喜福會」……一部出乎意料讓人無法釋手的作品。

——《遠東經濟評論》（*Far Eastern Economic Review*）

林留是那種在敘述「麵條之美」以及「餃子的魔力」時，絲毫不會感到難堪的廚子。從她對在中國習廚的每一頁生動敘述中，你能不斷感受到她對料理食物全神貫注的態度。

——《基督教科學箴言報》（*Christian Science Monitor*）

書中充滿作者在中國的生活故事，讀來流暢有趣，讓人不忍釋手。

——《圖書館期刊》（*Library Journal*）

從廚師證照班，刀削麵館，到新派上海菜的殿堂「黃浦會」，林留清怡不只以學徒之姿帶領讀者見識中國各層級餐飲的幕後面貌，更用她華裔美籍的半個外國人眼光洞察市井百態，字裡行間流露濃濃的人情味與幽默的跨文化觀察。

——莊祖宜，《廚房裡的人類學家》作者

獻給我的雙親和他們的父母——阿媽、阿公和婆婆、公公；他們為子孫付出了很多，更讓我在他們多彩多姿的故事、智慧和各色中國食物中成長。

目次

目次

第一部　烹飪學校

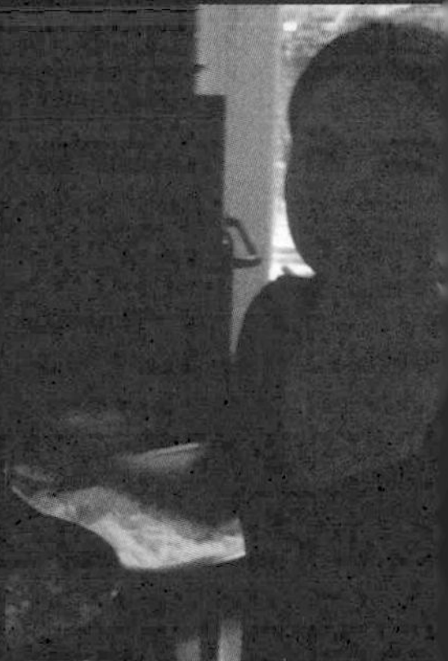

在烹飪學校，我學到一大堆令人咋舌的說法，好比說，吃魚頭可以修護你的腦細胞；吃辣能讓你膚色好看；最好在菜餚臨起鍋前才放味精；美國人吃麵包，所以胖，中國人吃米飯，所以瘦；你在美國當廚師三年，就可以回中國買房子。

我騎著自行車走在一條窄巷裡，經過一間公廁，穿過一扇大門，騎過臭著一張臉的守門保安，來到烹飪學校。我在移居中國第五年時，也就是二〇〇五年十月在這兒註冊入學。學校租用一所中學的教室講課，室內沒有暖氣，讓人越坐越冷。其他人都習慣了公立學校不設暖氣和隔熱設施，一律穿著羽毛衣，只有我在薄外套底下打著哆嗦。

我的同學們無精打采地坐在座位上，手裡鬆鬆地捏著一枝筆，人人都是一副煩膩又冷漠的模樣。除我以外，在座清一色是男士，年紀從二十到五十不等，多半沒讀完中學。張老師並不介意他們在課堂上接手機，有一回我聽到有位同學在剪指甲，課堂上響起一下又一下帶有節奏的咔嗒咔嗒聲。張老師講課時卻常常瞇眼看著我，他不怎麼高興我跟別人不一樣。

我向他提問題打斷了他，我並沒有舉手，因為這課堂上不時興這一套——學生根本就不該發問。因此我盡量提高嗓門開口就問，「麻煩您把那個字寫清楚一點好嗎？」我經常如此要求。

張老師哼了一聲，用手背抹黑板，然後用正楷重寫了那個字，粉筆發出刺耳的聲音。

有時，我忙著抄下張老師講的話，並未停下來提出疑問。當我在課後溫習筆記時，發覺內容混雜了心理學和中式的陳腔濫調，好不奇異。

「人的味蕾受到幾個不同的因素影響，」張老師宣稱，並一一列舉：年齡、性別、職業和心態，我乖乖地寫下。他解釋說，女人喜歡比較清淡的食物，男人偏好辛辣，女——清淡，男——辛辣，我潦草地用英文記下。

「如果你是在田裡幹活的農夫，常常舉重的東西，你的味蕾就跟坐辦公室的人不一樣。」他補充說。我一邊記下這項資訊，一邊在心裡肯定地嗯了一聲。後來，當我重看筆記時，真懊惱自己當時沒請他就這一點多講解一番。

可是當我發問時，張老師總是不大高興地看我一眼，其他學生則不安地在座位上動動身子，我學會跟別人一樣：聽課、點頭、抄筆記。

我們不在課堂上抄寫張老師的見解時，就在廚房裡。廚房設在另一間教室，裡頭加裝了爐頭、瓦斯筒、料理檯、水槽和冰箱，教室有了這些簡單的設備，看來就像較寬敞的典型中國家庭廚房。這廚房寬敞歸寬敞，卻不是那種你會想遊目四顧的空間，你可不想看見磁磚牆上的污垢，這牆壁八成有五年多沒擦洗過了。我估計我們在廚房裡學些真材實料的時間，應可彌補在課堂上浪費的時間。我從未進過中國的職業廚房，它們可是惡名昭彰的吃客禁地，這會兒我卻發覺自己置身於擺滿砧板、炒菜鍋、菜刀和瓶瓶罐罐辣油與蠔油的房間裡。不過，我很快便發現，即便在這間廚房裡，還是有些事物學生只准看不准動手，好比說，烹飪。

我們並沒有動手燒菜，而是坐在擺在教室裡的一條條板凳上，觀察高師傅的一舉一動。高師傅是位老派廚師，以前任職於一家蘇聯式的國營大飯店，國家計畫式經濟告終後，這家大飯店風光不再。高師傅保有舊制度的遺風，燒菜仍愛按照歷久彌新的中國傳統，愛用味精與大量的大豆油。儘管他猛加味精和大豆油——或許正因為如此——他燒的菜好吃極了。

我們看著高師傅燒菜，他那兩隻細瘦的臂膀不斷揮動，好像蚱蜢。我們聽著他一邊用北京土腔嘁嘁喳喳地說明食譜，一邊寫黑板。他將材料分為主料、配料和調料三大類；他偶爾會在主料旁寫明分量，不過一般都是憑著直覺，將材料扔進鍋裡，反正廚房裡一只量杯、一把量匙也沒有。

我們仔細查看他的用具，就僅有一把炒菜鍋、一塊砧板和一把刀刃八吋長、四吋高的菜刀。有時，他會拿出一樣比較複雜的工具，好比說油炸用的網籃。「有沒有看到這籃子和把手？這可是一體成形，所以絕不會斷掉。我是在六〇年代買的，工廠早就關門了，如今再也沒人做這種籃子了！」他不屑地發著牢騷，言下之意不啻在說，中國從前那一窮二白的時代比較美好。

高師傅在鑊前大展身手，看得我們目不轉睛，大為神往。他把醃過米酒的里肌肉薄片排在弧形的鍋裡，用中大火加熱，不時蕩鍋（編按：倒油，旋轉鍋子，使油分布均勻）讓汁液如漩渦流動，等肉的一面熟了，他舉起鍋子，好像翻煎餅似的，一個動作就把肉片統統翻了面，他重複前面的程序，蕩鍋，翻面，蕩鍋。加了大蔥與薑調味後，這又嫩又味道十足的鍋塌里肌，展現中國菜的根本要素：首重新鮮與簡單。

這一天的菜色都燒好以後，我們總算可以行動了，大夥從凳上一躍而起，圍在爐臺邊，手持從自家帶來的筷子，有志一同地向食物進攻。最小盤的菜先被吃光，尤其是海鮮類的昂貴菜色，我們接著攻向熱氣最氤氳的菜，接著吃完其他的菜。不過三分鐘，所有的菜餚一掃而空，有一堂課結束時，我好不容易打敗另外一個人，搶到最後一串炸干貝，他只拿到一根空空的竹籤，因為干貝全被我貪心地一把扯下來啦。我早已學會，不能站在那裡等著別人把食物端給我。

鍋塌里肌

3／4磅豬里肌肉，逆紋切薄片
2大匙米酒或雪莉酒
1／2小匙鹽
1／2小匙現磨白胡椒
2顆大的雞蛋
1／2杯中筋麵粉
1／4杯蔬菜油外加1大匙用來淋鍋的分量
2大匙雞高湯
1根大蔥，僅取蔥白，縱切剖開後切末
2塊拇指大小的薑，去皮切末

2小匙麻油

豬肉用1大匙米酒、1／4小匙鹽和1／4小匙胡椒醃十分鐘。在另一只碗裡將蛋打散，放在爐灶邊備用。

麵粉置於盤中，肉醃好以後，兩面撲上麵粉，拍一拍，拍掉多餘的粉。把沾粉的肉片放在蛋汁旁備用。

把炒菜鍋放在爐上，開中火，加進1／4杯的油，晃動鍋子，讓鍋底各邊都沾到油。油熱了以後，迅速把每一片肉蘸上蛋汁，下鍋，讓肉一片片整齊地排列在鍋裡。用鍋鏟輕輕將肉片鏟鬆分開，不時沿著鍋邊淋一點油，以免肉片沾鍋，把肉片朝下那一面煎至略焦黃，翻面再煎（如果沒辦法一口氣翻動全部的肉片，別擔心，只要每片肉都確實翻了面，就可以了）。將剩餘的油、1大匙酒、剩餘的鹽與胡椒和雞高湯加進鍋裡，灑上蔥薑末，淋麻油。貼鍋這一面的肉也焦黃時，將鍋子離火，讓肉片順著鍋邊滑進盤子裡，立即上菜。

當我在網上利用「谷歌」用中文搜尋「北京烹飪學校」時，出現十二萬九千筆網頁，「華聯烹飪學校」是其中一筆。我選中這所學校，主要是因為校址離我在北京市中心的住處不遠，這一點很重要，畢竟首都面積大得嚇人，交通又亂得可怕。我想尋找的典型的經驗，可不想一開始就雄心勃勃，立下大志，依我看，我只要算得上熟悉中式烹調，燒得出像樣的晚餐請客，於願已足。

華聯就跟北京成百上千家烹飪學校一樣，也是職業學校，宗旨在訓練有意從事餐飲業的人士。學生來來去去，沒個定性，在中國很多地方，人們也是這樣，常常在換工作。學校是隨時報名，隨時上課，學生們可以免費試聽一兩堂課。我打電話過去詢問課程時，接待員語氣輕快地說：「我推薦妳上中級班。」我真納悶，她何從得知我夠不夠格上中級班？到了學校以後，我發現答案：學校就只開中級班。課程一期三個月，從週一至週五，每天上課兩個小時。連我在內共有十個核心份子，約莫在同一時期從頭到尾上了一期的課，就在國家烹飪考試前不久修畢課程。這種考試一年舉辦數次，學生如果通過考試，便可拿到國家證書，能夠開始謀份差事。

我們的課程重點集中在中國的四個主要菜系：華北沿海的魯菜、上海地區的淮揚菜、華南廣東的粵菜和內陸四川的辛辣川菜。這四種地方菜系在清朝時被明定為「四大菜系」，可是從來沒有一位專家或大廚能夠給我滿意的答案，說明何以人們至今仍援用這四種地方菜來界定中國菜，此說並不能反映中國的飲食現況。我就難得到館子裡吃魯菜，我的中國朋友愛吃香辣的湖南菜和受泰國菜影響的雲南菜，更勝淮揚菜，而這兩種菜根本沒被列在四大菜系中。中國人說，淮揚菜因為較清淡，較講求原味，所以都是老人家在吃（可是當我在課堂上提出這些問題時，不可免地還是被老師饗以衛生眼，我忘了我的本分是聽課、點頭、抄筆記）。

在我看來，學費並不貴，可是別的學生得先權衡考量支出和收益，才登記入學。兩個月的課程收費合一百美元，結業後在一般餐廳當廚師，每個月應該可以掙到一百五十美元，在廚房裡幹了二、三十年後，說不定可以爬到像我們的老師這樣的大師傅職位，一個月工資最高約五百美元，以中國的標準而言，是相當優渥的一份收入。在中國，當廚師算不上有多麼光鮮體面，地位跟汽車修理工人差不多，他們是廚房裡可被取代的齒輪。廚師沒有勞工權（中國並無工會這回事），沒受過多少教育，罕見有攀升至顯赫要職者。中國餐館老闆多半只有作生意的經驗，並不通廚藝，餐廳業者的地位在中國已開始受到肯定，逐漸晉身為名流，但是廚師仍然固守在廚房裡，依舊得不到眾人注目。我的同學個個目標實際，不打高空：通過做吃的走上一條長路，期望有朝一日能住進一幢有電梯的公寓大樓裡——在當代的中國，這種住房等同於美國有白色欄杆圍牆的郊區住宅。

結果，我在北京註冊上烹飪學校的時機，碰巧正是掌廚這一行業在中國大陸捲土重來之時。我的華裔美國朋友不無自傲地勸我，如果我「真的想學做合宜的中國菜」，應該去香港或臺灣。我的家人不贊成我這麼大膽行事，家父是位物理學家，他送我進常春藤大學念書，並不是想看我變成廚師，在他眼中，這可是中國最低微的職位了。我的外婆一九四〇年代時曾短期在華南開過餐廳，她警告我：「千萬不可以相信廚師！」她邊說邊大搖其頭。我的外祖父母選了最壞的時機進入餐館行業，當時毛主席的游擊隊勢力已前進至華南，外祖父母一家最後不得不逃至臺灣。不過外婆並未將餐館關門之事歸咎於時局劇變，她宣稱這全是由於廚子偷走儲藏室裡的鮑魚罐頭之故。

我的家人親戚認為共產黨毀掉了中國菜，然而自共黨在中國掌權後，他們當中卻沒有多少人在中國住過。他們在某個程度上並沒有說錯：社會主義政策使然，大陸的廚師對於自己的工作並無多少熱情，很少接觸高品質食材，燒菜的對象為一般大眾。可是中國大陸仍是中國菜此一龐大菜系的起源地，而中國菜又已在全球各地被仿冒、精煉與消毒處理。我在北京學到的烹飪手法容或比不上我和外婆在臺北吃過的時髦餐館那麼複雜圓熟，但是我在中國的後街小巷吃到的餐食卻同樣適口充腸。北京這地方仍有毛派風氣，又正熱火朝天地進行現代化，使得中國人紛紛從各個偏遠的旮旯角落群集北京，在這樣的北京學習烹飪肯定再有趣也不過。我很好奇過去這半個世紀的動蕩與現下的經濟發展，對食物產生了什麼影響。

在進烹飪學校的兩年以前，我就已經開始書寫食物，當時我採訪了老一輩的中國廚師，他們多半早在共黨革命前便投入這一行。我問他們何以對烹飪產生興趣，很快便瞭解到，這是個愚蠢的問題。答案總是一樣：「我不是感興趣，是沒有選擇啊。」依據中國的國家計畫式經濟，人民的工作由政府來分派，國家儼如一支龐大的義務役軍隊，為更宏大的社會主義利益而戰。我遇過剛入行時連菜刀都不會拿的廚師，這也難怪，中共在一九四九年取得政權時，中國頂尖的廚師有不少都逃至香港和臺灣。

不過，近二、三十年來情況已有所改變，在毛掌權的時代，農民被迫加入人民公社，從一九七〇年代晚期起，才又獲准個體種菜、賣菜，也可以養殖牲口。活力十足的年輕廚師自己決定要做這一行，他們逐漸取代了當年不得不下廚燒菜、反應遲鈍的年邁廚師。食物配給制度在一九八〇年代告終，肉類以前是奢侈品，而今已是日常食品。約莫在同一時期，過去一律國營的餐館也漸漸改由個體經營，業主一個個摩拳擦掌，開設自己的餐館，供應餐點給總算有能力外食的都會家庭（目前仍存在著一些國營餐館，你單從其入口通道之宏偉氣派、廳內香氣之薰人，還有日光燈之刺目耀眼，便可辨識出來）。國家計畫式經濟制度終止後，廚師邊做邊學的狀況也不復見，成百上千所像華聯這樣的烹飪學校紛紛開張，教導訓練私營事業所需廚師。

我進華聯時，餐飲業早已出現餐館和廚師過度飽和的現象，我住所方圓半哩處，就數得出五十家以上的餐館。北京幾乎每條馬路都是食街，夾在讓人舉辦酒席、門面堂皇的大餐廳和門面較樸實無華的家庭小館子當中，尚有小小的外賣窗口，販售著「小食」；在這些餐館食肆之間，零零落落開著便利商店或成衣店。外食情形之普遍，以致我的中國朋友不由得感嘆請朋友到家裡便飯的傳統正緩緩消失。即便在黑暗的共產主義時期以前，外食都沒有這麼普及，大多數中國人生活在鄉村地區，就算外食，吃的也是小攤子。開在城市的大餐廳，客層多半侷限於一小撮菁英階級。可是在景氣逐漸蓬勃的後毛澤東時代中國，傳統上例必在家裡吃的年夜飯，如今已改到餐廳享用。鄉村地區過去的結婚喜宴多半都很樸實，眼下也移師餐廳擺酒了。

從前人們見面打招呼常問：「你吃了嗎？」這句問候語已漸不時興，尤其是在大城市。人人都吃過飯了，而且吃得很好。

我和張老師的關係有點緊張，大多數時候，他講話帶著喉音甚重的北京腔，可是當他問我問題時，咬字發音卻格外清晰。「林小姐，」他帶著一絲降尊紓貴的語氣，好像在奚落我似的開口，接著就要嘛停下來從他玻璃罐裡啜一口茶，要不就用滑雪夾克的衣袖擦擦手，這才問道：「食物和菜餚有什麼差別？」有時他會用銳利的目光看著我，輕輕笑了笑，搖搖頭。老師和同學都不懂我何以自稱為「華裔美國人」，在他們的觀念裡，這名詞很不明朗。他們似乎無法理解這代表著我的英文比中文好，更別提能明白我比較像是美國人而非中國人。

我的普通話說得不差，可是遠遠夠不上完美。雖然我有時會四聲不準，但仍可流利地和人對談。然而我在中國住了一年以後，就疏於磨練我的中文讀寫技巧，而我以前的經驗又完全沒讓我準備好分辨魚內臟的種種細微差異。當我的同學照本宣科地抄下黑板上的字句時，我一個字寫了一半，筆就懸在筆記本上方，諸如「醬」和「蒸」之類的基本烹飪用字，我都很難寫得完整。

上了一個月的課，在張老師轉頭問我「妳懂了嗎」約十五遍，並且換回我呆滯的目光以後，他似乎恍然大悟。

「林小姐，中文不是妳的母語，是吧？」

真相大白，震撼了課堂，使得在座同學都大為緊張。然而我在註冊時便已清楚告知校方我的身分和入學目的，相關的資訊更早已透過稀鬆平常的中式官僚作風擴散出去。「林小姐是華裔美國作家，她要向美國人民宣傳中國菜。」在我上課第一天，有位行政人員得意地向全班宣佈。

我填寫入學表格時需要人幫忙，我本來以為當我發問打斷張老師講課時，他和班上同學明白，我必須先處理聽到的中文資訊，然後在腦中翻譯成英文。可是他們顯然認為我不過就是智能不足。

張老師發現了這件石破天驚的大事後，宣佈休息一會兒。他背靠著黑板，兩條腿分開，跨坐在椅上，仔細打量著我。有位同學過來擦黑板，有位則敬了他一根香菸，一半的同學點起菸，教室裡煙霧迷漫。

「所以說，您在美國住了很久，對吧？」張老師問。

「我生在那裡，長在那裡。」我答道。

他瞇起眼睛，「可是您看起來就像中國人。」

「我的父母生在中國。」

「那麼中文怎麼不是您的母語呢？」

我重說一遍，我生在美國，長在美國。

有個人稱小潘的同學抬起頭來，這個「小」字主要在意指他年紀小，而非腰圍小，他吃多了高師傅的手藝，腰圍已有所長進。「如果美國男人跟中國女人有了孩子，小寶寶會長成什麼模樣？」

我還想不出該如何回答，張老師便繼續追問：「令尊令堂是哪兒人？」

「廣東和福建，至少他們的祖先是那裡的人。」我答道。我的父母長於臺灣，二十出頭時移居美國，可是我不想再嚇到同學了。臺灣是個敏感的話題，因為中國認為臺灣為「背離」中國的一省，仍是「祖國」的一部分，並將這套說法成功地灌輸進十三億人口的腦袋瓜裡，令他們堅信不移事實就是如此。我一般都會避談臺灣的話題，覺得這樣做比較明智，以免因為不經意提及這個島嶼，而無法避免地惹來一頓火藥味十足的訓話。

張老師和同學們吞雲吐霧，菸灰紛紛落在地上。他們猛盯著我瞧，一臉的不解。美國意味著白種人，那個國家的人長得都像布希總統；中國意味著中國人，而我長得像中國人。我的說明好像並未使他們動搖，他們用懷疑的目光看著我。林小姐為什麼要冒充美國人？

我需要有具體的證明，隨身恰好帶著我的護照，可是我猶疑著不知該不該掏出護照。對中國人而言，美國護照代表地位，表示其人是世上最強大的國家之一份子。有些美國人以為，在海外旅行時，尤其是到了發展中國家時，美國護照便是他們的護身符，我無法苟同這種想法。我知道在中國炫耀我的護照，不啻就像英國維多利亞時代手握土地產業的鄉紳，向一屋子工廠工人誇示自己的身分。

我走投無路，只好把那本藍皮小冊遞給張老師，同學們將他團團圍住，張老師一頁頁地翻閱我的護照，同學們不住讚嘆上頭的圖章戳記。「哇！她去過泰國呢！」有人驚呼。我的同學打量我的眼光不同了，才不過幾分鐘的光景，我從班上的劣等生搖身一變為揮舞著護照、如假包換的美國人。

然而在忍受了幾個星期張老師那副高傲的嘴臉後，這件事卻多少有點火上加油的意味。「我上課真的上得很辛苦，」我說：「你們大夥兒也許覺得課程簡單的很，可是試試看是用別種語文上課，我在美國上的學，都沒有這麼辛苦，」我衝動之餘，不由自主脫口而出：「就連研究所都沒這麼難。」

我講這話恐怕是太遲鈍了，眼前是一班的中國工人，他們從烹飪學校結業後，大概得在廚房裡幹上好一陣子的勞力粗活，永遠也不會有機會上大學，但是並沒有人面露慍色，反而一副沾沾自喜的表情，彷彿我的這番話印證了他們從頭到尾都明白的一件事：烹飪學校的課業當然比美國研究所的困難！

「林小姐一走進教室的那一刻，我就覺得她長得漂亮，」泰剛說。他在鐵道部當快餐廚師，理了個平頭，挺著啤酒肚。他毫不掩飾對我有意思，每天都等我下課，我走到哪兒，他跟到哪兒。我對泰剛並無好感，但是我的同學卻都很佩服他，當他宣佈自己已經在當廚師，來上課是為準備參加國家高級烹飪考試時，便已成為同學的領袖。

我臉紅了，「那你們大夥兒呢？」我將問題導向其他同學，「你們是哪裡人？」

「北京，」坐在我後面的那一位說。他是人民解放軍，老是一副倦容地來上課。

「北京，」有位一頭蓬鬆亂髮挑染成紅色的小個子同學說。

「北京，」小潘說。他在一間辦公大樓的維修部門工作。

「東北，」有位高高瘦瘦的男同學說。他在一家高檔購物商場當保安；至少還有一位同學不是本地人，雖然搭一晚上的火車就能到東北。

「可您的根唄！」張老師插話說，「根」這個字他就發得特別重，「您的根還是在中國。」

「是，所以我來了這裡，」我說。

他微微一笑，「美國人不懂中國的歷史，除了你們自己的歷史外，別國的都不讀，而且只有兩百多年的歷史。」

「你們在中國讀不讀美國歷史？」我問。

「當然讀，」他說。

「美國是哪年獨立的？」我考他。同學們個個驚嚇得睜大了眼睛，我居然向老師挑戰。

「我們回去上課，」張老師咕噥著說。從此以後，他教課時不時會講點中國歷史，同時提一提歷代君主、詩人和菩薩。每一回，他都會朝著我這兒瞥一眼，輕聲笑著說：「可林小姐是不明白的……」

二〇〇〇年我搬來中國時，剛讀完新聞研究所，初出茅廬，開始寫作。我在北京學了一年的普通話後，遷居上海，以自由撰稿人的身分，為美國報章雜誌寫稿，由於中國經濟日漸成長，美國發覺可能有個新竄起的大國將取代美國的地位，因此需要更多發自中國的文稿。上海是我發展事業的好起點。

可是住在上海的經驗並不很如我的意，我聽膩了和人見面開會時，老是有人詰問，和他們通過電話的「那位美國人」在哪兒。我厭倦了到了外交領事區的大門時，中國保安經常把我攔下來，我非得出示我的護照，他們才相信我真的要到那兒訪友，有不少一望即知是洋面孔的人卻不受攔阻、長驅直入。我也厭煩了別人往往納悶我講普通話為什麼怪腔怪調，而且聽不懂成語。

最重要的是，我很難跟很多中國人交朋友，他們所接受的教育立基於政治宣傳，並不以事實為本，他們沒有國際觀，收入又不到我當自由撰稿記者的十分之一。我的確有幾位中國好友，但是在我看來他們都不是典型的中國人，他們後來紛紛離開中國到美國或其他國家念書或工作，對此我一點也不驚訝。

我躲進外僑的圈子裡尋求慰藉，但是我長得不像一般的「老外」，生活型態也跟他們不同。上海一帶有很多美國人、歐洲人和澳洲人，手邊有花不完的特支費，他們因為必須住在發展中國家，除了薪資外，尚有「艱困職務加給」。他們住的是豪華公寓或洋房別墅，上的是外國館子，難得在中國境內度假旅行（他們稱之鄉下地方），寧可搭機出境，到峇里島或泰國。他們有很多不會說中文，常常取笑中國人種種奇怪可笑的風俗習慣。我一腳跨進外僑與外隔絕的小圈子裡，一腳跨在圈外的中國世界中，卻兩頭不著邊。說來也真諷刺，我直到來到中國，才破天荒頭一遭地迫切感到需要自稱為華裔美國人。這是我生平第一次必須煞費苦心解決種族、身分認同與歸屬地等問題。

正是這種孤絕感促使我對中國菜產生迷戀，我想像我潛意識的想法如下：倘若我無法與人交往，起碼我可以跟食物產生關聯。我搬來中國以前，談不上講究美食，不過由於我渴求認同某樣中國事物，於是懷抱著強度僅次於我對寫作那股狂熱的熱情，栽進飲食天地。

我在南加州成長的過程中，吃了不少中國菜，家母原是生物學家，後來改行當軟體工程師，她抽不出多少時間來下廚燒菜，可是有幾道拿手好菜她會一做再做。有一道是肉餅，她用大小放得進電鍋的淺盤來蒸肉餅，當飯和肉餅都熟了的時候，她將蒸肉餅的汁澆在飯上。她也會用蠔油炒簡單的菜色，用火腿、蛋、青豆和胡蘿蔔炒飯。逢年過節，我媽便會拿出一只電氣鍋放在餐桌上，我們就在鍋中燙煮切得飛薄的肉片和青菜，這便是中式火鍋。偶爾，我們全家人（包括來家裡住一陣子的外婆）會在週六或週日花一整天包豬肉末香菇餡的餃子，或水煮或油煎的餃就像馬鈴薯，具有撫慰身心之效。

雖然我早已習慣了中國菜，可是兒時卻不怎麼喜歡中國菜，我們家裡飄著的那股味道令我感到難為情，擔心我那些並非華裔的同學來我家時，會被薰得受不了而走人。我們有一半時間吃自家做的中式餐點，另一半時間要嘛吃（外送的）披薩、我媽偶爾大膽試做的西菜（乳酪通心粉、肉丸義大利麵、美式肉末捲），要不就上館子。我們外食時，一共就兩項方案：安東尼魚洞餐廳（Anthony's Fish Grotto）或一家中國餐廳。當我父母懷念兒時滋味時，一家人便擠進豐田休旅車，開上百哩路程到洛杉磯附近華人聚集的蒙特利公園市，這讓我很受不了，車程太費時了，有時候，家父開了兩小時的車，好不容易開進公路邊大賣場黯淡不起眼的停車場，卻發現一個車位也沒有，這時，他就會發火。餐廳很吵，菜上得慢，有一段時期我又不喜歡吃魚，店家會用塑膠袋裝著活蹦亂跳的活魚，拿給我們看過以後才拿去蒸。我想吃麥當勞或「塔可鐘」（Taco Bell）。直到後來，我離家到紐約上大學，才開始擁抱我的文化根源。我快上大學前，已不再為我家的氣味為恥，我愛上清蒸魚那細膩的烹調手法，週日早午餐會去飲茶吃點心。我常搭一號地鐵到運河街，去唐人街我最愛的一家餐館。

媽媽的蒸肉餅

3／4磅絞碎的瘦豬肉
2大匙水
1大匙米酒或雪莉酒
1大匙醬油
1大匙玉米澱粉
1小匙糖
1小匙米醋

1／4小匙鹽
3杯生米

做這道菜，你需要有附有蒸盤的電鍋和不沾材質的耐蒸皿。

在大碗中混合除了米以外的所有材料，放進不沾耐蒸皿當中。按照使用手冊中的說明，把米放進電鍋裡準備好蒸煮。把置有肉糜的皿放在蒸盤上，按下電鍋開關。飯煮好時，肉餅也熟了，立刻上菜，將肉餅的汁澆在飯上。

雖然吃過了這麼多中國食物，我卻尚未為吃在中國做好準備。我花了近二十年工夫才自在接受美國的中國菜，這會兒我人在中國，面臨著一整套新的挑戰。初來乍到時，我不只對這裡的人，也對食物感到陌生，我的味蕾一開始被各種味道壓垮了，我覺得這些味道太混亂又太強烈。在餐館裡點菜如置身地雷區，菜單上盡是菜名好聽又花稍的菜色，端上桌來卻是內臟、爪子和舌頭。有一回，我點了一道看來很安全的開胃菜，叫醉蝦，渾然不知菜如其名。過了幾分鐘，一位侍者端來一只扣著蓋子的玻璃碗，晃了晃碗，放在桌上。二、三十隻醉醺醺的蝦子浸在米酒裡，意圖爬上碗邊。我頭一回品嚐地道的宮保雞丁，牙齒咬到花椒粒，整張嘴頓時就麻痺了，這讓我一提起四川菜館便聯想起牙醫。就連我愛吃的餃子也不一樣，不蘸醬油，而是配上醋與一大堆的蒜泥一起吃，裡頭包著韭菜之類的辛辣蔬菜。這個怪里怪氣的食物何以號稱正宗又地道呢？

無論如何，我逐漸習慣了起初吃不慣的口感和味道。到了我在北京上烹飪學校的時候，我難得有一兩天以上不吃辣。我愛上吃了花椒那股刺刺的感覺，後來把它跟一口氣喝下雙份義大利濃縮咖啡等同並論。我發覺有專屬字眼形容這種感覺，那就是「麻」，為中國基本七味之一。餃子餡內容形形色色，比我成長時期吃到的更美味，我克服自己對薑不理性的懼怕（可能連我自己都討厭這種懼怕），我以前只要吃到薑，哪怕分量少之又少，都會覺得噁心反胃。

我開始津津有味地大啖起初避之唯恐不及的宴席菜，好比醋拌海蜇皮、煨海參、蒸鳳爪和發酵豆腐（中文菜名名實相符，就叫臭豆腐）。我愛上肉肉的又風味十足的中國茄子，我可不怎麼欣賞它的美國表親。我開始渴求吃到柚子，它是葡萄柚的親戚，比較甜。我還愛吃金橘，這是種橘黃色的橢圓形果子，果肉質感似洋李，帶著柑橘類果實的酸味。

儘管我逐漸對中國食物產生狂熱，但是在上海待了三年，我待膩了，決定搬到北京，我大學時代在那兒讀過暑期班，研究所畢業後又在那兒就學一年，這個城市有很好的學習環境，中國最優秀的大學在這裡，後街小巷給人悠閒的感覺，外僑封閉的圈子也比較小。我曾在北京學過中文，也將在這裡學習烹飪。

結果，直到進了烹飪學校，我才第一次感到自己融入中國的生活。說來也怪，儘管有文化藩籬和種種的挫折，我卻覺得精神大受鼓舞，我抄寫張老師不知所云的胡言亂語、目不轉睛地看高師傅燒菜，爭食免費的示範樣本菜。我的普通話越來越好，學會了許多新詞彙，我終於成為這個充斥著矛盾、令人不解、正逐漸轉變為強權的國家的一份子。

我甚至還領會了一些中國烹飪基本原則，可是我不同於同班同學，依舊很不耐煩地等著親手做菜。同學似乎全盤接受荒謬的中式教學法，我後來得知，他們當中大部分人純粹是為了通過證書考試的筆試，想讓老師指點一二，才來補習。校方向學生保證，上課六週後，會有兩堂課專門用來改進我們的刀工和炒工，我可不想等那麼久。我問過學校裡好幾位老師，都碰了一鼻子灰，他們顯然認為把時間耗在一個想學做宮保雞丁的無聊外國人身上，根本是浪費生命。有天下午下課後，我決定請教王主任委員。「主任委員」這職位有點誤導視聽，這不過是一個錢少事雜的榮譽頭銜，一人身兼註冊主任、校長助理、助教、食材採購員和實質工友數職，簡單的講，凡是別人不肯做的事，主任委員一人全包了。在示範課堂上，王主任委員慢吞吞地在廚房裡來回踱步，跟在高師傅後頭替他收拾東西，適時替師傅點燃爐火。她有股嚴母的氣質，可是偶爾會猛然爆笑出聲。她老穿著件藍色的實驗室外套，配上她的眼鏡和一頭愛因斯坦式的沖天花白硬髮，看來就像個瘋狂的科學家。

「想學烹飪啊？」王主任委員問，彷彿這是個不宜在烹飪學校提出的荒謬要求。她繼續抹著污穢的廚房地板；不管清理過多少遍，這地板好像都一樣骯髒。我看不出來她是否認真看待我提出的要求，就此而言，我並不確定學校裡有誰認真地看待我這個人，我呢，不但是個外國人，還是個女的。

職業廚房是女人禁地這個想法令我吃驚，說到底，即便批評毛澤東的人都承認說，他提升了女性的權利，好比說，他剷除纏足傳統、禁娼、給女性同樣的就學和就職機會。文化大革命時期，男女都被迫下田做苦工，毛發動的變革有長遠的影響：我難得遇見沒有工作的女性，女醫師和其他女性專業人士也是尋常可見。可是，我逐漸獲悉，廚房裡並未實施兩性平等。

「您想當廚師？」張老師問過我。

有沒有機會呢？我問他。

「您可以做糕餅。」他冷冷地說。華北的糕餅品質乏善可陳，他這麼講，就好像在說我可以到麥當勞煎漢堡肉餅。

「您可以在西餐廳工作，」有位同學建議，「女人生來就不適合做熱炒師傅。」

可是一般家庭不都是女人掌廚嗎？

「是的，但是爐火小多了，」這位同學指出，「廚師這差事可辛苦了。」

王主任委員暫停抹地，透過厚厚的鏡片盯著我看。

「好，」她說，「我教妳。」

第一堂課，王主任委員讓我自己選擇菜色，我買了炸蝦仁的材料。不過我們並未談妥學費，我穿越學校的籃球場，走向廚房時，心裡直在琢磨該如何談起錢的話題才好。

「我真的很感激您肯花時間教我，我想付您學費。」我說。

王主任委員閉緊著嘴，一言不發。那兩片厚眼鏡後面藏著什麼心思啊？她當然不打算免費指導我，對吧？

在中國，錢是個古怪的話題，中國人往往會直截了當地問人買東西花了多少錢，一個月工資多少，就算對方是陌生人也照問不誤。人們買蔬果雜貨、衣服和單車時，愛討價還價，可是每逢眼前這種時刻，談錢就成了禁忌。

我們走進廚房時，有三位同學趕上我們。我們的理論課程剛告終，同學們聽說我要上私人烹飪課，很感興趣。我並未大事宣揚我將上「私人」課程，可是同學從幾位多嘴多舌的老師處聽聞此事。我很尷尬，因為我覺得，即便是在後毛澤東時代的中國，我這麼做聽來未免太小資了，然而同學的反應卻出乎我的意料。「我們也想學。」小潘說。可是我知道他們已為烹飪課程付出可觀的學費，不會樂意再花錢上個別課程。罪惡感取代了尷尬；我花得起這筆費用，他們卻花不起。可是，我對王主任委員也有獨佔心理。

「我特別跟她商量排好了課。」王主任委員走進小房間拿圍裙時，我低聲說：「要知道，我是要付錢的。」

「多少錢？」他們不約而同，大聲地問。

「我們還沒談到這事。」

我花了多少錢買菜刀？他們想知道（四塊錢，我說），主任委員又現身，提出同樣的問題，接著又問我花了多少錢買蝦仁。（一塊半）我每一次被問到這種問題，質問我的人總是責備我買貴了。我身為外國人，不善於殺價，所以註定要當傻子（我們的收入大不相等也管它的，我替美國刊物撰文的稿費，讓我在中國躋身為高收入階層，我很快就學會別告訴別人我賺多少錢、付多少房租，儘管以美國的標準而論，數額都不高）。

王主任委員看了我的菜刀一眼，匆匆跑進她的辦公室，藍色實驗室外套的衣角在她身後飛揚，回來時帶著另一把刀。「妳的刀不錯，可是今天不能用，還沒磨呢。」

「不能在這兒磨嗎？」我問。

主任委員解釋說，職業用的菜刀出廠時，刀刃是鈍的。烹飪學校的師傅們平日用來磨菜刀的磨刀石不夠堅固，沒法用來磨從未磨過的刀子。「妳得找個磨刀匠，跟他說，需要開這刀的刀嘴。」

主任委員指導我做菜時，我的同學個個臂攬著臂，在旁圍觀。在中國，男性並不羞於公然展現彼此之間的情誼，換作在美國，這種情形給人的觀感大不相同，我看到這種舉動，還是會覺得有點窘。

「瞧您這蝦仁滑來滑去，不像樣！」班頭泰剛罵道。他脫離隊伍，一把拿走我手裡的刀。「右手切菜時，左手必須定住不動。」

他們三個好不容易看膩了，走人，王主任委員繼續從我握刀的手勢（拇指和食指須像捏著大刀片似的，捏住菜刀）到身體姿態，一樣樣糾正我的不是。我的廚藝有限，只會做義大利麵、熱炒等基本菜色，還會烘焙餅乾與布朗尼——用的還是盒裝的預拌粉。在我成長期間，烹飪從來不是家庭教育的重點，因為我理應成為醫師或律師；而我在中國待的這幾年，由於外食便宜又方便，我的廚藝也並未有所精進。

我看過高師傅做炸蝦仁，之所以選了這道菜，是因為看來簡單又熟悉，可是我做什麼都不對。我想學高師傅那樣地站著，好像擺出芭蕾舞的姿勢，右腳與桌平行，左腳則朝外呈九十度直角。

「肚子別靠著砧板。」主任委員指示，我趕快縮肚子，活像在上舞蹈課的笨拙小女生。

蝦仁上漿後，王主任委員點燃爐火，我想單手舉起炒鍋，舉不動。「別用把手，支撐力不夠。」她指示說。

我再試，手握折疊好的廚巾，想抓住鍋邊舉起鍋子。主任委員又出聲提醒我，後來索性將我推到一旁，掌控起鍋鏟。我退居邊線，偶爾丟一隻蘸了麵糊的蝦仁下鍋。這可不是什麼烹飪課，是六歲小孩在替媽媽打雜。

起鍋的蝦仁結果金黃香酥，就是略有點老，我該更使勁地用刀背好好打這些混帳傢伙一頓。「還行，」主任委員評論道，好像這全是我一人的成績，「燒菜就跟開車一樣，技巧會了，就很簡單。」

「烹飪難道不是得有才華，是門藝術？」我問。

她抬了抬一邊的眉毛，對我的天真無知表示不以為然。好吧，那麼，她會不會開車呢？

「不會，」她說，聳了聳肩，冷不防又說：「我可不想跟您撒謊，上課得花錢的。」

「當然，」我說，屏息了一秒鐘，「請告訴我多少錢。」

「嗯，很多老師的學費會收得比我高，我只要三十元就可以了。」

兩小時的個別授課學費不到四美元，我大吃一驚。我高興地把錢交給她，問題解決了，我們都鬆了一口氣，兩人一邊聊一邊清理現場。

「您結婚了嗎？」她問。

一如金錢，這是中國人很愛冒然提出的另一個話題，我仍然不大習慣。每一次當有人發覺我年已二十八，卻猶小姑獨處時，便會露出憐憫的眼神，這尤其令我不大舒服。有時候，我索性少報兩歲，因為我記得我還只有二十六歲時，我的未婚身分尚未惹人大驚小怪。

但是王主任委員知道我幾歲，她的反應卻只有：「沒事，我三十三歲才結婚，我丈夫比我大六歲。」

我們相視一笑，這可是前輩大齡姑娘在安慰後輩的大齡姑娘呢：我還有很多時間。

炸蝦仁

12隻較大的蝦子，剝殼去腸泥

1／2小匙白胡椒粉

1／2小匙鹽
2小匙米酒或雪莉酒
2根蔥，只取蔥白，切末
1小匙薑末
1顆較大的蛋和一粒蛋黃
1杯中筋麵粉
2又1／2大匙玉米澱粉
1夸脫（約0.946公升）蔬菜油

蝦仁自橫剖開但不切斷，攤開成一片後用刀背拍鬆。把蝦仁片鋪在盤上，抹上胡椒和1／4小匙的鹽，淋上酒，撒上蔥薑末，然後罩上塑膠膜，放冰箱冷藏30分鐘到2小時。

在碗中打蛋和蛋黃，加進剩下的鹽還有半杯的麵粉和玉米澱粉，攪拌均勻，麵糊應比煎餅糊稀一點，如果太稀了，就再加一點麵粉和玉米澱粉（分量為三比一）。把另外半杯的麵粉倒在盤子上，將盛著麵糊的碗、裝著麵粉的盤子和醃好的蝦仁放在爐側。

炒鍋中置油，以中大火燒至油熱但尚未冒煙，熱油時，將蝦仁逐個沾取麵粉，放在盤沿。油熱了以後，捏起蝦仁尾，蘸上麵糊，稍微甩一甩，甩去過多的麵糊，而後輕輕地將蝦仁下鍋，小心別濺到油。當油鍋裡已都是蝦仁時（看你的鍋子有多大，可以分兩批來炸），轉大火，將蝦仁炸至金黃，約5分鐘。炸好的蝦仁置紙巾上吸油後，立刻端上桌。

烹飪學校讓我見識到北京生活不少幽渺的細節，我從前和其他外籍人士相處時領略不到這些微細的差異。我開始跟尋常北京百姓一樣，騎自行車上下學，儘管汽車在中國日愈普及，大多數人仍買不起車子。我向一位修理工人買了一輛上海永久自行車，這位先生就坐在我住的公寓樓房外，從收音機到辦公室旋轉椅，他無所不修。這輛自行車才十美元，說不定是贓車，我沒問。彎曲的車把讓我能夠直挺挺坐著，雜貨什物也可以安安穩穩地窩在車籃裡。北京地形平坦，用不著騎變速車，奇妙的是，我忘了鎖車時，車也沒失竊（越來越多小偷只向車棚裡那些車款較新的自行車下手）。即便在有位朋友送了我一輛十倍價錢的十八段變速車後，我仍舊騎這輛舊車。

我的住處佔了這幢公寓樓房最高的兩層樓，離烹飪學校不到兩哩。公寓沒有電梯，我把自行車停在院子裡，鄰居們在那兒種番茄和青椒，常常手提著兩袋蔬果雜貨爬六段樓梯。鄰里一帶有好幾排新式灰藍色公寓樓房，是中產階級家庭住房。不過數年以前，這裡仍舊是迷宮似的巷弄，叫胡同，一條條胡同分隔了傳統的四合院。可是因著都市更新之名，這種老舊又缺乏私用廁所等現代便利設施的巷道住房，一幢幢被剷平，政府改建了這些低矮的樓房。

西側，也就是烹飪學校那一帶，還有些傳統街坊，有如村落，帶著老北京的人文氣味；東側則是新式摩天大樓。我住的這一區就在二環路，這條路原本是北京老城牆的所在。毛澤東掌權後，拆除城牆，在原址修築了這條寬闊的馬路。

更多的轉變在我眼皮底下發生。我在二〇〇四年搬回北京時，住家一帶到處是空地，如今建築工人則正在為一排摩天大樓進行最後工程。更往東走，越過二環路，成百上千幢高樓如雨後春筍般紛紛拔地而起，包括中國中央電視臺的總部，這建築好像兩座古怪的斜塔，其間連接著懸吊在空中的封閉平臺。新鋪的大馬路空空蕩蕩，猶飄浮著新起樓房的塵土，給人超現實的感覺。我就住在全世界最大的建築工地中央。

我到烹飪學校上課時，得騎著鐵馬離開新開發區，來到這個城市傳統中心地帶。趕時間的時候，我走寬敞的新路，當我想愉快悠閒地騎車時，就走後街巷弄。

在中國騎自行車跟在美國騎車不同，中國騎士在大馬路上成群結隊，黑壓壓形成一大片，大夥不時興讓路，可也不會撞車。到了十字路口，更多的騎士加入車潮，交警徒勞地吹著哨子、揮著旗子。汽車大揿喇叭，慢吞吞往前開；機車騎士增加馬力，呼嘯而過；電單車則在我身邊靜悄悄徐徐前進。起初，每有巴士或汽車跑到我面前晃動，我就火冒三丈，覺得單車的路權被侵犯，不過後來我學會跟大家一樣，在汽車陣間穿梭而行，目標是：要讓一切保持著一種微妙的平衡。

越來越少人騎著鐵馬穿過胡同，因為巷道狹窄，使得騎車速度較慢。有天下午，我騎在一條磚牆夾道的小巷裡，有一群人在圍觀旁人下象棋。老人家在塵土飛揚的巷子踱著方步；皮膚曬得黝黑、衣衫襤褸的男女踩著腳踏貨車，拉著一車的垃圾破爛，口中吆喝著難以理解的句子，好像在喊棒球賽的暗號，可是我顧著看路，無法分神聽個分明。騎在巷弄裡雖比走大馬路怡人，可是一如中國差不多所有的事物，巷弄的交通也是一團混亂。鐵馬騎士四處亂竄，路面坑坑疤疤，務必時刻留神。我有位朋友有天晚上醉醺醺地騎車回家，結果掉進正在挖掘的水溝裡。

有天下午，我身懷特定任務，騎著鐵馬走在後街小巷間。烹飪學校終於要教實用課程，我們要學刀工了。頭幾個星期，我已學會許多用刀方法的「理論」，中國人評量廚師技藝高下，首重就是刀工，也就是切菜的技術。據我所知，中國各地廚師用的刀子，都是因應各地方菜系之所需而打造。上海師傅用形似鯊魚頭側面的尖頭刀；在四川，最常見的菜刀的刀刃呈鐘形；廣東的菜刀刀刃較窄，刀頭尖，形如西式刀；北京的師傅用長方形菜刀切菜，刀刃又寬又厚，令我聯想起恐怖電影的道具。

我認識到中國廚師絕不會簡單地將一顆菜、一塊肉切開了事，他們談到材料的分量，雖然語焉不詳，論起刀法卻力求精確，替雞、魚和鰻魚去骨，就各有不同方法。廚師用的刀工術語有幾十種，好比說，根據切的角度可分為橫切、斜切或直切，根據下刀動作可分為拉切、推切、鋸切和鍘切等等。我看過一位廚師朋友示範「圈切」，將菜刀插在蘋果和砧板之間，在刀上滾動蘋果，削下果皮。

刀工在備料階段地位尤其重要，因為餐桌上是不擺刀子的。中國菜的每樣食材早已切成一口大小，以箸夾取。「我們吃飯時，手裡可不會拿著刀子，」我那臺灣爸爸曾說，「因為野蠻人才拿刀。」（他顯然不覺得用兩根細棍吃東西很原始）

有關菜刀，儘管我已學了不少，還是有兩三件基本事物我並不瞭解。首先，我不懂該如何適當地使用刀子，我在上個人課程時，王主任委員看著我使著向校方借用的菜刀，切出一堆醜不拉嘰的蔥薑和豬肉，評論道，我要是能到食堂打工，每個月掙上六十美元工資，算我走運。她隔著她那副厚厚的眼鏡再看了一會兒，口氣變大方了：「如果不要食宿，說不準一百塊吧。」

另一樣我有所不知的事情是，該上哪兒去磨刀。我問王主任委員，她答道：「到處都有磨刀匠。」我以為她的意思是，我可以在街坊一帶的路邊找到磨刀攤子或磨刀鋪，因此有天下午，我用報紙包好我的菜刀，放進我的雙肩背包，跨上鐵馬，騎進胡同區。我騎了好幾條巷子，一個磨刀匠也沒見著。

我看見一個男的蹲在一幢四合院的牆邊，正在修理機器。我問他哪兒有磨刀匠，他歉然地看著我說：「我還真不知道。」

回家的路上，我探頭進住家公寓對面那家我最喜歡的四川小吃店，午餐時刻已過，廚師和女服務員懶洋洋坐在桌旁，桌上一片狼藉，擺滿了用髒的碗盤、玻璃杯。

我拿出我的刀給他們看，問道：「我可以到哪兒磨刀？」

一位廚師拿起刀，「還行，在家裡用著挺不錯，」他說，在空中作出切菜動作，「您花了多少錢買的？」

這家家庭經營小館的女店東三十開外，因為得大聲報菜單，嗓子總是沙啞的，她說：「唉，我們有三天沒見著那磨刀的，應該快來了。」她解釋說，我之所以找不到磨刀匠，是因為磨刀的不開店也不擺攤，他們騎著車在城裡轉，穿街走巷，每幾天走同一條路線。眼下的磨刀匠越來越少，因為大多數家庭買起了現成可用的刀子。她跟我說，得留意傾聽刀子哐噹作響的聲音，磨刀匠把刀子穿成一串，掛在車側，自行車一路走，刀子就一路響。

「呃，」我說：「我從來就沒注意到。」

她看了我一眼，譏嘲的眼神暗示著，當然囉，對像妳這樣的人來講，他們就像隱形人。「您可以把刀留在這兒，下一回他來，我讓他磨刀。」

「謝謝，可我今天就得用刀。」我說。

上學的路上，我在買了這把刀的廚房用品店停了一下，他們說不定可以磨刀。

「對不起，」櫃檯後的店員說，「沒辦法，幫不上忙。」

「您的意思是，你們出售沒法使用的刀子？」

「您就到街上去，找人給您磨磨唄，」他聳了聳肩，說道。看到我臉上洩氣的表情，改換了口氣，「這麼著，我沒法給您磨刀，不過可以換把現成可用的刀子給您。」

我就這樣換了把輕便且事先磨好的臺灣刀，騎車到學校。我將刀子拿出雙肩背包時，同學們對我刮目相看，活像我從笨厚的凱迪拉克車升級到改開閃亮的跑車。「花了多少錢買的？」有人問。

找到正確的設備，仗還只打了一半，我仍然不會切菜。想當然爾，準備參加高級考試的泰剛，用刀手法最純熟。他對我始終緊追不捨，每天下午下課後照樣跟著我，邀我到他家上「個別」烹飪課。我看著他的刀技，差一點要後悔自己老是拒絕邀請。他切起胡蘿蔔，又快又富有節奏感，嗒、嗒、嗒，就跟節拍器在打拍子一樣。我切起菜來則像演奏切分音樂，沒有任何特定節拍就是了：嗒、七……嗒、嗒……嗒。我亂劈亂砍時，他悄悄走近，放了一片薄到離譜的胡蘿蔔片到我的砧板上，他心照不宣地看了我一眼，回到自己的崗位上。

切菜切了一兩個月後，我用起中式菜刀，比用以往用慣的窄刃刀順手。菜刀用起來感覺上較安全，因為我可用手指背抵住刀面，刀刃的重量讓它用來比西式刀更穩定、順暢；切好材料以後，順勢推到平坦的刀面，便可輕鬆地將材料都倒下鍋。

有天下午，我在自家廚房練刀工時，聽見窗外六樓底下傳來陌生的哐噹聲，像是有十幾只錫罐在彼此碰撞。我探頭而望，看到一個男的騎著自行車，他一邊沿著新鋪的大馬路踩著車，車側的刀子就一邊晃動。有那麼一剎那，我真巴不得自己還留著那把鈍刀給他磨，不過就算我有刀，等我好不容易爬到一樓時，他應該早就走遠了。他騎著生鏽的老爺車在街上轉悠，貨車和錚亮的轎車紛紛超過他，我沒見到有人攔下他，請他磨刀。

王主任委員後來放手讓我自己來，那過程證明她是位優秀的老師。儘管同樣的技巧已做過幾十回，她也似乎總不覺得煩；她誠實評估我做菜的成果，卻不會失之嚴苛。如果有道菜尚堪食用，她會說「還行」，還會不時說起有趣的往事，增添上課的趣味。她的嗓門既輕柔又悅耳，講得一口道地的京片子，不時帶著捲舌的兒化音。

「妳在餐館裡掌過廚嗎？」有天下午我問她。我正切著豬里肌肉，準備做魚香肉絲，這是道很受人喜愛的川菜。我左手按著豬肉，右手持刀抵著砧板，將肉切成如三明治火腿一般厚薄的肉片，接著將肉片切成細絲。

「沒有過，我們並不能選擇自己的職業，我們這一輩子都按照黨的吩咐行事。」王主任委員十二年前從原本任職的北京一號糖果廠下崗後，開始在烹飪學校上班。她剛在糖果廠工作時，那兒還是自行車廠，她當時負責管廠裡的食堂，工人們三餐全在食堂解決。有一天，有關單位發布命令：廠裡不再製造自行車，工人們改製糖果。幾年後，當局又宣布：將關閉工廠。主任委員運氣好，當時已年近五十，由於中國勞動人口多，工廠女工在這個年紀便可退休，她可以開始領退休金。她的丈夫原是小學老師，也退休了（男老師六十歲便可退休），夫婦倆的退休俸加起來，夠他們過日子。可是王主任委員幹了一輩子的活兒，一旦沒事做反而閒不住，正巧有位朋友的朋友開了一所烹飪學校，需要幫手，主任委員就到那兒工作，工資微薄，比她的退休俸還少。

下一堂課，我們談到大白菜。秋天了，天氣漸寒，蔬菜日愈稀少，直到十一月裡的某一天，一敦敦堆積如山的白菜堆出現在北京街頭，鄰近鄉村地區的農夫帶來新收穫的大白菜。這些白菜一斤（合半公斤，比一磅多一點）只要幾分錢，一個個沉甸甸，橢圓形，白色的菜幫子繞著多葉的菜心長，最外圍的菜葉色如翠玉。不少人會一口氣買上足夠一整個冬天吃的大白菜，堆在自行車後座載運回家。

這些白菜就留在戶外，要嘛排在窗架上，要不置於門邊，在酷寒的北方天氣裡，這些大白菜可以保存好幾個月。等到要燒菜的時候，北京人只需要伸手出去，摘下幾片菜葉就得了。大白菜可加蝦仁或豬肉炒，包餃子，或用鹽水浸漬成酸白菜。

我問王主任委員打不打算儲藏白菜過冬。

「沒這打算，」她說，「在一九八三年以前，我們也這麼做。那一年我們從四合院搬到公寓，如今可沒有地方可以藏白菜。菜收在屋裡，太熱了，會爛掉，再加上這會兒我大部分時候，就只燒菜給我和我那口子吃，用不著買那麼多白菜，我兒子在他工作單位的食堂吃飯，白菜個頭那麼大，就我們倆，一個月只吃得了一顆。如今，別種蔬菜也便宜了，所以不必成天吃白菜。四季豆當令時，一斤才兩毛錢。」

有一天，我們正在做拔絲蘋果時，她說：「想不想聽一件有關蘋果的好笑故事？我嫂子有四個孩子，都是在文化大革命期間生的，毛主席鼓勵家庭多多生育。當時除了生一大堆孩子以外，也沒旁的事好做。不知怎的，她偏心老二和老四，有一天老四生病了，她出門買了一顆蘋果，當時大夥兒都窮，一次只買得起一顆蘋果。她回到家，把蘋果切成兩半，生病的孩子分到大的那一半，她把小的一半給了老二，蘋果皮呢，給了老大，老三啥也沒分到！如今，兄弟姊妹當中就老三會賺錢，他到南方去，闊了。這年頭就只有他寄錢回老家，真好笑。」

她用一把大刀削蘋果，削落的果皮連成一氣，如緞帶一般，彎彎曲曲的一長串。在我聽來，這故事並不好笑，而帶有諷刺意味，苦澀又悲哀。即便如此，我總是期盼下一堂課的到來，我可以聽到更多故事。

魚香肉絲

2／3磅豬里肌肉，逆紋切薄片，再切成1／8吋的肉絲
1／2小匙鹽
1／4杯醬油
1又1／2大匙米酒或雪莉酒
2小匙玉米澱粉

1／4杯外加2小匙分量的蔬菜油
1／4杯溫開水
2大匙中式黑醋（華人超市有售）
1大匙糖
1大匙大蔥或青蔥末
1小匙薑末
1瓣蒜頭，切末
2大匙雞高湯
8根乾辣椒，切末
3片乾木耳，用水泡30分鐘，瀝乾後切成一口大小
1／2杯筍丁

在碗中混合肉絲、1／4小匙鹽、2大匙醬油、1大匙米酒、1小匙玉米澱粉和2小匙油，置旁備用。

在小碗中以溫開水溶化剩餘的1小匙玉米澱粉，加進1／4小匙鹽、2大匙醬油、1／2大匙米酒，還有醋、糖、蔥薑蒜末與雞高湯，將這碗綜合調味料置於爐旁。

剩餘1／4杯油倒進炒鍋，用大火加熱，鍋熱時，加進辣椒，煎1分鐘。肉絲下鍋，用力炒散，2至3分鐘，不要讓肉絲沾鍋。木耳和筍丁下鍋，拌炒1分

鐘，然後加進綜合調味料，炒2至3分鐘。起鍋，立刻上菜。

拔絲蘋果

1杯中筋麵粉
1小匙發粉
2杯水
1顆大的富士蘋果，削皮後切成3／4吋方塊
1夸脫油炸用的蔬菜油外加做糖汁的1／4杯
1又1／2杯糖

在碗中混合1／2杯麵粉、發粉和1／4杯水，和成麵糊。將剩餘的1／2杯麵粉加進另一個碗裡，蘋果塊加進麵粉碗裡滾動，讓每一面都蘸上麵粉，然後放進麵糊中。

在炒鍋中熱油，如果加一小撮的麵糊進油鍋，麵糊便會立即滋滋作響，這就表示油夠熱了。將蘸了麵糊的蘋果逐塊輕輕加進油鍋中，炸成淡金黃色，約3分鐘，蘋果塊油炸時，麵糊應會膨脹。撈出蘋果塊，放在紙巾上瀝油並放涼。撈除炸油中的焦麵渣，再重新熱油，蘋果塊回鍋再炸1分鐘，炸至焦黃，移到乾淨的紙巾上瀝油。

乾淨的炒鍋以中大火加熱，加進1／4杯油，晃晃鍋子，讓鍋底都沾到油。

加進糖和1／2杯水，煮至冒泡，需不時攪拌。繼續拌煮，泡泡會逐漸縮小，糖汁會逐漸變稠，加少許油以防糖汁黏鍋。當糖汁不再冒泡泡且光澤變得又黃又亮時，加進炸好的蘋果塊，大力攪拌，使蘋果均勻蘸上糖汁。鍋子離火，將蘸了糖汁的蘋果倒在抹了油的盤上。

立即端上桌，一旁附上一碗水，每塊蘋果都需要在水裡蘸一下，讓糖汁變硬，才吃下肚。

我最愛的新的例行公事是，上附近的傳統市場，市場就在我住的那個街區的盡頭。我走路上菜場的路上，會穿過一個小公園，那裡有老人在逗孫兒，看著他們沒繫狗鍊的胖臉哈巴狗跑來跑去。我在撥開菜場前門的長條形塑料簾，走進倉庫前，從來就不能確定今天會有什麼貨色。

就在我發現傳統市場的同時，北京其他人逐漸認識西方的超市。政府計畫在二〇〇八年奧運開幕前，關閉城裡三環路以內的許多露天市場。這些市場要嘛將遷移至室內，我的街坊市場就已經如此，要不就將被沃瑪和家樂福之類的大賣場所取代，法國連鎖的家樂福已開始殖民這個城市。超市確有其優點，好比走道寬，有大型冷凍食品部門，還出售義大利橄欖油和紅葡萄酒等新奇貨品，可是我覺得傳統市場的食材較新鮮也較有風味。大多數傳統的中國人堅持用最新鮮的材料來做菜，所以天天上市場。

我呢，去那兒則是有得買又有得看。老太太輕輕推開我，伸手去拿細長的茄子和表面疙瘩的綠色苦瓜。兩攤面對面的水果販常常口角相向，隔空指責對方削價競爭，詛咒對方的媽媽和祖奶奶。到了下午，當購物人潮已散去時，有些攤販會聚賭，用各家的磅秤搭起臨時的賭桌。不過，攤販們一般還是忙著在一大落又一大落生鮮蔬果與擺滿肉品的肉案後面，以斤為單位叫賣貨品。「四季豆、四季豆，兩毛五！」「西紅柿，六分！」價格之低令我震驚，因為我以前都是在外僑光顧的一家食品店購物，那家店感覺上像大西部鄉間雜貨店，售有昂貴且種類有限的美國早餐穀物、乳酪和肉。相反的，街坊菜市場的有機雞蛋一斤只要七毛五到九毛；價格偏貴的蝦子一斤兩美元左右；鮮香菇一斤四毛。我和王主任委員燒兩大盤菜，所有的材料一般只花我兩美元。

「要不要我殺了牠？」有天下午，魚販的太太手裡抓著一條鯉魚問道。她剛從滿滿都是魚的水槽裡徒手捉了這條魚，手捏著魚腹給我看，要我的應允，那魚在她纖長的指間奄奄一息。

我遲疑地表示同意，她便使勁將鯉魚往地下一摜，看她身長不過五呎，個頭嬌小，沒想到力氣竟這麼大，我不由得畏縮了一下。她好像職業摔角選手似的，又把魚朝地上重重一敲，然後將魚扔在磅秤上，那魚在秤臺上有氣無力地扭動。

「八元。」合一美元。

她用一把帶釘子的刷子替魚去鱗，偶爾再多敲魚兩下，以防魚歷經方才這一番荼毒，小命猶存。她把魚裝進黑色塑料袋裡，交給我。

「慢走啊。」她微笑著說，中國人這麼講是請人「保重」。

我跟一位年輕的雞販買新鮮雞肉，他總是在埋首看書。有一天，他和他的書還有雞全都不見了，我問魚販怎麼了。

「禽流感。」他說。據報導，中國各地有個別的禽流感事例，不少專家擔心傳統市場散漫的衛生條件可能導致人類大規模傳染禽流感。「政府正在審察所有雞隻，他幾天後就回來了。」

「你不擔心禽流感嗎？」我問。

「不擔心，」他說，「我吃魚。」

結果，雞販並沒有回來。事後，市面上多半是嶄新漂亮的超市出售的冷凍雞肉。那攤位空了好幾個月，後來由一家做豆腐的接手。這家人早上用機器煮黃豆磨豆漿，盛在塑料袋裡出售。部分豆漿會拿來摻上增稠劑，凝結的豆乳注入模子裡，成一塊塊方正的新鮮豆腐，賣不完的豆腐會壓乾、調味，切成長條。我向這攤子買來的豆漿沒加防腐劑，兩天內沒喝完便會在我的冰箱裡凝成豆腐。

市場後段有賣麵條的，他們以手工揉搓大大的麵糰，然後用機器壓成扁平的寬麵條。隔鄰是賣芝麻醬的，攤上有一口大缸和電動馬達臂，將芝麻榨成香濃的芝麻醬，拿這醬拌涼麵，便是令人垂涎的美食。從前，那一瓶瓶的醬料和一罐罐的香料，對我而言都像謎團，如今我可認識它們了。川菜中那一粒粒小小乾乾的花椒，散發著麻辣的滋味；八角強烈的香味可以去除羔羊肉和鴨肉的腥臊味；真空包裝的醬菜能替我的魚湯和炒四季豆增添美味。

醬料和香料攤隔鄰的肉攤上吊著一大塊又一大塊豬肉、牛肉和羊肉，有整副的排骨、整隻帶蹄的腿和整塊的牛臀肉。肉販在木頭肉案將它們分切成小塊，就這麼陳列在攤上，在室溫內販售，直到有一天，我走進市場，發現有工人正在安裝跟美國一樣的肉類冷藏櫃。可是，這並沒有讓肉販停止用沒戴手套、沾著血的手既切肉又收錢、找錢。

「您要一斤五十克？」有天下午我去買肉時，我的肉販咯咯笑著說，「我可沒把握能切到就這麼重，多一點行吧？您無所謂的，是吧？」

有時，這是多賣點肉的技倆，肉販們老說沒法量得那麼準，切下來的分量總是難免比你要的多。

他切下一塊豬里肌肉，秤了秤。「正好一斤！」他說。（我要是不相信他的話，可以把肉拿到市場一角供人查證價格的公秤去量）他又割下一小片肉，一起裝進塑料袋裡，交給我。

不遠處，另一位肉販在跟她的顧客打招呼。「您回城裡來了？您瘦了！臉好瘦！您每一回從村裡回來，都是這樣。」

有朝一日，我說不定會朝思暮想美國超市亮晶晶的地板、塑料膜包裹的雞胸肉和一排排巨大的冷凍食品櫃，不過那一天迄未到來。

我問王主任委員是不是喜歡傳統市場勝過超市，她聳聳肩不置可否。她是個講求機會均等的購物者：她上傳統市場買新鮮蔬菜和肉，至於乾貨，哪兒便宜就上那兒買。一般來講，整潔美觀的新型超市比較貴，可是偶爾會有促銷活動，這時她便上那兒找便宜。要是碰巧有衛生紙之類的東西降價促銷，她會買上一年的分量。

我雖愛在傳統市場買菜，卻並不精於此道——起碼不是王主任委員心目中的高手。她每堂課一開始會先檢視我買了什麼，問我花了多少錢，要嘛點頭認可，要嘛竊笑。她偶爾會仔細地瞧著塑料袋裡面，說：「喔，妳買了那種白菜？」或「妳應該買北方豆腐才對，可不是南方豆腐。」

王主任委員自願教我買菜之道，仲冬時期有個寒冷的星期五，我同她約好在她住家附近的菜市場門前碰頭，市場位於一幢通風良好的貨倉，室內外皆有攤位，她在這兒買菜買了二十年了。說來也巧，這市場過了那個週末就要關門大吉，原址將改建成另一幢住宅大樓，有些攤位已經空了。

儘管末日倏忽將至，市場仍一片忙碌，生氣蓬勃。這裡的規模大於我家附近的市場，顧客群有一般散客，也有餐館業者。在精肉區，購物者沿著一條條走道端詳宰好去頭的豬和羔羊畜體，肉販則在他們的貨品周遭踱著步，神情好不得意，有如剛殺死新獵物的獅子。穿著黑膠鞋的攤販手拿著夾紙筆記板，清點厚厚一綑的鈔票。餐廳採購人推著手推車，車上戴滿大型透明塑料袋，一個個像汽球似，鼓鼓的，裝了清水和空氣，有魚兒在水中游。即便氣候在冰點以下，戶外的攤位也人潮洶湧，好不熱鬧，買賣雙方在一堆堆的蔬果前面討價還價。實在難以想像，不出數日，這副景象便將如過眼雲煙。

我們先到雞鴨區，雞販說雞是午夜左右才宰殺的，一隻隻的雞已拔了毛，留著頭，雞爪僵直，通常全雞會先賣完，接著是雞的各部位——雞腿先清空，跟著是翅膀、頭、頸、雞腳，雞胸肉最後才賣光，因為胸肉沒什麼味道。

「妳得選羽毛已挑乾淨的部位，」主任委員說：「另外還得檢查看看，確定上頭沒有瘀血。」

「為什麼今天雞肉一斤才三毛錢？」有位顧客問：「您看是不是染上了禽流感？」

「不可能，」主任委員說。她曾在課堂上對我說起她對禽流感的想法，「我認為在非典之後，我們用不著擔心了，政府現在會講實話。」我抬了抬眉毛，當此一急性呼吸道疾病在二〇〇三年肆虐北京時，政府拖了好幾週才承認疫情爆發。即便是眼下，政府已指示媒體須小心處理禽流感新聞，本地報紙已刊登沙漠地區的鳥禽爆發禽流感疫情，可是有數人已死於禽流感的消息卻迄未見報。

我知道政府是不能信賴的，可是我愛吃雞肉，特別是宮保雞丁、任何烹法的雞翅和廣式蒸鳳爪。我將有關禽流感的念頭拋諸腦後，兩人各買了幾塊雞肉才轉移陣地。

市場出售的肉類有一半是豬肉，這項食材在中國菜的地位舉足輕重，幾乎每一頓飯菜當中都少不了豬肉的蹤影。肉案上陳列著粉紅的豬里肌肉、大理石紋路的五花肉和光滑發亮的紅色腰子。豬頭看來出奇地神態安詳，嘴角像在微笑般向後咧開，露出兩排整齊的牙齒。

「這位是您女兒嗎？」有位攤販看了我一眼，問主任委員。

「不是，」她說：「她，呃，是位朋友。」

我們打量一個牛雜攤，又白又硬的牛筋好像乾的絲瓜絡，牛肚像褐色的人工草皮。主任委員好像在檢查產品似的，翻來揀去挑了幾塊，又把它們放了回去。似乎沒有人在意。

「如果妳想買牛肉，得一大早來，因為最早賣光。」王主任委員說。整幢倉庫裡瀰漫著羊肉的騷味，羊肉和羔羊肉在華北的供應量較充足，因此價錢不高。

我們在醬漬攤上佇足打量筍子。這些筍子色黃近白，底部寬如我的大腿，往上逐漸變尖，筍尖很嫩。冬季是買筍的最好時機，筍子到了春天就不會這麼嫩，且已長出葉片，這些筍葉就跟朝鮮薊外層的皮，必須剝除。筍子帶有細膩的泥土味，拿來炒豬肉很美味。「筍子要選寬一點、短一點的，因為我們愛吃的就只是筍尖部位。」主任委員說。

在豆腐攤上，我們看到一大塑料桶的豆腐，顏色紅褐，特別怪。「那是血豆腐。」王主任委員說明，那是摻合豬血以增添風味和口感的豆腐。我認識到，北方豆腐較結實，切成丁後可保持原形，適合燒川菜裡的麻婆豆腐。南方豆腐為絹豆腐，適合油炸。

她小心解說每樣東西的價錢。「糖價上漲了，糖一旦漲了價，就下不來！」這一天的雞蛋便宜。「今天一斤兩毛五，有時得要三毛。」小販將蛋裝進塑料袋裡，紙盒包裝的雞蛋在中國市面上相當罕見。起初，用袋子裝蛋頗令我緊張不安，但我很快便入境隨俗，鮮少發生雞蛋破掉這一回事。

當我們到達蔬果區時，主任委員掏出附有砝碼和吊鉤的吊秤。「這些小販一個也不能信，」她提點我說，「有沒有看到那邊那個人？」她瞇起眼睛看著其中一攤，「他有一回多算了我西紅柿的錢，我再也不光顧他的生意！」

雖然不出數日她就無法再來這個已買了二十年菜的市場，但是她似乎並不覺得感傷難過。她一一詢問攤販打算遷至何處。

有些攤販聳聳肩，有些則表示將在數哩外另設批發市場。

「我猜我也得上那兒去買東西，」主任委員嘆氣道：「是不怎麼方便，不過騎騎車、多運動運動，也行。」

我在低溫中待了兩個小時，開始不斷流鼻水。出乎我意料之外，王主任委員邀我到她家吃午飯。「當然好啊。」我說，很高興自己可以到一個比較溫暖的地方。

主任委員帶著我來到二環路邊上一排外觀單調乏味的高樓建築，走進其中一幢公寓的二樓。這些高樓建築建於一九八〇年代早期，當時中國剛展開經濟改革，這批樓房有不少已經拆除重建。

「不必脫鞋。」我們進屋時，她說，她自己也沒脫。室內很暖和，但談不上舒適。這間三房公寓鋪著廉價的油氈地板，水泥牆從未刷油漆也沒貼壁紙，黝暗發霉的走道上掛著一條晾衣繩。

王主任委員的丈夫身材清瘦，滿頭白髮，臉上留著灰白的鬍渣子，他柔聲向我打招呼。他們夫婦倆雖然身高相仿，可是他的骨架卻較小，做妻子的則是一副大塊頭，王主任委員後來提到，她一向比他重十五磅左右。他領著我進入右側採光充足的房間，他們在這兒招待客人、睡覺。一張雙人床、衣櫃和書桌佔據了大半的空間，我拿不準主意該坐在哪裡。「坐床上。」他一邊說，一邊拍了拍被子。他堅持要我待在那兒，他去幫妻子準備午飯。他們在當保安的兒子比我小一歲，這會兒正在上班，他和他的女友住另一間房。

飯菜準備好時，我們將兩條板凳湊在一起，蓋上一面大桌墊，權充為餐桌，三人就蹲坐在矮凳上，就著豆腐、炒蘑菇和炒蛋，配飯吃。我注意到三盤菜用的油量都比烹飪學校師傅用的少多了。

「家常菜和學校裡教的酒席菜不一樣，」王主任委員解釋：「我不放味精，炒蘑菇時也許也撒上一點。」陽光灑在床上和盆栽上，在那兒吃飯很教人心曠神怡。

在那之後，我定期拜訪王家，他們開始讓我用他們的廚房燒菜，教我做他們在家吃的菜餚，這些菜色和我在校學做的那些花稍菜色迥然不同。王家的廚房設備簡陋，空得像是只有骨架，而不大像真的廚房，他們沒有流理檯，而是半蹲半伏地就著一張矮桌子切菜、備料。連著瓦斯桶的爐子有兩個爐嘴，瓦斯桶的位置近窗邊，為防瓦斯外洩，這扇窗從不關上。廚房外頭的走道兩側，各有一部冰箱，美觀的銀色新冰箱是夫婦倆過農曆年前才買的，另一個較矮的綠色箱子是他們一九八六年購置的第一部冰箱，捨不得丟掉。他們如今拿它當櫥櫃，在裡頭塞滿了調味料、水果和一包包乾貨。王氏夫婦就跟不少苦過來的中國人一樣，習於貯存食物，從飛機餐的小包辣椒醬到在家樂福拿到的巧克力威化餅乾試吃包，只要是可食的東西，無所不貯。

我剛入烹飪學校時，覺得自己在王主任委員心目中，是個麻煩的傢伙，這會兒我來到家當客人，她似乎對收我做學生還滿自豪的。「年輕人已經不會燒菜了，」有天我們一起吃晚飯時，她說，手朝她兒子與女友的房間比了比，「他們不會燒菜，小倆口每星期有幾天上其中一人的父母家裡吃飯，另外幾天就上另一人的父母家裡。他們連基本的菜色也不會燒，可悲啊。」

炒蘑菇

1／4磅香菇
1／4磅金菇
1／4磅蠔菇（可改用洋菇）

1大匙蔬菜油
1／2小匙蒜末
1大匙米酒或雪莉酒
2小匙醬油
1／4小匙鹽或看口味適量斟酌

香菇去除蒂頭後切成約1／8吋的片。切除金菇褐色的底端，掰開來分成小束（用不著一根根分開）。蠔菇切成一口大小（如果用的是洋菇，去除蒂頭後切片）。

炒鍋置大火上，油下鍋，油熱時加進蒜末，當蒜末開始嘶嘶作響時，將香菇和蠔菇下鍋，炒3分鐘。加進米酒和醬油，然後下金菇，加鹽拌炒一下後轉中火，煮5分鐘後起鍋，立刻上菜。

3

即便我私下在跟王主任委員學做菜，烹飪學校的固定課程我還是照上。雖然張老師照舊常常大發謬論，我注意到自己在課堂上花的時間，讓我的中文讀寫程度有所精進。儘管沒有什麼機會實地動手做菜，可是師傅們好像變魔術一樣的身手，仍令我百看不厭。況且，我還是很喜歡在每堂課末了和大夥搶食試吃的滋味。

同學漸漸不再把我當成新奇有趣的人物；原本對我窮追不捨的泰剛終於瞭解到他的死纏爛打不會得到回應，慢慢對我視而不見；我的中文進步了，張老師也就比較少取笑我；另一位女同學註冊入學。

趙太太戴著大大的眼鏡，留著燙鬈的短髮，看來像中年圖書館員，可是舉手投足卻更像個被寵壞的小女生。她到廚房上課的頭一天下午，邊含著吸管吸著一瓶優酪乳，邊趾高氣昂到處遛達，隨興所至地厚顏與人搭訕。王主任委員和我剛上完一堂課，同學相繼緩緩到來，要上示範課。我對她微笑示意，但是她好像沒注意到。

她明白表示自己對烹飪一無所知，來上課純粹是好玩，謝謝指教。

「王主任委員，我看這課我上不來。」趙太太說。

「不見得。」主任委員面無表情地說。

趙太太停下來，看我切豬肉。「說真的，我想我可以切得比她好！」她又回過頭糾纏王主任委員，「倘若我下次繳學費，能不能參加？」她得意洋洋地說：「王主任委員，妳的電話號碼多少？我能不能打電話給妳？到哪兒可以買刀？二十五塊錢買不買得到？」

「四、五塊錢就夠了。」主任委員簡短地回答，就不再搭理趙太太。趙太太也不氣餒，開始跟一位同學打情罵俏。

在後來的課堂上，趙太太始終都很惹我討厭。她四處炫耀自己是個家庭主婦，在中國這可是難得一見的身分，這個國家大多數女性都得幫忙賺錢養家。她開著她的黑色轎車來上學，把車子泊在自行車停車處附近。她為老師加進菜裡的味精分量大驚小怪，可是有個事實是我不能忽視的，那就是我與她相同之處，多過於我與其他同學的共通點。我不也是成天對老師問東問西？基本上，我不也只是基於嗜好而來上課？

我不覺得自己有她那麼惹人厭。大多數時候，我費盡辛苦想隱藏我與同班同學的差異，除非我課後有要事待辦，否則都穿著舊牛仔褲和刷毛套頭衫來上課。我僅有一次亮出我的護照，說不定也只有那一次我穿了件麂皮外套，其他時候我都盡量保持低調。接著，我又想起有一天下午，我帶了我的蘋果筆記電腦來上課，我剛從修理店領回電腦，沒用提包裝好；還有一次，我帶來一位外國朋友，她的白皮膚和金頭髮讓她像搖滾明星一樣醒目。我終究得向自己承認：不管我喜不喜歡，我比趙太太還愛現。

趙太太上課第一天對我視若無睹，之後卻想方設法要跟我交朋友。她既惹我討厭，又教我渾身不自在，她幾次想邀我去她家，我都拒絕了。雖然她跟我比鄰而坐，我卻不肯請她幫忙我抄筆記。當她打電話問我下一趟回美國時能不能替她帶維他命時，我告訴她有困難。在中國，你就是得如此委婉地拒絕別人。

我入學約莫一個月以後，決定效法其他同學，參加國家烹飪考試。應試可以為我設定目標，是我從學校畢業以後，頭一遭將迎接智性挑戰。對我而言，事關自尊。儘管就像張老師說過的，中文並不是我的母語，但我想要證明我的能力不比其他同學差。

術科考試部分我並不很擔心，我私下跟王主任委員上課以來，學會不少菜色，可以輕鬆整治出薑汁清蒸魚、乾煸四季豆和麻婆豆腐。讓我放心不下的是筆試，這一項目理應測試學生在課堂上學到多少烹飪基本原理，可是從模擬考卷上的出題方式看來，我懷疑其用意是要考驗我們把教科書內容背得有多熟，問題細得不能再細，往往難得要命，舉個典型的問題為例，其內容直接出自教科書中一段文字，請學生填空：

蟑螂在攝氏零下五度的環境中可以存活——分鐘。

A.五　B.十　C.十五　D.三十

我設法排除每個選擇，這時腦袋裡浮現兩個念頭：蟑螂如果碰到核子攻擊，能不能存活？廚師兼差殺蟑螂是不是常有的事？

我不耐煩地翻教科書找答案，正確答案是D，然而找出解答還是最不困難的事，當我坐下來，想要認真地看模擬考卷時，單是把前面二十題讀懂，就花了我三小時的工夫，遑論回答問題了。從此以後，我隨身帶著我的教科書和模擬考卷，卻怎麼也無法勉強自己反覆體會那痛苦的經驗，這時，我打電話給王主任委員。

臨考前一個月，一週有幾天下午，她在烹飪學校廚房中央架起一張搖搖晃晃的桌子，我們並肩坐在桌前，桌上攤滿了模擬考卷和我的教科書。主任委員帶來她那本破舊的小開本漢語辭典，我則帶著一本很大又很厚重的漢英辭典，我遭遇一個又一個謎團：

蛋白質不具備下列哪種能力？

A.預防水腫。

B.製造抗體。

C.製造骨骼和牙齒。

D.保持腦筋正常、快樂。

一定是D，D聽來太荒謬，依我看，鐵定是正確答案。

「錯，是C。」王主任委員說：「沒想到吧，我吃了蛋白質以後，並沒有快樂一點。」

當我又答錯一題時，她與我同個鼻孔出氣。

「不搭軋！」她喊道，這句北京俗語的意思是，「不可能！」

若干問題與寄生蟲、死亡和排泄物有關。我學到攝取超過三克的嫩精可以致人於死，我學到宰殺鰻魚的正確方法是將牠浸入沸水中燙死，我學到絛蟲不需要仲介宿主便可使人受到感染。

「絛蟲在中國還構成問題嗎？」我問。

「已經沒事了，」主任委員說：「想當年我們年輕時，還有這問題，我想這跟用糞肥種菜有關。眼下，大夥認為這樣很不乾淨，可是以前的菜真的比較好吃。黃瓜再也沒有黃瓜味了，因為現在種黃瓜用的是化肥。」

我默記豬、牛和羊肉不同部位的用語，我必須知道每一部位是肥是瘦，是嫩是老，有沒有軟骨，肉多還是骨頭多。我默記哪一部位適合做餃子餡、燒咕咾肉或熬湯。中國人把豬肉分為十六個部位，包括尾、頸和頭；不同側的豬臀各有其名稱。

在模擬考卷中，有一道填空題如下：

堆疊法用於材料不含骨頭、質地——或酥脆的菜餚。

A.軟　B.很軟　C.有韌性　D.堅硬

我查了辭典，「韌性」意指「柔軟但結實；堅韌的」。

「啊，」我說：「人是有韌性的。」

王主任委員喜歡我造的句子。「沒錯！我們可以餓肚子三天，也死不了。人是有韌性的，我們可以挨過非常非常艱困的時代。」

這次考試就可以測試我多有「韌性」，我需要在一百道試題中答對六十道才過關，試題有八成為多選題，其他則為是非題，是非題表面簡單，其實陷阱重重。主任委員建議，為節省時間起見，是非題應一律標為「錯」，根據她的經驗，答案為「錯」的通常多於「對」。這麼一來，我便可以專心應付較直截了當的多選題。

她想必看出我的神情沮喪。

「別擔心！又不是考高考，」她指的是嚴酷到惡名昭彰的大學入學考試，「就這樣去考試便得了。」她調整坐姿，抬頭挺胸，將教科書隨意塞在手臂底下，「不要太明顯，也許可以遮一下，以免有人拿走你的書，考試時，把書放在地上或腿上。」

我好一會兒才明白過來她在指點什麼，她一定是開玩笑吧。

她好像搶匪正在策畫搶案，繼續謀畫應考方案：「作答時間有九十分鐘，過了半個小時後，勞工部派來的官員就會離開，留下兩位監考，當中通常會有一位監考是我們學校的行政人員，當他們開始聊天時，妳就曉得可以開始作弊了。我敢說，十位監考中有八位會讓妳抄別人的考卷。」

她看見我一臉的驚訝，又說：「當然，作弊是不應該。」可是在當代的中國是個狗咬狗的社會，在資源有限的情況下，學生們可不想賭賭運氣。考試費用為四十美元，沒通過考試的話，得再付十二美元才能重考。

「有些學生從未好好受過教育，所以非得作弊不可，」主任委員說：「有些來自窮的不得了的村莊，有些在窯洞中成長，有些就是沒腦子，所以我們就讓他們抄。」

北京曾是外來民工希望之所寄的地方，王主任委員繼續說：「九〇年代早期，民工可以來這裡賺大錢，現在可不成了，沒有十拿九穩的事，找機會變得困難，不是每個人都找得到飯碗。這年頭，人人都是寧為雞首，不做鳳尾。」飯碗比喻穩定的工作，雞首意指平凡無奇的事物，鳳尾則指價值不凡的事物。

「有些學生是下崗的工人，」她補充說：「有些在成衣工廠作工，一輩子都在縫袖子，可是工廠關閉了、南遷了，因此政府替他們付學費，他們來這兒學一門新技術，好找到工作。」這些被裁員的工人可以從若干職業訓練學校中，自行選擇上哪一所，好比學修理汽車、插花或按摩。

我們回過頭來溫書，我像發連珠炮似的，接連提問。

「妳想我有沒有希望通過考試？」我問。

主任委員思索片刻，「妳為什麼不請個槍手算了？到行政處去，跟他們說：『我很用功。』跟他們說你想省點力氣，請人代考。」槍手是指雇請專業人員來代替學生應試，中國的應試業夠腐化，不難請到槍手。

依我看，主任委員是藉此來迂迴表示，我想憑己力通過考試，門都沒有。

我拚命在尋找完美的圓，我的擀麵棍在麵糰上滾來滾去，擀出來的餃子皮有心形的、澳洲大陸形的，還有一張就像心理學家愛用的彎彎曲曲圖形，就是沒有圓形。

我在王家，我溫書溫累了，想包餃子鬆口氣，頭一項要務就是學會擀餃子皮。我在加州和家人一起包餃子時，用的一向是冷凍餃皮。王主任委員可容不得她家裡出現這等醜事。

她先在一只馬口鐵大碗中混合麵粉和水。

加多少水？我問。

「不知道，妳以前和過做麵條的麵糰，是吧？嗯，摻的水要比做麵條的麵糰多，餃子皮麵糰比較軟。」

我們忙活時，太陽漸漸西沉，廚房沒有電力，屋裡越來越暗，越來越看不清楚手上的動作。最後，在就快一片漆黑時，王先生帶著一只燈泡走進來。他將電線繞在廚房牆上的鐵釘上，然後把插頭插進走道上的插座，燈泡軟綿綿地從鐵釘垂下，在小房間裡散放微弱的光影。

王主任委員擀好一張皮，舉起來對著燈光。「看到了沒有？這張擀得好，因為一個黑點也沒有。」這張皮像燈罩似的，透出柔和的光芒。

王家一星期包一兩次餃子，每包一次足夠吃上至少兩頓。「餃子經飽，我吃飯就怎麼也吃不飽。」王先生說：「吃了米飯以後才不過幾個小時，我又餓了。」

「我喜歡包餃子是因為比起正式弄一頓飯，包餃子省力氣。」王主任委員說。在我看來，卻好像不是這麼回事，得和麵、擀皮、拌餡然後把餃子包起來呢。

「上館子吃餃子不是更省事？」我問。

「省事是省事，可是沒那麼好吃，」王主任委員說：「自家包的餃子最好吃了。」

我看著她將醬油加進一只盛滿豬絞肉的馬口鐵大碗。

「要加多少醬油？」我問。

「看情況，」她說：「想讓味道重一點，就多加醬油，想淡一點，就少加醬油。只要別加得太多，讓肉餡變得烏漆嗎黑的就行。」

她淋了點雞高湯進去，接著加了不少蝦米，她每加一樣，我就問她分量多少，好記在我的筆記本上，她的回答很含糊：看情況。想讓某種味道重一點就多加，淡一點就少加。

我逐漸瞭解到，看在中國人眼裡，我這種關注分量多寡的美式作風，根本是鑽牛角尖。

王主任委員補充說：「每個人的情況不同，看個人口味而定。」

僅有一樣稍微較精確的材料是水：「這要看你用了多少的肉，水要加到足以讓肉有彈性的程度。」一開頭時，她加了半飯碗的水，然後又分數次加了少量的水，每多加一次水，就用筷子大力攪拌肉餡。

豬肉茴香香菇餃子

3枚大的雞蛋
1至2小匙蔬菜油
3／4磅豬絞肉
1／2杯水
1／3杯醬油
1／2小匙鹽
1大匙芝麻油
2小匙蒜末
1又1／2小匙薑末
1大匙大蔥末，只要蔥白部分
1顆球莖茴香，切細丁
1杯切碎的包心菜
4朵香菇，切細丁

1／4杯蝦米（可省）
80張餃子皮（參見下一則食譜）

肉餡部分：打散2枚雞蛋，以中火熱炒鍋，加進油，把蛋炒熟後切成小塊，置旁備用。在一只大碗中混合豬肉和水，用筷子或叉子大力攪拌，約攪拌50下，須順著同一方向攪。攪好的肉末質地應如蛋糕麵糊一般。把第三枚（生）雞蛋加進肉末中，再攪拌20至30下。加進醬油、鹽和麻油，再攪。加蒜、薑、蔥末，拌勻。加茴香、包心菜、香菇與蝦米（可省），拌勻。餡料完成了，可以包餃子了。

如何包餃子：將一張餃子皮置於手心，在皮中央放上一小坨餡料，將皮對折，在半圓形的頂端捏一下，使上下黏合，然後從一側開始，沿著餃皮邊緣先摺後捏，使餃子密合，呈新月形。

如何煮餃子：趁著包餃子時，以大火燒開一大鍋的水，一次下20顆餃子，當水再度沸騰時，再煮5分鐘，撈出，立即端上桌。

餃子皮

可做約80張

4杯中筋麵粉
2杯水

麵粉置於大碗中，加進一杯水攪拌，然後分數次用手灑水，慢慢再把水打進麵粉裡，每次約加1／4杯，充分攪拌，須等水都打進粉了，才能再加水。當麵糰軟且有彈性、不太乾也不太濕滑時，就不需要再加水，揉3至5分鐘。用濕布蓋起來，醒至少10分鐘。

把麵糰分成三等份，每一等份搓成直徑約3／4吋的長條，然後分切成一吋的塊狀。在麵糰塊上面灑一點麵粉，在案板上用手將麵糰塊搓成球狀，每顆麵球用手心壓平，形如銀元。在麵糰和案板上灑麵粉。

用麵棍一次擀一張皮，先從扁麵糰的中央開始向外擀，再從外向中央擀。將麵皮轉個角度，再擀，就這樣順著同方向，邊轉麵皮邊擀，直到麵皮轉了整整一圈。這時麵皮應已扁圓，比你的掌心大一點。你頭一兩次擀皮，餃子皮八成並非渾圓，不過多練習幾次，技術就會有所改進。

將擀好的餃子皮疊起來，蓋上濕布，以免變乾，再繼續擀其他餃皮。餃皮須立刻使用。

我埋頭苦幹，決心要擀出像樣的餃子皮。擀皮這件事變成對完美的追求，追尋以恰到好處的手勢來壓扁、轉動與擀平麵糰。我就是停不了手，我沉迷其中無法自拔。麵糰變得越薄，摸起來就越像柔軟的皮革。王主任委員取走我擀好的皮，才幾秒鐘便將這些皮都包成餃子，接著就活力十足地與我閒話家常，我呢，似聽非聽，專心想再多擀出還算差強人意的餃子皮。

王主任委員在學校相當沉默。在示範課堂上，她多半都待在裡間，弓背坐在桌前看小說。她對待學生一向客氣溫厚但拘謹，在家則放鬆多了。她穿著羊毛衛生衣褲應門，較常咧嘴而笑，露出一口整齊的白牙。她抱怨政府腐敗，閒聊學校老師的是非，漸漸多談起自己。

我們在包餃子時，她講到自己前不久滿六十歲了。

「早跟我說的話，就請妳上館子。」我說。

「反正我這個人也不愛過生日，不過我的確替自己買了一副耳環，妳想不想看？」

她的身影沒入臥房，帶著一副金珠耳環又走出來，並沒把它們戴在耳垂上，而是放在手心把玩。

「生日對我意義不大，」她說：「我不想活太久，說句實話，人人都討厭老人。」

可是中國傳統上不是敬老尊賢嗎？

「唉，才沒有人真的信這一套。說實在的，人老了以後就成了負擔，沒有人喜歡這一點。老人不喜歡自己，沒有人喜歡老人。」

主任委員對很多事情的想法都很悲觀，甚至宿命。她相信中國愈富有，社會就愈走下坡。她記得，在五〇年代時，街上沒有人隨地吐痰。在經濟改革以前，人們在公車上會讓座給老人。

「只要腐敗的情形不改，人民彼此之間就會表現得更不文明。」她說。

餃子煮好以後，我和王主任委員在廚房外頭的走道上拼湊好餐桌，王先生端了一盤餃子到臥房，我聽到他轉開電視機，我夾起餃子，先蘸了盛在小碗裡的醋和辣椒，這才一口咬下。這些餃子有如熱氣氤氳的麵皮枕頭，在熟悉的味道外，還綻放出一種我從未嚐過的清新滋味。這就好像在吃了一輩子的冷凍義大利方餃後，頭一回嚐到手工製作的方餃。我狼吞虎嚥，吃下十二個餃子，王主任委員比我還多吃了幾個，接著回廚房，在碗裡盛了「原湯」，也就是煮餃子的水。

烹飪學校已開始教授餐館管理和會計科目，我們邊吃著餃子，邊依據王主任委員花的材料費金額，計算每個餃子成本多少。我們包的九十二個餃子，材料費為三美元，那麼每個餃子就花了三美分。她估計平均一個人一頓可以吃二十個餃子，一頓的成本就是六毛。

「在館子裡，只要再付幾分錢，就可以吃上餃子。」王主任委員笑著下了結論，她聳聳肩，「我還是喜歡在自家包餃子，比較好吃，在家裡吃也比館子衛生。」

他們夫婦倆三餐都在家裡吃，我問過王主任委員他們在家燒一頓飯，一般得花多少錢。

「很難講。」她說。

「那你們每個月花多少錢在食物上？」

「不知道，每個月都不一樣，妳想不想看？」

她拖著腳步走進臥房，拿著藍色小筆記本回來。每一頁的頁首都註明了月分，底下是用鉛筆記下的一連串數字。她煞費苦心地記下他們所有的開支，連幾分錢都記清楚。王主任委員在烹飪學校的工資加上兩人的退休金，夫婦倆每個月可掙四百美元，這使得他們在中國穩居中產階級。他們每個月的家居開支在一百七十至三百五十美元之間，多半花在食品雜貨上。其實，他們的食品雜貨開支，比大多數中國人的月收入還多。不過，他們並沒有很多其他的固定開支，他們當初是用現金買房子，故而不必繳房租或貸款。王主任委員因為比大多數中國婦女來得高，塊頭也較大，因此都自己裁製衣裳，直到晚近還自己縫鞋子。自行車壞了的時候，她自己修。除了食品雜貨外，他們主要的支出是公車月票和水電瓦斯費。

「妳一直都是這樣每個月記帳嗎？」我問。

「不是，從前我一個月掙五塊錢的時候，沒這個必要，」——也就是經濟改革以前，「我是在非典期間（即SARS）開始記帳，那段日子無聊的很，沒別的事好做。」疫情擴散期間，烹飪學校和許多機構都關閉，主任委員就去超市，慢慢逛，打發時間。「我嘗試各式各樣的食品，跟著想到，既然都在花錢了，最好把自己買了什麼都記下來。」

他們夫婦倆前不久決定不再存錢，而撒大把銀子添購高價位物品：花三百五十美元買數位相機，三百美元買新冰箱，兩人還花了八百美元到華南的海南島旅遊。

他們前一陣子也被人誆騙了八十美元，王先生因為身體一側悶痛去看醫生，有個一心想賺錢的無恥醫生要王先生接受不必要的治療，有電腦斷層攝影、X光檢查和多種藥物。

王主任委員搖搖頭，蹙著眉頭說，醫療保健糟透了。雖然按理講，中國人人皆享有健保，然而個人一年醫療費用須在一百五十美元以上，健保才給付，而一年給付的最高額度為五萬美元。理論上，中國實施社會主義制度，可是舊有的福利網絡正迅速崩解，在某些程度上，中國已變得比美國還要資本主義。

「一個人要是得了癌症，醫療費就會高過額度，所以假如真的病了，乾脆死了算了，別上醫院了。」

我認識的中國人多半把錢存在銀行，有些則已開始投資房地產和股票。我問她為什麼不作這兩種投資，她解釋說：「我們只有一點點錢，不如拿來享受享受算了。我們的兒子不需要我們的錢，這套公寓將來由他繼承。我們這一輩子受的罪夠多了，挨過了多少辛苦。我婆婆和我父母還在的時候，我們一家六口住在這裡。有時候只買得起五個雞蛋，除我以外，一人吃一個。我忍不下心吃蛋，反正我比其他人都強壯。」

王家夫婦挨過中國往昔動蕩的歲月，得以進入黃金晚年，這時已拋開顧慮，隨心所欲，反正為醫療可能危害生命的重病而存錢根本是沒有意義的事。他們一年度假一次，其他的錢就花在露天批發食品雜貨市場、大賣場和街頭小吃攤。

「有些人的想法不一樣，」王主任委員補充說，「他們會看著我，說我在吃上頭花那麼多錢，太浪費。他們寧可買一只花瓶，因為可以擺在架子上，美化家裡的裝潢，他們喜歡，因為花瓶永遠會在那裡。可是吃帶給我很多的享受，我喜歡嘗試不同種類的食物，我愛吃什麼就買什麼。」

她指了指黑暗的走道，那兒別無裝飾，就只有一架子的食品，包括一包即溶杏仁茶、一條麵包和一包川味香辣餅。

「這些是讓我快樂的事物，」她說，「什麼叫做富足呢？在我看來，能吃、能喝、能動，就是富足。」

王主任委員六十歲了，這表示她剛出生共產黨便掌權，她經歷了毛澤東時代的巨變，我渴望知道曾目睹並參與毛澤東企圖創建共產主義烏托邦的種種舉措，是何等的滋味，可是始終找不到恰當時機提問。中國人很少談往事，我常覺得他們好像不敢想到往事。我不想惹她不高興，師生關係的禮數也令我更難啟齒。但是我們在一起包餃子的次數愈多，兩人相處起來也愈自在，這項傳統的家庭活動彷彿自有一股解放的力量，令我們脫離受限的角色。

有天下午，王主任委員來到我的住處，我家的廚房雖然不比王家的大多少，但有磁磚牆面和櫥櫃，天花板有燈光，比王家的現代。我們不必蹲踞，而是站在黑色的料理檯前揉麵，做羊肉南瓜餃子。我切著南瓜，王主任委員拌著羊肉餡，這時我開口問起文化大革命時期的生活狀況，她僅僅回答說：「我們在搞革命。」

「妳這話是什麼意思？」我問。

她聳聳肩，「沒什麼意思。」

我把問題再問一次，「妳當時究竟在做什麼？」

「我把革命口號寫在布條旗幟上，」她一邊加了更多水到肉餡裡拌合，一邊說：「革命開始時，我剛從高中畢業，還住在學校裡，任何人都不准離校，我們的工作是留下來

『搞革命』，要是我溜回家去，就會成為反革命份子。」

她看著窗外說，目光有點飄渺。「那段時期很黑暗，人心恐怖！老師叫學生毆打對革命不夠積極的其他老師，在有些地方，有老師被打死。」

她停止拌肉餡，平時溫和且不慍不火的聲音顫抖了起來。「我的學校有位老師是上層階級家庭成分，父母是知識份子，她剛懷了孩子，在食堂裡理當吃得比我們其他人好，可是就因為她吃得稍微好一點，紅衛兵用這個當藉口懲罰她，他們給她剃了個陰陽頭。妳知不知道陰陽頭是什麼？」

我搖搖頭。

她尖聲哀嘆：「他們把她半邊頭髮剃光，讓腦袋變成了陰陽圖形！他們逼她掛上牌子，上頭寫著她的諸般反革命罪行。比我年輕的孩子輪流用皮帶抽她，當著大批人群罵她。」王主任委員這會兒簡直在咆哮，卸下平時面無表情的臉孔，激動得眉頭緊蹙。

我停止切南瓜，弄不清楚自己該怎麼反應。我直覺感到驚恐，要是給鄰居聽見了，如何是好？我理性上知道主任委員在我家私下談話不至於會有後果，但是這使得就藏在專制中國社會表層底下那種輕微的被迫害妄想症，浮出了水面——儘管這專制政體目前正進行改革。這讓你避談敏感話題，讓你乖乖守自己的本分。

王主任委員一旦跨過心理上這道門檻，就不想住嘴。「我當時要是想當紅衛兵，可以當，」她說：「我的家庭成分好，可是我做不出別人在做的事，我就盡量保持沉默，大夥往右走，我就往右，大夥往左，我就往左。我原想當醫生，也考上了好學校，本來下一年就要入學，可是發生了革命，所有的學校都關閉，我失去上大學的機會。」

「中國失去了兩代的人，我上一代的科學家和知識份子受到迫害，我的這一代——我們首先就沒得到適當的教育。」

王主任委員原本理應是蒙受毛澤東改革之利者，她並非出身於知識份子家庭，家裡與國民黨政府也無關聯。她的父母是工人，是共產黨理當幫助的「正確」階級。可是她沒當成醫生，最後來到一所破舊的烹飪學校，幹些廚師們不肯幹的瑣碎雜務。

我希望她繼續講下去，但是我們倆的情緒都很激動，一種非常中國式的直覺油然浮現我的心頭，我不再東問西問。「嗯，我們是不是應該刨南瓜絲了？」我說。

羊肉南瓜餃子

2／3磅絞碎的羔羊肉
1／2杯水
1／3杯醬油
1枚大的雞蛋
1／2小匙鹽
1大匙芝麻油
1小匙蒜末
1大匙大蔥末
1／2小匙薑末
2又1／2杯新鮮南瓜刨絲（參見附註）

在碗中混合肉末和水，用筷子或叉子順著同一方向大力攪拌50下。加醬油，再攪拌50下。把蛋打進去，加鹽、芝麻油與蔥蒜薑末混合，加南瓜絲，再攪拌10下。按照前一章餃子皮食譜中的記載，包成餃子，煮熟。

附註：美國的讀者可在農民市集買到橢圓形、黃肉的狄金森南瓜（Dickinson pumpkin），白胡桃南瓜（butternut squash）是很好的代用品，請勿使用圓形、橘肉的萬聖節南瓜，味道和口感不對。

那一天在我家的廚房裡，我們就這樣不再談往事，可是那只是暫時。我們後來又見面時，王主任委員延續前一回的話題，從此便滔滔不絕，住不了嘴。我忍不住不提問，她則忍不住不憶古談舊，就好像水閘門出現裂縫，是一條封不起來的裂縫。每一回我們相聚燒菜或溫習功課，她便一點一滴傾吐往事。

走過寒冬，春天來了，王家公寓走道的溫度也熱到勉強尚可忍受的地步了，再過幾天便是端午節，我敲響王家大門時，主任委員穿著便褲和胸罩來應門，我從來沒見過這種胸罩，大得驚人，介乎背心和背架之間，前身部位有一排鈕釦，吊帶包覆住她寬闊的肩膀，我以前從來沒注意到王主任委員胸前頗偉大。

「妳好。」她說，在我身後關了門。

我們蹲坐在她的廚房裡包粽子，這是端午節的傳統食品。我們將蘆葉折成錐形，填上糯米和葡萄乾，然後將粽葉從頂端折下蓋住，像包禮物一樣，用線繩纏緊。我們包了好幾十個綠色小包裹，每個都半呈圓錐形，半呈金字塔形，吊著線繩垂下來，主任委員在炒鍋裡盛滿水，扭開瓦斯桶，點燃爐火。

就像美國人感恩節吃火雞，七月四日國慶日吃露天燒烤，中國人逢年過節幾乎都有特別的應景食品。王主任委員告訴我，端午節是為了紀念公元前三世紀一位名叫屈原的名詩人之逝，屈原品行高潔，對朝廷忠心耿耿，卻失寵於皇上，遭到放逐。他絕望之餘投江自盡，鄰近村民得知他的死訊，紛紛划船來到江上（這種船叫做龍舟，因為古代的中國人相信江河由水龍王統治），將米投進江裡餵魚，以免魚兒吃了屈原的遺體。現代，粽子象徵了米。

粽子煮好以後，王主任委員問我想不想看她當年的一樣東西。她走進她兒子的臥房，在塞滿了破爛舊物的櫃子裡翻了半天，抽出一樣五顏六色的東西，那是一串形如粽子的角錐形小玩意。

「是我在高中時做的，」她說，讓這串小粽子在空中晃蕩，「那時沒旁的事好幹。」

王主任委員的父親年輕時曾在往返亞歐兩洲的一艘英國船上當工人。「記得他談起過馬賽之類的地方，」主任委員說：「他英語講得流利，可是一個英文字也不識。」

她的父親結婚後，改行修自行車。她的母親是典型的家庭主婦，生於一九一二年，也就是清朝被推翻、結束數千年帝制後的一年，婦女不必再裹小腳，不必再當姨太太，可是民國初年仍有許多女性不識字，直到共黨在一九四九年掌權後，提高婦女識字率和就業率才成為要務。王主任委員說，「解放後」——中國人以此稱呼人民共和國成立——「毛主席成立『掃除文盲小組』，小組人員走入街坊，教導像我母親這樣的婦女寫自己的名字，讀些基本素材。」她補充說，毛的這項貢獻持久影響中國。

王主任委員的母親第一胎生了兒子，幾年後又生了她。主任委員記得，在她兒時有項叫做「土法煉鋼」的運動。一九五〇年代晚期，毛澤東下令中國全部人口增進國家的鋼鐵產量。王主任委員跟她的同學放學後就到處亂竄，在泥土路上找鏽鐵釘和破銅爛鐵。「不論是誰找到最多的鋼鐵，老師就會褒揚一番，單就這樣便可以激發我們到處跑，努力多找一點。」鐵鍋被充公、熔解，民眾被打發到公共食堂吃飯。王主任委員說，北京的食堂維持僅一兩週便無以為繼，可是生產鋼鐵的熱勁不退，校園裡挖了個大坑，好開採可能埋在地裡的鐵。沒有人在坑裡發現多少的鐵，小學生們卻在土堆裡玩得挺開心。

「我們連一樣像樣的玩具也沒有，」她說：「我們有橡皮筋，我們用羊骨做骰子，用紙做玩具。」

主任委員也記得在北京的老城牆上玩耍的情景。「過了牆就出了城，」她說：「我記得我看過鴉片鬼在城牆附近遊蕩。」王主任委員住在城門內，得以不受鄉間諸般問題的侵擾，好比說，六〇年代初中國的大飢荒。她給我看她少女時期的照片，她戴著厚厚的眼鏡，留著兩條辮子，穿著棉襖。我聽說過不少中國當年鬧飢荒的情景，訝然見到照片中的她胖嘟嘟的，看來營養好；原來是因為首都大部分地方都倖免於悲劇之外。

「我的運氣好，我們家從來就不愁沒東西可吃。」她說，她承認中國有許多人並沒有如此幸運。問題不在於量，而在於質。在她年少時期，麵條和蔬菜供應充足，肉和蛋卻被視為奢侈品。

一九六六年，毛澤東以天安門廣場的一連串示威活動，正式掀起文化大革命。王主任委員和其他數以十萬計的學生集會，揮舞著毛語錄小紅書。

「我十九歲，激動得不得了，可是後來我瞭解到，這股情緒並非發自內心，而是受到群眾的感染，」她說：「我周遭的人都感動極了，我也一樣。」

王主任委員並不認為自己是紅衛兵，紅衛兵是成分正確的孩子們鬆散組織成的團隊，這些人的父母絕不可是知識份子、舊地主（私人土地房舍皆已充公），不可與逃往臺灣的國民黨政府有關聯。由於毛澤東指示要推翻社會，加上共產黨的鼓動，這群烏合之眾得以四處摧毀廟宇、書籍、樂器、花瓶和其他任何被認為「資產階級」的物品。他們威嚇、攻擊老師和被畫分為「走資派」的人，有些受害者被活活打死。紅衛兵有時會派系分裂，彼此戰鬥。

雖然主任委員得以和紅衛兵的酷行保持距離，可是她既是學生，就不得不參加一些必需對黨表示熱情的活動。西式舞蹈被禁，然而有一小段時期一天三餐前都要表演革命舞蹈。有天下午我們在我住處吃完飯後，她示範了一段。她假裝自己一手拿著小紅書，雙臂雙腳擺動，作出機械式動作。她設法板著臉，還是忍俊不住笑出聲音。

「我從來沒想到自己回顧往事，還笑得出來。」王主任委員說：「荒唐歸荒唐，可當年我們肯定不覺得好笑。我們就跟機器人似的，」她跟著修正自己的說法說：「說真的，我們是在瘋人院裡。」

一九六七年夏天，中國一片混亂，王主任委員隨著大串連的紅衛兵，下鄉遊逛。共產黨政府讓學生免費搭火車，以便學生將文化大革命帶到偏遠城鎮和鄉間。王主任委員和她三個最要好的朋友並無意於改變別人的思想，卻樂於免費旅行，所以就前往火車站。「你可以到售票亭，想去哪兒，就要一張到那兒的車票。如果那地方的車票沒了，你就改要去別處的票。」她們到了北京西邊的數個城鎮，包括後來發現兵馬俑的古都西安。火車駛進火車站時，學生們得從車窗爬進爬出，因為車廂已塞滿了人。「你要是站在車裡，抬起一隻腳，就再也找不到地方可以把腳放下。」幾個星期過去，事情變得不好玩了，她們卻張羅不著一張回北京的車票。其中一位女孩生病了，最後總算遇到一位官員，幫她們偽造了一封信，讓她們上了回家的火車。

經過兩年的混亂，毛澤東壓制紅衛兵運動，但是大多數學校依舊關閉，包括王主任委員在內的成百萬上千萬城市青年被「下放」到鄉村，和農民一同勞動。這是他們的義務，而且並無一定期限。「政府並沒有告訴我們要下鄉多久，我們也沒問。」她說：「我當時想，我們很可能一輩子都要待在鄉下了。」或許稍堪告慰的是，學生對於自己要到哪裡，可以表示一點意見。王主任委員不願北上到東北，太冷了；到內蒙古養馬牧羊，對她亦無吸引力，而雲南省位在西南偏遠地區，搭火車就得好幾天，所以她決定跟著坐滿一整列火車的青年，一起前往就在北京西邊的窮省山西。

她談到在田裡作苦工的時光時，語帶深情，頗令我意外，在她口中，那段時期簡直像長期夏令營。「我們隊上連我共有三十個人，村民替我們蓋了兩排房子，我們每三個人住一間房。我們種小麥、大麥、棉花、小米和高粱。山西的土不很好，是黃土，我們又在高原上，所以不能種稻。我有兩年沒吃上大米，我並不很愛吃小米，到今天還是不愛，光是想到都覺得想吐。我們吃很多的窩窩頭。」這是種上尖底圓的錐形蒸玉米糕，王主任委員直到多年後，偶爾還是會蒸上一籠這種農村主食，算是懷舊。「我們吃閒飯。」她帶著留戀的語氣說，這句俗語的意思有點像在說「我們年少輕狂」。

「不過我們也得做不少事。我們分成兩組播種，種籽一旦冒了秧苗，就得插秧，一個鋤地，另一個人彎腰插秧，拿鋤的那人再把泥土鋤回到秧苗上。」

「我們不種地時，就掘溝、挖煤、挑井水。我們築路，唱革命歌曲，」她放開嗓門唱道：

毛主席在東方掀起正義之戰，
春、夏、秋、冬……

她停頓下來，「哎呀，接下來的，我忘了！村民待我們很好，因為我們是從北京去的，他們以為我們認識毛主席本人，所以不敢苛待我們。」

學生們沒有工資，改領工分。男生一天可掙得十個工分，女生一天掙八個工分。一年一次，當所有的棉花、小麥和其他穀物都賣掉後，村民便和生產大隊分享利潤所得。「一工分約可算一分錢，基本上，我一天掙到的錢可以買一張郵票！」

第一年過後，王主任委員實際上倒欠隊上二點五美元，因為她的食量多過她的配給。「我一天可以吃四個窩窩頭，我比大多數女生都壯，幹的活也較多。」接下來一年，她努力工作，償清了舊債，還掙了二點五美元。

在農場上待了兩年後，有一天，有位工作小組長把她拉到一邊。「他叫我對我父母和我自己作一番評估，我告訴他，我父親是自行車修理工，我沒跟他講自己是個好工人還是壞工人。我告訴他，『你要是想知道我的品行，問我的同志，我自個兒可沒法說。』我搞不清楚他幹嘛問我這些。」過了一個月，這位小組長對她道賀，她即將被調往附近的銅礦當見習工程師。她別無選擇，可是她很高興；勞力工作她早就越做越膩了。生產大隊其他人後來紛紛離開，有些被調往照相機製造廠，有幾人被調往肥料廠，還有少數人留下來落戶，和當地人結婚。

王主任委員被派往的銅礦場需要工程師，然而由於大學關閉了，工程師必須在職訓練、邊做邊學。她在見習期間，一個月掙三美元。接下來一年，她被升成全職工程師，每月工資為五美元。

「我在一年中學會了一切，我的責任是要照管礦場電廠的過濾設備。煤從上方送至輸送帶，燃燒後被轉化成電力，我必須確保電力大小穩定，我們的工作就是要不斷查電錶，指針必須一直保持在中央。」

一天有六個小時，她得不斷掃視注意一整個房間的測量儀器。「如果指針開始擺動，我們得檢查煤，做調整。這差事壓力很大，倘若有什麼發生故障，礦場所有的機器都會停擺，可礦工們卻看不出來，這就可能造成攸關生死的狀況。」

王主任委員有位助手，是個來自北京近郊城鎮的小姑娘。不到一年以前，她在電廠工作時給搞大了肚子。「常常見她跟一位同鄉青年成雙成對的散步，」王主任委員說：「因為排班的關係，我們每人每天在宿舍裡會有一個小時左右的私人時間，她一定就是在這個時候懷的孕。」

沒有人注意到這位助手的肚子越來越大；時值隆冬，大夥全穿著厚重的衣物。有一天，少女一個人在宿舍房間裡時，開始陣痛，她自己分娩，生下了孩子。

「跟著，她把嬰兒給悶死，放進盒子裡，收在床底下。」王主任委員說。

有人發現了嬰兒的屍首，電廠領導人爭論該如何懲戒少女，然而她的父親在黨裡頭有關係，所以到頭來她並未受到懲戒。最大的問題在於，沒有人願意跟名聲這麼臭的人共事，主任委員為少女感到難過，就收容了她。

「她人並不壞，她年紀輕，當時壓力又很大。」主任委員柔聲地說：「她後來嫁給了那男的，終於有了另一個寶寶。」

王主任委員接受少女當她的助手後不久，有一大塊煤卡在漏斗裡，助手拿著棍子想頂開煤塊，棍子斷成兩半，弄壞了機器。王主任委員及時警告礦場，讓生產線上的工人停工。機器修復後，頂頭上司過來詢問是怎麼回事，王主任委員明白她的助手麻煩已經夠多了，就替她擔了罪。上司似乎懷疑是助手的錯，但還是吩咐主任委員寫份自我批判，然後就讓這件事過去。

窩窩頭

1磅黃玉米粉
1／2小匙烘焙蘇打
1／4杯黃糖

2杯水或牛奶

將玉米粉、烘焙蘇打和糖置碗中，加水和成光滑的麵糰。將麵糰掰開成小塊，每塊約如1／2杯大小。用雙手將每塊麵糰搓成圓錐形，然後一個個尖端向上，排在蒸架上（廚房用品店或家居用品店隨炒鍋一同出售），放進盛有半鍋沸水的炒鍋裡，蒸20分鐘。

王主任委員在山西待了七年後，找到回北京的門路。她發現官方規定有個漏洞，叫「困退」——一個人如果家庭發生困難，可以離開鄉下。「我的父母年紀大了，我哥哥又不在北京照顧他們，」她說：「因此他們批准我回來。」

她被調職到她父親工作的自行車廠，在當時這可是千載難逢的機會；在下鄉插隊的一千兩百萬都市青年中，她是頭一批返鄉者。

王主任委員回北京後不久，開始考慮終身大事。她已三十出頭，在文革時期很難去想結婚的事，當時她離鄉背井，生活又沒有一點隱私。眼下她回到北京，革命已至強弩之末，她可以開始為自己的終身大事作打算了。

自行車廠有位同事想撮合她和一位也姓王的男士，他是一位小學老師，有個學生與主任委員的同事是親戚。同事開門見山地告訴王主任委員：男方算不上有錢，可是人挺正派，她願不願意見個面？

「妳對他的第一印象是什麼？」有天下午我問道，王主任委員一腳上了石膏，坐在床上。幾天以前，她晚上下班回家時，在住家大樓前剛鋪好的人行道上跘了一跤。王先生是位好丈夫，這些日子都到烹飪學校代她的班，我帶了一盒我自個兒在家做的炸醬麵來看她。

王先生還行，她說，她也用這兩個字來形容我燒的菜。「當然不是一見鍾情了。」她補充說。

我翻著她的相本時，看到年輕英俊的王先生在北京一座湖上乘船的照片。我問她，對王先生的形容詞怎麼這麼不浪漫？

「那又不是浪漫的時代！我們才剛脫離文革，我們不過是普通人，沒有浪漫的條件。」

王先生學生的家長安排他們兩人在學生家見面，在場有那學生、學生的父母、王先生和王王主任委員，大夥很不自在地坐在房間裡。「我們沒法跟對方說上兩句話，他跟我說他沒有很多孝道方面的責任，他說他與母親同住，父親已經過世。我跟他說，我與父母同住。」

學生家長開玩笑說，既然他們倆都姓王，那就是一家人。「五百年前，你們是一家人，所以這是命中注定。」

他們倆約好隔週晚上七點半在公園見面，王主任委員準時赴約，王先生卻不見人影。她一直等到八點差三分，他才出現。她氣得掉頭就走，他追上來，邊跑邊道歉。他解釋說，他班上有個孩子受傷，花了很久的時間才找到學生家長，他得在學校等到他們來，才能離開。她能不能原諒他？他表示要送她一件冬天穿的棉襖，她讓他走路送她回家。他們約好隔週再會。

「妳猜怎麼著？他又遲到啦！」她氣呼呼地說，「他說：『這一回我只遲到十分鐘，我這人動作慢，這是我最大的毛病。』」

幸好，他沒有很多其他的毛病。他脾氣好，不菸不酒，除了愛遲到，他只有一點讓王主任委員不滿意：他的年紀，王先生比她大了六歲，比她哥哥大一歲。在中國社會的親屬關係中，出生排行和年紀有重要的影響，這從而構成僵局：搞不清楚誰長誰幼。

「他該怎麼稱呼我哥哥呢？」她說：「是叫哥哥，還是叫弟弟？」

他們認識三個月後，在一九七八年十二月，王先生求婚。「怎麼樣？」他問：「如果我們現在拿到結婚證書，年底前就可以登記弄到家具。等一陣子再結的話，那八成就得再一年才能弄到家具。」

以他們倆的年紀，用不著請示父母的同意，他們心裡明白，雙方父母就只會很高興見到孩子總算要結婚了。王先生買了十斤薄羊肉片，兩家一起吃涮羊肉，慶祝他們訂婚。幾天後，他們在王先生任教的學校，在他同事老師的面前結了婚。婚禮過後，王先生回課堂教書，王主任委員則回自行車廠上班。

炸醬麵

1／2磅五花豬肉，切成1／2吋的小丁

2小匙大蔥末或青蔥末
1小匙薑末
1小匙蒜末
1又1／2杯黃豆瓣醬（若能用六必居牌的更好）
1／2杯水
1／4杯醬油
中式生麵或乾麵
1／2條黃瓜，切絲
1／4杯洋香菜末

在炒鍋中以大火炒五花肉（無需加油炒，肉很肥），當肉開始流出油時，將蔥薑蒜末下鍋，繼續炒到肉焦黃了，將鍋子離火，把炒好的肉盛至碗中。

另備一碗，豆瓣醬加水攪拌，調勻。

把乾淨的炒鍋置爐上，開中火，調過水的醬下鍋，煮至醬變稠變黏，用刮鏟刮鍋底，以免醬燒焦。豬肉下鍋，轉小火，繼續炒，把醬看得油亮焦黃，約炒10分鐘。下醬油，再炒一兩分鐘。截至這一步驟前，都可以事先將炸醬炒好，冷、熱食皆宜，放在冰箱冷藏可儲存兩星期。

將麵條煮軟，瀝乾，上面澆上炸醬，再加黃瓜絲和洋香菜點綴點綴。

5

我們快要結束烹飪考試前最後一堂的補習課時，王主任委員隔著她厚厚的鏡片看著我，信心十足地衝著我微笑。

「妳沒事。」她說。

好長一段時間以來，她給我補課，從醃漬技術到清蒸法，無不傾囊相授，這會兒知道她對我產生了信心，真好。我正感動著，她卻補充說：「考試的時候要是有問題，就請同班同學幫忙。」不然也可以請烹飪學校的張校長幫忙，他屆時會在考場，好確保一切「順利」進行。王主任委員叫我放心，她已經把我的「情況」告訴每一個人了。

我嘆了口氣，心想，或許，乾脆就作弊算了，大夥都指望我作弊呢。我開始覺得，設法保持光明磊落，未免太累了。可是話說回來，參加考試的意義何在？我與其他同學不同，不需要那張證書，我不靠那掙口飯吃。我需要——想要——的是王主任委員和其他人的尊重。倘若我不靠己力通過考試，我就得不到尊重。

考試分兩天舉行，先考筆試，過了一週再考術科。筆試原本訂某週三舉行，可是後來我們聽說將延至週日，考前約一週又獲悉將提前至下週五舉行。

週四，我打電話至烹飪學校查證日期是否無誤。是的，和我僅僅打過照面的張校長說，這位性情嚴厲的女士語氣不大高興且冷淡。

「您能不能查證一下確切的考場地點？」我問。

「准考證後頭不都寫了嗎？」

「是的，不過我想確定我具體瞭解地點在哪裡，是在馬路東側還是西側？」

「不知道，妳今天過去看看得了。喔，對了，後天要舉行術科考試。」

我表示異議，兩天的時間不夠作好準備，她本來又打算何時才通知我們呢？

「我現在不就通知妳了。」她說。

「那是因為我打電話來！要是沒打這個電話，我要到什麼時候才曉得？」

「我今天要打電話通知所有學生。」她不耐煩地說。

別的學生都會乖乖接受這個消息，謝謝校長，然後說再見。我知道我讓她沒面子，可是我繼續講下去。「太急了，我沒辦法。才不到四十八小時，我們要怎麼樣作好準備？」

張校長讓步了，口氣仍是冷冰冰的。「好吧，」她說：「我特別通融妳，妳可以下星期再考。」

雖然她答應了我的要求，我卻不覺得高興，此事又一次證明，我需要特別待遇。

我並未請槍手，也沒有夾帶教科書。我不指望得到同學或張校長的幫助，可是當我來到考場，參加國家中級烹調師考試時，我便明白這將是一次非常獨特的經驗。

張校長站在考場建築物的入口處，陽光照在校長蒼白的臉孔和脖子上，這兩處的皮膚好似蜥蜴皮，又皺又粗。她一聲招呼也不打，就催我進考場。

監考人等在門邊，這個鼠相女人穿著輕便的牛仔褲，年紀看來跟我差不多。

「這個是我們的特案，」校長說：「能不能請您一定要幫幫忙？」

我對監考人說，我其實並不需要幫忙，不過我問她，可不可以用我的漢英辭典。

「沒事。」她邊說，我們邊走進天花板很高、通風良好的講堂。「可是不許作弊，」她一邊掃視考場，一邊以不自然的語氣說：「即便是外國人也不許作弊！」我注意到有個看似官員的男人拿著一疊紙站在附近，依我看，應該就是勞動部派來的人，王主任委員事先便已提過。

一批批不同烹飪學校和其他職業學校的學生，各自就座，等考試開始。我的同班同學都坐在一起，有幾位坐同一排，還有幾位坐在他們後面的一排。我坐在附近，特地與他們這群人保持一點距離。

「我七點半就來了。」有位學生說。

「我八點來的。」趙太太說。

我按照通知時間，八點半才到，考試預定九點開始。我這人作事拖拖拉拉，對於這個國家的人喜歡提早到的作風，總覺得很訝異。可是鑒於考試日期一改再改的狀況，學生必須多作準備，應該也是想當然爾的事吧。

我作最後衝刺，死記硬背答案，我的同學則在一旁聊天，校長走過來給我們訓話打氣。「記得要互相幫忙，」她嘁嘁喳喳地說：「喔，對了，術科考試提早到明天。」她前一天說要打電話通知學生，結果根本就懶得打。

我的同學點點頭，不像我先前的反應，沒有流露出一絲訝意或不悅。

「我看我明天要開車囉，」趙太太說：「有沒有人要搭便車？」

九點整，監考人走到講堂前面。她宣佈，我們有九十分鐘的作答時間，最早可以在九點半交卷。她看了站在一旁的勞動部官員一眼，又說：「不許作弊。」隨即發考卷。考卷印在大小與捷運報相仿的薄薄白紙上。

我輕鬆作答完前幾題後，感覺到有人在我身後探頭探腦。

「妳怎麼樣？」張校長輕聲說，呼吸的氣息真的就噴在我頸上。勞動部官員已不見身影。

「很好。」我沒好氣地說。她在我身後磨蹭了一兩分鐘，察看我的答案，我簡直無法專心。

過了幾分鐘，監考人過來。「需不需要幫忙？」她問：「需要的話，隨便問哪個人都行。」

我頭一遍檢查答案時，很肯定四十八道題的答案都是正確的。我依照王主任委員的指示，是非題一律打叉。我周遭的情景與主任委員先前的預測幾乎是一模一樣。監考人和校長在考場後方聊天，學生將教科書攤開，擺在空的座椅上。他們甚至懶得輕言細語，大聲討論答案。

「九十六題答案是什麼？」

「非。」

「九十九呢？」

「非。」

「一百呢？」

「非。」

「好極了，」趙太太說：「我請大夥請午飯，我們走吧？」

考試時間尚存十五分鐘時，我的同班同學起立，一齊離開。

張校長又過來查看我的情況。

「我還有幾分鐘，對吧？」

「對，慢慢來。」她說。

其餘應考人三五成群地相繼離場，最後，校長本人也走了，那會兒就只僅存我跟監考人，四周總算安靜了。

我用辭典又查了最後幾個字，這讓我得以完成剩餘的問題，並且檢查考卷，確定每一題都已作答，這才交卷。我超時五分鐘，不過監考人好像並不在意，她說，數週後就會知道分數。

「能不能拿到考卷的副本？」我問。

「不能，考卷一旦繳到上面，就再也見不到了。」

「可是我很想知道自己哪裡答對了，又有哪裡答錯了。」

「抱歉，我們不能發回考卷，」她說：「規定如此。」

我決定忍氣吞聲，第二天跟班上其他同學一起參加術科考試。我想要一勞永逸，而且不想給張校長更多的理由把我當成特案處理。

王主任委員已把考試注意事項從頭到尾指導了我們好幾次，我們必須自己帶菜刀和做四道菜需要的材料。我們全體人員都必須做同一道前菜，是一道有薄肉片和蔬菜的冷菜拼盤。節省時間起見，我們得在家就把蔬菜汆燙好、調好味。我們還必須做一道肉絲菜色，剩餘兩道菜，可以從在示範課堂上看過的菜色中自選兩道。名聲卓著的前門飯店將派一位師傅看我們燒菜，替我們的手藝打分數。師長勸我們選擇標準菜色，且得照本宣科，盡量如法炮製在課堂上示範的作法。要是想發揮創意，根據自己的詮釋作菜，可沒有人會讚美你。

一大早還不到七點，我好不容易逼自己起了床，睡眼惺忪地準備蔬菜。我剪了手指甲，收好前一晚買妥的食品雜貨，出發上陣，途中到菜市場買齊最後幾樣東西。可是當我抵達學校時，才發覺忘了替冷盤的蔬菜調味。

「可不可以在這兒調味？」我問王主任委員。

「沒時間了。」她說，反正評審不會試吃冷盤的。由於我們經驗不足，他才不會冒險食用未經高溫烹煮的菜餚，冷盤的用意是要考驗廚師的刀工。那些現成買來的肉品和味寡的蔬菜，沒什麼好吃的。我自己上館子就從不點冷盤，因為那令我聯想起沒人愛去的冗長宴席。唯一的挑戰是，每樣材料需切得越薄越好，同時得繞著一團加了咖哩粉調味的花椰菜，排出好看的花樣。

不過，我的同學以為可以事先備好冷盤的材料，就表示也能夠在家裡便把其他道菜的材料也準備好。他們從背包裡倒出一袋袋、一盒盒的塑料袋和保鮮盒，裡頭裝著切好的蔬菜和肉絲。此外，他們在學校廚房裡各就各位時，我注意到他們似乎從同樣的容器中取用材料，王主任委員也注意到了。「這樣不是違規嗎？」我在廚房另一頭的工作臺前，一邊切著蔬菜，一邊咕噥地對她說。

主任委員抬頭看看他們，嘆了口氣，高聲說：「你們這些傢伙全是騙子，你們想騙我，別以為我不知道。」

然而，她與其說是在威嚇他們，倒不如說是認了，有兩三個同學心虛地笑了笑，其他人則根本不理會她，繼續幹他們的勾當。後來，她發覺我的同學共謀幹了什麼好事：他們每人出六美元，集資雇用其中一位同學採買、準備所有的材料。

我察覺有位同學把裝著魚的塑料袋放在我的工作臺上，魚尾巴露在袋外。我偷看袋內，發覺是一整條已炸得香酥的魚。

「我昨晚在家裡炸好的，」這位同學大聲說明：「這樣上午就可以省點時間。」他取出魚，放進熱油鍋裡重新加熱，接著撈出瀝油，在魚嘴巴裡塞了一根胡蘿蔔作裝飾。

王主任委員提高嗓門對學生說：「我只想把一件事講清楚，你們是要自己燒菜呢？還是你們當中有一個人要替其他所有人燒？」接著，她拎著一只塑料袋，走回我的工作臺，「妳還沒切肉絲，是吧？喏，這給妳，是那夥人多出來的。」

「沒事，」我說：「我自己切就好。」

王主任委員看著我切肉，我一手壓著砧板上的小里肌肉，另一手上的刀打橫片著豬肉，刀刃盡量貼著砧板。她總算明白了。

「自個兒搞，」她邊說邊點頭贊許我有膽量，「妳在考驗自己，很好。不論考不考得上，都是親力親為。」

評審到了，他大半時間都待在後面的小房間裡，等人把我們燒好的菜送去給他試吃。

趙太太信步走進考場，手上除了一串車鑰匙外，什麼也沒帶。她的三歲女兒穿了件粉紅色連身裙，搖搖擺擺地跟在她身後進來，走到距離燒得正旺的爐火不到一呎的地方，撲向一盤排得花團錦簇的冷盤。

「不可以！不准碰！」趙太太嚷道，小女孩搖搖晃晃地走開，她哈哈笑著說：「說正經的，我女兒並不是什麼都吃，可挑食呢。」

「我們年輕時候要是有辦法挑食，那可真不得了！」張校長語帶輕蔑地說。她來看我們燒菜，並裝了一盤子我們做好的菜，充當午餐。

考試進行到一半，趙太太洗了幾個盤子，抓緊她的女兒，大聲道別。

「妳去哪？」我問。

「我今天有事，他們會替我把菜燒好。」她輕快地說，朝著爐前兩個年輕人看了一眼。評審從小房間裡目送她離去，顯然不以為意。

我讓其他學生合力燒完菜，這才站到爐前。我將盛著材料的碗一一排好，我要做魚香肉絲、乾燒扁豆和咕咾肉，在中國吃到的咕咾肉沒那麼甜也沒那麼濕軟，而較酸較脆。我自己已練習燒這三道菜好幾遍，有信心可以把菜做好，可是不知怎的，我還是感到緊張。廚房裡那股嘉年華會般的熱哄哄氣氛已消沉，評審在等著我做好菜。

「記不記得糖？要等油燒得更熱，記不記得放味精？」王主任委員看著我燒菜，不時下指令，偶爾還動手幫忙。我認清現實，拒絕她的援手反而麻煩，雖然我原不打算加味精，還是搖晃鍋子，加了味精，並且由著她替我加醋和醬油。雖然有她在旁協助，我的魚香肉絲的汁還是太少了。

「要是過了幾分鐘，菜面沒有汪著紅油，妳會被扣分。」王主任委員說，只有在中國，你會因為菜不夠油而被扣分。

我嚐了嚐我的四季豆的味道，又加了一點鹽，才請王主任委員把菜送給評審。我開始做咕咾肉時，評審走出小房間，雙臂交叉抱胸，站在幾碼外，看我燒菜。我炒焦了蔥蒜，又太晚才下青椒和鳳梨塊。菜起鍋時，他笑了笑，揮揮手，離開考場。

「他沒留下來嚐嚐肉。」我抗議道，我把我燒好的菜打包好要帶回家，夠我吃好幾頓。

「他認為妳比他們其他人會燒菜，」王主任委員說：「他對妳有信心。」評審對她透露部分的成績：我在冷盤項目得一百分，他覺得我的刀工優於其他人，主任委員確定我會通過術科考試。至於筆試，在勞動部沒發佈結果前，我們誰也沒辦法知道。

乾燒扁豆

1磅四季豆
1夸脫外加1大匙蔬菜油
1／4磅豬絞肉
1大匙大蔥末
1小匙薑末
1／4杯四川醃菜（川冬菜或榨菜），沖洗後切末

2小匙米酒或雪莉酒
2小匙醬油
1／4小匙鹽
1小匙糖
1大匙水
四季豆摘除兩頭，撕去兩側的老筋。

把1夸脫油注入炒鍋中，油量需在半鍋以上。用大火燒油5分鐘，燒到四季豆一下油鍋便會滋滋作響的熱度。四季豆下鍋油炸，炸至表皮起泡，約3分鐘。撈出四季豆，瀝乾。

在乾淨的炒鍋中加1大匙炸過四季豆的油（必要的話，先濾清油渣），以中大火燒熱。絞肉下鍋炒1分鐘，然後依序每隔1分鐘分別加進蔥薑末、醃菜、米酒、醬油、鹽和糖，最後下四季豆，淋水，炒1分鐘，起鍋，立刻端上桌。

一個月後，簡訊傳來我的考試成績。「週五請至華聯烹飪學校領取烹飪證書」，我的手機顯示此一訊息，連一句恭喜也沒有，我還是開心極了：我沒靠作弊就通過考試了！

證書是本藍皮小冊子，封面上燙金印著「中華人民共和國」與「職業資格證書」等字，裡頭貼著我的護照照片，還有一頁具體說明我通過中級烹調師職業資格考試。我在術科部分得了九十四分，筆試成績為七十二分，比及格多了十二分。這一頁蓋了紅色的政府印章，印著官方評語：「達到標準。」

我打電話向王主任委員報告我的成績時，她的語氣聽來很引以為榮。「妳為了那考試耗費了不少力氣，校長對妳也是刮目相看，妳跟別的學生比起來，顯然居於劣勢，可妳的表現卻比他們當中有些人好。」

當我跟我的外籍朋友分享這個好消息時，他們問我拿這證書以後有什麼打算。「這麼說，妳要到廚房工作囉？」其中有一位開玩笑說。

我對中國職業廚房的現實狀況依稀有點瞭解，我知道廚師一當班就是十四個小時，工作環境髒亂，報酬卻少，我也知道一般不鼓勵女性做這一行。有一回，我對王主任委員提起到職業廚房當差的事，她告誡我說，拿到華聯烹飪學校的證書，並不表示我已充分準備好從事廚師工作。

「嗯，那我們這些學生幹嘛到這兒來？我們不是來這兒為將來的工作做準備的嗎？」我問道。

「大多數想當大師傅的學生，已經準備一輩子了。」她說：「他們上烹飪專業的職業初、高中，他們是正規軍，我們呢，等於是游擊隊。頭幾個月，你當洗碗工，然後說不定可以升職負責除魚鱗、切菜。幾年以後，職位也許可以再往上爬，但是你永遠也當不上爐灶廚師！」

我知道這並非易事，但是我到職業廚房學習的想法，依然令我神往。我想要滲透進入中國廚房，希望我的烹調師證書會是我的通關護照。

在我發現自己通過烹飪考試後不久，我在住處舉行餃子宴。我請了王主任委員和十幾位外籍朋友，她答應提早來幫我。傍晚剛過七點，她打扮得無懈可擊，穿著長及腳踝、高領的傳統藍花旗袍前來。她的衣服都是自己縫製的，這件旗袍也不例外，跟她在學校廚房老套著的那件藍色實驗外套，真有天壤之別，我讚美她穿這衣裳好看。

「妳自己看來也挺不錯。」她說。她提到說，從來也沒見過我打扮得有女人味一點。我們相視一笑，接著她問我請別的客人幾點到。

「八點！」她嚷道，「可是妳連麵都還沒和呢！餡也沒準備好！」

我知道中國人應邀作客時，開席時間說是八點，客人七點四十五就到，遲到表示你阻礙了宴會開始。「放心，」我說：「外國人不會準時赴宴的。」

但是王主任委員放心不了，「妳膽子真大！我要是妳呀，從中午就開始準備了。首先，我才沒那個膽子請十個人來家吃餃子，妳知不知道得包多少餃子？」

我向她保證，外國人吃餃子的量不比北京人多，而且外國人就算準時前來，也不會介意很晚才開飯。

八點鐘，她不安地問：「妳的客人呢？」八點一刻，第一位客人上門，九點以前，又有一些來了，她鬆了一口氣，我們的餃子一開始就包得很順利。我們拌好一桶豬肉茴香餡料，擀好好幾十張餃子皮，疊在桌上，等著包餡，下到爐上一鍋滾水中。

我的客人圍在桌旁包餃子時，我對餃子蘊含的力量大表讚嘆。在我兒時，它曾是帶給我撫慰的儀式，它讓王主任委員和我成為好友，讓聚會洋溢著歡慶的氣氛。我這群形形色色、不同人等的外籍朋友，組成迷你規模的生產線，很快便擀、包、煮、吃了數百顆餃子。當我的iPod傳出喬治男孩（Boy George）的「業報變色龍」（Karma Chameleon）和羅布．貝斯（Rob Base）的「兩人才行」（It Takes Two）時，我們立刻即興隨著音樂合唱起來，還有人猛地跳起自兒時以來久未見矣的舞步。

王主任委員既沒唱歌也沒跳舞，但她看來與我的朋友相處得很愉快。我在廚房裡加擀餃子皮時，聽到她跟我的一位朋友在聊天。

「喔，不是，我做過很多工作。」她說：「文革時，我下鄉到山西……」

肯伊．威斯特（Kanye West）的「淘金者」（Gold Digger）歌聲傳來，我就這樣漏失這個我早已熟悉的漫長故事的下文。

第一道小菜：MSG，味之精華

在烹飪學校，我有位老師上課講到味精，態度就跟她提到鹽、醋、糖時沒兩樣。我的教科書將味精列在調味料章節中，就夾在醬油與蠔油之間。有天下午，老師大聲朗讀這一段課文：「麩胺酸鈉，通稱味精，是一種普通的日常調味品，無香味，呈晶狀或粉狀。」

「可是味精不是對身體不好嗎？」我插嘴說。

老師不理會我說的話，繼續講課：味精可用於鹹的菜餚中，但不適用於甜或酸的材料。我們應該在菜起鍋前才下味精，鍋內溫度在攝氏九十三度以下。高溫烹煮味精會產生輕微的油耗味。

在示範廚房裡，我的老師從一只打開的味精罐裡，大量取用這玩意，罐中的味精潔白似雪。從老師們的習慣看來，我在中國餐廳用餐多年，恐怕已糊里糊塗地吃下了成桶成桶的味精，卻始終沒像一般所假設的，因食用味精而出現頭痛、心悸的症狀。儘管味精無所不在，然而自我來到中國以來，卻很少想到味精的事。我自己下廚時並不用味精，可是並不是因為我害怕會有過敏反應，我不過就是覺得沒必要，味精會讓菜變鹹，略帶點化學製品的味道。我把朋友當成實驗對象，進行「蒙眼試吃」，我得承認我的實驗樣本數很小，可是中國人似乎與味精較合拍，外國人則分不清味精與一般的鹽。

不過在上完烹飪課以後，我想要弄清爭議的真相。為什麼中國有逾十億的人對味精並無疑慮，而我卻從小便認為味精有害健康呢？

為了對此物有更多瞭解，我連夜搭火車前往河南省蓮花味精工廠，這家味精製造商在中國規模數一數二。我深夜從北京上車，次晨醒來，農田和工業廠房在車窗外颼颼飛逝而過。將近中午時，火車駛抵河南省中部一個名喚項城的小城，咸認這裡是中華文明的搖籃，但是如今中國許多地方景氣興旺，此地卻落後不少。河南省並不以美食聞名，依我看，這正使得這裡成為最適合開設味精工廠的地點。

我換上白袍，戴上白色遮頸帽，並在鞋子外頭套上塑料鞋套後，有一位公司代表就帶著我踏進工廠。長形工作臺上味精堆積如山，四、五個工人為一組連成一條鏈，舀起晶狀味精填裝至塑料袋、秤重量，然後將味精袋裝進盒中，這些味精將送至中東、非洲和美國。蓮花公司年運送一千七百噸味精到美國。「有些美國人以為味精並不很好，」公司發言人前一晚跟我共進美味晚餐時，對我表示：「但是他們實在用了很多。」

一般認為味精是中國食品的添加物，但是「金寶」（Campbell）和「樂事」（Frito-Lay）等美國大食品公司都在生產的濃湯和洋芋片中添加味精，以使產品味道更好更濃。義大利帕馬乾酪、番茄和火腿等各式各樣的食品中，也含有天然形成的麩胺酸鈉。

我把手伸進如小山般的白色味精中，觸感粗粗的，像溫暖的砂土。我嗅了嗅這些白砂，什麼也聞不到。後來，我回家以後，四下無人，就試嚐了嚐味精，有點油耗味，很鹹。可是當此物在適當溫度的鍋裡與食材結合後，卻產生一種中國人稱之為「鮮」的味道。

我未獲准進入生產味精的主廠房，不過蓮花公司的代表對我說明了生產過程。該公司製造味精的主原料為小麥，玉米、甜菜根和番薯等可食性澱粉皆可用來製造味精。澱粉需加熱，使其溶化變成糖，化學家把氨加進糖裡，讓混合物發酵數小時。發酵液經消毒後以離心方式脫除雜質，接著尚需經過其他幾項化學程序處理，其中包括添加氫氧化鈉，然後在華氏一百四十度的真空環境中，濃縮溶液，接著冷卻，使其結晶。這些晶狀體還需要離心處理一次，乾了以後，就可以等著在鍋中施展魔法了。

根據中國菜的標準，烤肉風味洋芋片中那股教人一吃上癮的香味，一如甜、鹹二味，也是基本的味覺。在烹飪學校的示範課堂上，高師傅曾在黑板上的食譜旁邊，草草寫下相關評註，聽來儼如品酒課程的筆記。他有時會註解說，某道菜應「色濃且深，味道酸甜」或「色清且淡，味鮮」。「鮮」字面上指的是「新鮮」，但是在此處所指的意思卻無法翻譯，僅可大致譯為「可口」或「芳香開胃」。近年來，西方廚師採用日文中「鮮味」的說法，來形容此味。中國人運用富含天然麩胺酸鈉的食材來讓菜餚更「鮮」，已有千百年歷史。這些食材包括醬油、魚乾和海帶。

直到一九〇七年，科學家方明瞭到底是什麼成分，讓醬油和海帶能製造鮮味。那一年，有位名叫池田菊苗的日本化學家從浸了熱水的海帶中，萃取出麩胺基酸，他判定麩胺基酸正是海帶中能增添風味的成分，其形式最純粹的化合物便是「鮮」。為使消費者更覺得美味，麩胺基酸中添加了鈉，第二年有家名為「味之素」的日本公司開始商業生產此物。這家公司宣稱味精是使得晚餐美味可口的快捷方法，向家庭主婦推銷味精。味之素公司後來在歐、美取得專利權，將產品推廣至海外。在忒愛鮮味的中國，這項以味之素為名的商品大為轟動。

然而，日本產品居然銷售得這麼好，令不少中國人心裡不是滋味。二十世紀初，美、英、法、日等外國強權在中國各地設立港口，開立租界，中國人反外情緒高張。中國人也指控日本人在中國市場「傾銷」味精，並號召抵制味之素，但未成功。

在外國勢力最明顯的上海，有位姓吳名蘊初的本土化學家，開始研究味之素，解析出其成分後加以仿製。他說動上海一家醬油商投下合五千美元的資金開設工廠，製造國產味精。他們將工廠取名為「天廚」，並將產品改名為「味精」，意節味之精華。醃漬醬菜販開始兼售味精，推著車子走遍上海大街小巷，免費給顧客試吃味精，呼籲大家「愛用國貨」。到了一九二九年，天廚一年生產逾十四萬磅的味精，不到十年後，年產量提升到逾五十萬磅。吳蘊初和中國其他味精製造商終究將味之素趕出中國大部分市場。

味之素公司將注意力轉移到美國，自一九三〇年代中期至一九四一年，該公司運到美國的味精量，居各國之冠。金寶公司的湯廚濃湯和美國軍方是味之素的兩大主顧。日本在二次大戰戰敗後，有家美國公司開始銷售自家生產的味精，名為Accent。在中國，吳蘊初因為在經濟戰上打敗日本，而成為民族英雄。天廚的影響力亦擴及至中國以外地區，輸出到東南亞的味精量節節升高。吳氏的味精在美國也受到認可，他的產品在一項國際展覽會上得獎，他打算進入美國市場。

一九四九年，共產黨上臺，吳氏的計畫因而泡湯。當時他人在美國，他返回中國時，周恩來總理對他表示熱烈歡迎，讚揚他是「味精大王」。儘管周恩來對他讚譽有加，吳氏於一九五三年過世以前，共產黨卻接管了他的工廠。

天廚改為國營的期間，味精產量縮減，改集中生產其他化學製品。一九六五年，中國的味精產量僅佔全球的百分之四。在中國引進市場改革，蓮花等新工廠也如雨後春筍般紛紛出現後，一九八〇、九〇年代時，味精產量逐漸增加。到了這一世紀初，中國的味精產量估全球七成以上。

一九六〇年代晚期，味精在美國首見爭議，《新英格蘭醫學雜誌》當時刊登一位華裔醫生的投書。「我來到這個國家幾年以來，只要到中國餐館用餐，特別是供應中國北方菜的館子，就會出現奇怪的症候群。」郭浩文醫師在一九六八年四月號的雜誌上寫道。這封投書的標題為「中國餐館症候群」，不久之後，全美各地紛紛有民眾開始抱怨有郭醫師所描述的症狀，好比頸部後方灼熱、麻痺、心悸。科學家把大量的味精餵給實驗室老鼠吃，數年後，宣稱食味精與腦損傷有關的報告公諸於世，美國聯邦政府官員根據這項報告，建議禁止嬰兒食品添加味精。

雖然這項措施迄今有效，但是味精始終未受進一步的規範限制。聯合國在一九八七年的一項研究發現，味精對一般大眾無害，應被歸入與鹽、醋相同的類別。美國食品暨藥物總署一九九五年進行研究，也得出類似的結論，不過研究中指出，有哮喘患者等一小部分的人，吃了味精會出現短期的副作用。

有鑒於美國的加工食品含有不少添加物，我覺得味精會如此被人詬病，是件奇怪的事。可是話說回來，一般對味精的觀感似乎與更大的社會風氣有關。根據有些歷史學家的假設，味精在一九六〇年代中期至一九八〇年代之所以激起強烈反對，和當時風起雲湧、要求減少食物鏈中化學品用量的社會運動有關，這項運動有一部分是受到瑞秋．卡森創時代的環保書籍《寂靜的春天》所激發。味精被視為「外國」東西，大概也並未帶來多少助益吧。在同一時期，中國剛從慘不忍睹的饑荒中喘過氣來，文化大革命方興未艾，味精當時在中國並未被當成毒蛇猛獸，因為根本就沒有多少人用得起這項昂貴的調味品。

如今，中國人也開始對這項既價廉產量又大的增味劑產生疑慮。有些中國人生活逐漸富裕，越來越關心食品安全，對於在食物中使用添加物也就越來越不敢放心。我有些中國朋友擔心味精不安全，改用雞粉（當中其實也含有味精）。而在世界另一端，西方的廚師卻開始有了「鮮」味的觀念，味精用量因而上揚。

距河南省蓮花味精公司數條街以外，拉起了紅布條，慶賀工廠年產量達到三十萬噸，幾近全中國味精產量的四分之一。「雖然還有段距離，不過我們幾乎佔了四分之一了。」公司代表海華說，我和她搭著幾近空盪盪的巴士在城裡各處參觀，這輛巴士可搭載二十幾人，卻只有我們乘坐。她得意地告訴我，這可是用來招待貴賓的專車，但是我並未因此而心生感動，反而覺得太浪費了。

這趟車程帶我看遍蓮花公司對地方的各種貢獻，蓮花雇有一萬名員工，使得該公司成為此一農村地區最大的雇主，公司為地方帶來財富的記號，處處可見。市民可至市中心新蓋的瑜伽房作瑜伽，到新電影院看好萊塢熱門影片，老人家在新鋪設的廣場上遛達散步。當我們走上另一條街時，我看到工人正在拆除一批舊房子，工地樹立了一面廣告看板，宣告這裡將出現嶄新的購物商場。中國各地都正在進行同類的開發計畫。

我們回到工廠後，我在一間偌大的會議室訪問劉主管，室內陳列著一盒盒印著中、英與阿拉伯文商標的蓮花牌味精。劉先生早已耳聞味精在美國有負面形象，有備而來。「有些地方，有人說味精有不好的作用，認為問題不出在味精，而在人。」劉先生解釋說，他舉了一個例子：糖尿病患不能吃糖，是糖的錯嗎？當然不是。「我個人是不能吃辣椒的，太辣了，可是辣椒對人人都不好嗎？」

正當我逐漸改變立場，相信味精未必有害人體健康時，卻聽聞味精生產有損環境健康——如此峰迴路轉，味精恐怕的確有害人體健康。我在造訪蓮花工廠之前數日，自華爾街日報的記者朋友處獲悉，在紐約時報報導揭發該工廠污染鄰近河川後，他與其他外籍記者便未獲准前往，環保人士懷疑受污染的河水會致癌。根據政府一項報告，蓮花公司在將麩胺酸鈉純化為可食晶狀體的過程中，每天透過連結到公共污水系統的祕密管道，排放十二萬四千噸未經處理的廢水，污染量幾乎是可容許標準的四倍。

「不管怎樣，別喝水！」朋友勸我說，接著問道：「妳是怎麼弄到採訪許可的？」

說來也怪，一點都不難。我傳真了一封信給蓮花公司，說明我是華裔美國作家，也是廚師，提到我剛通過國家烹飪考試，想要向美國人「宣傳」味精，第二天上午我接到劉先生的電話：「妳打算什麼時候來？」

我吃了美味的飯菜，參觀了工廠和城裡，其間還請劉先生談談污染的事。「幾年前，我們碰到一點麻煩，但是現在都已經解決了。」他語氣輕快地說，「無論如何，我們為地方經濟作了很大的貢獻，我們為成千上萬人創造就業機會。」

「蓮花公司是否從事社區服務？公司是否從事慈善工作？」我問。

「我們給人們工作，這不就是社區服務嗎？」他猛然說，這話聽來很不共產主義。

這個工廠小城的污染被當成在宣示新有的財富，就在公司旅館外面，有三個大煙囪，吐著縷縷白煙；空氣中飄著煤炭味，天空灰暗得很不自然。我後來與中國發酵工業協會副理事長王家勤見面時，他對我說明，由於：「中央政府對環境問題越來越關切，工廠紛紛從都市遷移到比較鄉下的地方。」王女士告訴我，上海的天廚公司已轉而生產污染較少的貨品，蓮花等農村地區的工廠則趁勢而起，逢鬆收緊（她並未明指蓮花公司違規）。

我渴望更進一步探討環境的損害，我通過友人拿到電話號碼，打電話給當地一位環保人士。我剛和蓮花公司人員吃了一頓絕不乏味精的晚餐，回到旅館房間，那是一個巨大的套房，一位公司主管堅持只有這間房適合接待來訪的記者。

「很不方便與您見面。」這位環保人士語氣生硬地說，他的聲音聽來遙遠，電話線路不時傳來雜音。

我解釋說，我是工廠的客人，想與他碰面，隨便聊聊。

「還是沒辦法，」他說，「您可以自己去看看河，那裡離妳的旅館很近。」

「嗯，那麼我們明天碰個頭，就只要一會兒，好嗎？」我提議。

「作訪問需要有政府發的正式許可，況且，我已經不從事那方面工作了。我的意思是，環保仍是我的工作，它仍然很重要，可是我們已經不搞那個案子了。」

這下我可弄不懂了，我並未提到任何個案啊。顯然，我再講也不會有結果。「好吧，那我明天再打電話給您，好嗎？」

「行，就這樣。」電話另一頭傳來低沉的聲音，不是那位環保人士，電話斷線了。

我獨自坐在巨大的套房裡，等著警方隨時闖入我的房間。在這同時，煩人的是，我口渴的不得了。我當初入住時，覺得房裡的飲水器看來不怎麼牢靠，這會兒卻從這部堂堂標著蓮花牌的飲水器裡取水，一杯接一杯灌下肚。準定是味精害我這麼口渴，搞不好也是它讓我出現被迫害妄想。我正灌下第五杯這可能致癌的水時，接到我那位華爾街日報記者朋友的簡訊：「別喝水！」

來不及了，我將被拘捕、驅逐出境，而且要不了多久就會得癌症死掉。我頭疼得厲害，不知道這是否又是味精症狀。我上床，把被子蓋得牢牢的，設法不去理會我的被迫害妄想和口渴。我輾轉反側，深信自己認出又一項副作用：失眠。我睡不著說不定是因為我得頻頻起床上廁所小解，不過，把事情歸咎於味精倒也方便多了。

第二天，在參觀過工廠又美美吃了一餐後，有位公司代表建議我下午回旅館房間休息。我迅速同意，然而一等到只剩我一人獨處時，我就出發前往河邊。蓮花公司並未將河邊列入帶我遊覽本城的行程中，我一到河邊，便明白箇中原因。一條泥土路分隔了陡峭的河岸和一簇簇的破爛小屋，那天飄著牛毛細雨，村民們手拿雨傘，蹲在河岸附近，看著漁夫撒網下水。漁夫先盡量把漁網撒遠，再把網往岸邊拉回，黑色的污泥自網上滴落，漁夫每撒三、四次網，才撈上一兩條看來不比沙丁魚大的小魚，蓮花工廠的煙囪在上游吐著白煙。我返回北京後才得知，生產味精的過程會排放毒性很強的氨氮。然而，即便在我仍佇立於河畔時，就已夠心知肚明，蓮花工廠不利於環境。

河裡能不能游泳？我問幾位當地人。

「當然可以。」他們說，一副這是什麼傻問題的模樣。當然可以游泳，也可以釣魚、洗澡，想在河裡幹嘛就幹嘛。他們對於蓮花沒有絲毫反感，「這可是大大有名的牌子呢。」有位當地人得意地說。

我想方設法對他們解釋，工廠可能會危害他們的健康，終究還是算了，這就跟想說服美國人相信味精無害健康，沒什麼兩樣。

我的地陪海華那天下午送我到火車站，當我們道別時，她送我一袋沉重的禮品，內裝有蓮花的新產品：銀杏綠色味精。我捧著味精，推推搡搡好不容易進了我臥舖，但是在北京下車時忘了拿。下一頓飯，我是在一家館子吃的，味道淡得出奇。我問女服務員菜裡是否加了味精，「絕對沒放。」她說，臉上的表情既氣憤又嫌惡。

第二部　製麵小師傅

6

滾水潑濺到我的手背，蒸汽穿透我臉上的毛細孔。我不安地朝著大鑊裡面掃了一眼，深吸一口氣。我一手拿著活像巨型刀片的切麵刀，左前臂托著五磅重的麵糰，正設法削下帶狀寬麵條。刀削麵是張愛豐師傅老家山西省的特色食品，張師傅削出來的麵條好似緞帶，一條條狹長隆起，煞是好看。它們有如奧運跳水選手一般，接二連三地滑進大鑊，沒濺出多少水來。我的呢，較像是拉長的口香糖渣，太厚不說，削的角度也不對。它們活像在社區泳池玩水的胖嘟嘟小鬼，肚子朝上，噗通一聲掉入鑊裡，潑濺出來的每一灘沸水，都是麵神的一聲咒罵。

我原本指望我的烹調證書會是讓我迅速打進北京餐飲廚界的通關護照，結果卻只淪為便利別人譏笑我的笑柄，那些潛在雇主往往哈哈大笑幾聲，才把證書交還給我。我上的烹飪學校替學生謀得餐廳工作的紀錄還不錯，然而一個身懷烹調證書的外國人，卻是另一回事。說到底，一個外國人幹嘛要幹這麼低微、地位不比汽車技工高的差事呢？

王主任委員翻遍學校的餐館檔案資料，徒勞無功。「我很抱歉，」她說，「沒有人相信外國人肯到廚房當差。」我以為學校裡的烹飪老師可以幫我在他們工作的旅館餐廳安插職位，可是國營旅館也是不得其門而入。我問高師傅能不能去看他工作，他也推辭。「喔，不成，」他說，「我們不讓老外進我們的廚房，絕對不成。」有位朋友為我引見一位開設連鎖川菜館的女老闆，同樣碰了一鼻子灰。我問她能不能到廚房參觀，她假裝專心在她的黃色大皮包裡翻找維他命，以便配著食物一起吞服。

所以，經過一一刪減排除，我最後來到張師傅的麵攤，麵攤位於北京東南區一個簡陋的食堂中。這個地區充斥著家具店和家居用品店，主顧客為日漸增多的中產階級市民。飯堂裡設有一張張長條桌和塑料椅，一家家飲食攤沿著一面牆擺開。張師傅的攤子位在中間區段，攤子上方掛著一面招牌，上書「正宗山西點心」。貼著白磁磚的廚房如走進式衣櫥那般大小，塞滿了爐臺、不鏽鋼櫃檯、水槽和張師傅花了三十美元買來的橄欖綠冰箱。那是二〇〇六年夏季，悶在沒有窗戶的室內烹飪，真是熱到不行。

張師傅並不算是邀我替他工作，而只是默許。那一天我探頭探腦，問說能否讓我跟著他見習，當時他好像拿著小提琴一般，一手托著盛放有巨無霸麵糰的木板，另一手正忙著削麵條。他汗流浹背，白汗衫濕得簡直都變透明了。點菜單一下子湧進來，快得他已弄不清楚自己該下幾碗麵。

「麵條好了沒有？」一位客人嘴裡叼著菸，從大食堂喊道。還有好幾位顧客就跟他一樣，餓著肚皮，虎著一張臉。又有兩位中年男人來到櫃檯前，很不耐煩地點了麵。壓力越來越大，這時我對張師傅說，我想當煮麵廚師；他沒空也沒力氣拒絕。

張師傅有雙炯炯有神的大眼睛和一對招風耳，顯示其人天性敏銳。他剛滿四十一歲，但滿面紅光，看來年紀較輕，這除了是因為他有副熱誠的外表，和他忙得滿頭大汗或也不無關聯。他頸上戴著玉佛墜子，緊緊圍著一條骯髒的白圍裙，這使得小個頭的他原就窄的腰顯得更窄了。然而他的雙臂精瘦、肌肉發達、青筋突起，為其人增添陽剛之氣。如果說王主任委員是讓我得以一窺中國城市中產階級生活的窗口，那麼張師傅就為我引見了階級迥然不同的人群，也就是外來的民工，他們為生活掙扎，沒空抱怨社會的弊病或政府官員貪污。他們多半一週工作七天，換取微薄的工資，其中泰半存著不花，寄回農村給家人，希望自己的孩子將來日子過得比較好。

張師傅的麵攤月租二百五十美元，他一個月得賣出六百碗左右的麵才能打平開銷。他只有一位全職員工，就是他的姪女，她站在連著櫃檯的狹窄廚房前方，負責為客人點菜，回報給他。張師傅稱她為「孩子」，這並不是她真正的名字。她雖然年已二十，看起來卻仍像小孩，臉蛋圓呼呼的，茂密的瀏海老在眼前晃蕩。麵煮好後，多半是本區家具銷售員的顧客便付錢給她，然後自己把麵端到長桌上吃。食堂是中國少有常見人獨自進食的地方，其他型態的食肆則多半兼具社交與用餐兩種功能。

食堂有兩位「阿姨」，如此稱呼雇工比較委婉。兩位阿姨抹地、清理桌面，張師傅在廚房裡忙不過來時，她們也可幫點忙。許阿姨臉長長的，總掛著一副百無聊賴的表情，不時東張西望，掃視食堂各角落，她令我聯想起我的住處有位好管閒事的共黨義務幹部，什麼正事也不幹，就愛坐在公寓的前院，觀察街坊鄰居的出入，全中國各地都有此類人等。我比較喜歡馮阿姨，她有張看來無邪可愛的面孔，講話聲音如銀鈴一般。「妳從美國來的？」我開始上工後不久，有天上午她睜大著眼睛問我，「我有個遠親去了美國，她說妳的國家很乾淨，她跟我說，同一件白襯衫穿上三天都不會髒呢！」

食堂的房東是一對韓姓兄弟，他們成天在食堂裡閒晃，打蒼蠅，玩紙牌，等著收租。他們偶爾會追根究底，想搞清楚一件怪事：我怎麼會來到這裡。

「妳會漢語和英語。」有一天，哥哥問我，「妳看來讀過書，怎麼不到辦公大樓找份差事呢？」

然而，隨著午間用餐尖峰時段到來，我給人的新鮮感越來越淡，我不過就是另一個賣一碗碗熱食的伙計。

有一條非正式的米、麵界線攔腰畫過中國，如同一度分隔美國的「梅森－狄克森線」（Mason-Dixon Line），將中國分為南北兩區。由於我的父母遵循中國南方的傳統，我從小吃的是米飯。我母親難得煮麵，就算煮了麵，煮的也是在美國的中國雜貨店裡買得到細條雞蛋乾麵，她要嘛用來做炒麵，要不下在火鍋裡。

在北京和華北其他地區，巨無霸大碗的有嚼勁小麥麵條是主食，有湯麵，也有拌了番茄、肉或豆瓣醬等澆頭的乾麵。對我來說，分量太大了，我再怎麼大口大口地，努力咀嚼，也只吃得下半碗。可是像王主任委員和她丈夫這樣的北京人卻抱怨米飯不經飽，要吃飽，非得吃碗麵不可。

我必須承認，麵條比較性感。米飯四平八穩，卻單調無聊——比較沒那麼各式各樣、多姿多彩，好像黑T恤，跟什麼都能搭配。麵條有各種數不清的形狀和寬窄大小。說到較費手工的種類，有「十二次手拉麵」，比義大利天使之髮細麵還細。至於較不費事的，有「麵片」，只消從一大塊麵皮上一片片扯下即可。煮飯很容易，把米放進電鍋裡，加水，然後就等著燈號告訴你飯煮好了。然而即便是簡單的麵條也需下工夫，和麵時，臂膀、手腕和手指需協調一致，又揉又搓，又扯又拉，額頭上不時滴落豆大的汗珠。

單是麵糰便有無窮盡的排列組合，最常見的是小麥麵粉，然而簡直是任何一種穀物，只要輾得細，就能做麵條，比方玉米、蕎麥和小米。麵條冷、熱食皆宜，涼麵帶有某種冷飯絕不會擁有的吸引力，拌了芝麻、花生醬汁的涼麵尤其好吃。

我頭一回體會到麵條之美，是在中國的西北部，當時我正在連結中國與羅馬的絲路上旅行。我搭飛機至北京以西千哩遠的甘肅省會蘭州，航程本身平凡無奇，甘肅省灰塵瀰漫，荒涼又孤絕的蘭州因為污染程度之嚴重在全球數一數二而惡名在外。飛機逐漸下降時，空服員宣佈，我們即將降落「馳名牛肉拉麵的家鄉」。

這勾起我的興趣，下了飛機後不久，我坐上計程車，請司機載我到城裡最好的牛肉拉麵館。他在一間名叫「馬子祿」的麵館前放我下車，這家食堂佔地寬廣、天花板很高，內設長條桌和板凳。雖然才下午兩點，麵館卻即將打烊，因為他們供應的麵條僅限早、午餐食用。

帳房有位女士跟我收了三元（美金四毛），給了我一張票和一雙木筷。開放式廚房中，有十多個男師傅正在拉麵條，他們好像在拉手風琴似的，一上一下、一左一右地拉著麵，等麵條拉得夠細了，他們雙手使勁一扯，將麵條扯斷，扔進一大鍋沸水當中煮，煮了一會兒，便撈出鍋，放進盛了牛肉湯的碗裡，上面再淋少許辣醬和小塊的牛肉。

我不耐煩地吹一吹麵湯，冒險吃了第一口這直冒熱氣的麵，結果燙到舌頭，然而我知道，眼前正是我吃過最美味的一碗麵。麵條細而有嚼勁，湯微辣卻可口，我嚐到隱約的花生和芝麻香，這讓帶有辣椒和芫荽的辛香湯頭喝來順口。

我沿著絲路往西走，一路陶醉在麵條的美味中。在蘭州以西數百哩的西寧，我大啖一盤又一盤的麵片，師傅將麵皮揪成大張郵票般的大小，加了大黃瓜、番茄、洋蔥和羊肉一起炒。麵片質地甚有嚼勁，但依然彈牙；用番茄和糖、醋燒成的澆頭又甜又酸。我捧著如菩薩般圓滾滾的肚子離開西寧，幸虧如此，因為到了我的下一站西藏，我對佛寺和西藏人的好感，勝過乾犛牛肉和糌粑這兩項當地主食。

因此，當我開始在張師傅的攤子打工時，心中對麵條滿是敬意。然而，不論是想學會作麵糰這門手藝，還是到一個陌生而破敗的工業區工作，這兩件事都頗令人思之而怯步。我已逐漸熟悉烹飪學校的固定課程和老師，麵攤卻是粗糙的真實世界，在這簡陋寒愴的食堂中，烹煮之事攸關重大——張師傅一家的生活全靠著它，我感覺得到張師傅經不起犯上一個錯誤。

辣條子（西北風味麵）

1磅中式小麥麵條（能用新鮮麵條最好，但是乾麵也行）
2大匙蔬菜油
1顆中等大小的洋蔥，切丁
3瓣蒜頭，切末
1／2磅牛小里肌肉，切成薄片
3顆番茄，切丁
1杯包心菜，切大片
1個青椒，切丁

1／2杯番茄醬（最好用李錦記的）
1／2杯水
1／2小匙鹽
2大匙中式黑醋

將一鍋水煮沸，水開的時候，下麵條，煮至軟（新鮮麵條約需3分鐘），撈出鍋。

在炒鍋中加進油，用大火燒，油熱了以後加洋蔥和蒜末，炒1分鐘。下牛肉片，炒至變色後，加番茄、包心菜和青椒，再炒3至4分鐘。加番茄醬、水和鹽，轉中火。等汁一開始滾就淋醋，再炒2分鐘，盛起，立刻澆在麵條上。

我開始在張師傅的麵攤見習後不久，他問我：「妳想開什麼樣的餐館？」這個攤子也才開張了幾個星期。

我可糊塗了，他怎麼會以為我打算開餐廳呢？經過進一步的討論，我才明白過來，他誤以為我之所以要為他工作，是因為想藉此學會他的祕招訣竅，運用在他設想我將在美國開設的餐館中，他並不介意。不然的話，好端端的一個外國人，幹嘛來他這兒幹活呢？

事實真相是，我太笨手笨腳了，當不了烹飪間諜。我上工後沒兩天，就失手砸碎了一只瓷湯匙，跟著抬起櫃檯，沒先解開鉸鏈就粗心大意地想折疊起來，在千鈞一髮之際才把它扶正，否則就會撞碎擋在前方的一疊盤子。我也忙到喘不過氣來，午間用餐尖峰時段開始後尤其忙得不可開交。迎面撲來有那麼多碗麵條，通通等著澆上湯汁和配料，弄得我感覺自己活像《我愛露西》劇集中到糖果廠打工的露西那般手忙腳亂。忙歸忙，張師傅卻仍一秉工匠的自尊，一絲不苟地做每碗麵。他沒有生產線速食心態，似乎並未察覺他的顧客時間很趕，就算是給他們吃泡麵，他們幾乎也會同樣開心。常有客人點了麵又取消，改到隔鄰的四川小吃攤，我把這情形指給張師傅看。下廚的就只有我們倆，實在是應付不來。

「能不能弄一部製麵機來呢？」有一天，我溫言溫語地建議。買一部製麵機要不了十五美元，我在一些餐館看過。

「機器做的麵條哪有這麼好吃！」他氣呼呼地說，「吃起來不一樣。」

我在下午三點左右下班時，整個人累到全身力氣只夠支撐著回家，淋浴，然後癱倒在床上。我睡到六點左右時醒來，想到張師傅，這會兒他應已一如每日慣例，到不遠的批發市場買好菜，大概正在洗菜、擦地板，準備收工吧。他即將回家，逐漸陷入沉睡，醒來以後又重複同樣的例行工作。

麵攤不分週末和假日，天天營業。事實上，由於張師傅的例行工作是如此一成不變的，他常常忘了今天是星期幾。

「今天是星期一嗎？」他在星期三這麼問道。

直到那會兒以前，我以為只有在沒有特定日程計畫、無所事事的閒散假期，人才會忘了今夕是何夕。我從未想到竟有人會因為得做太多同樣的事，而失去時間的線索。

白天，我在髒兮兮的麵攤賣力幹活，晚上卻在北京最高檔的館子用餐。晚近以來，我成為北京*Time Out*雜誌的美食編輯，這本月刊報導首都蓬勃發展的藝文現況。這是我頭一遭以專業美食作者的身分工作。

雜誌社有中、英文兩個編輯小組，分別出版中、英文版的雜誌。兩份雜誌皆需接受政府審查，然而審查單位對與性愛和同志圈等相關話題、邊欄的寬容程度，卻令我意外。我替英文版撰稿，英文版尺度較中文版寬，並且試圖做出一件在中國簡直是聽都沒聽說過的事：刊登獨立評論。

二〇〇五年，北京的餐館雄心勃勃、花招百出，和過往縱橫京城、裝潢簡樸單調的國營餐館有天壤之別。有些館子成功了，好比有家北京烤鴨店，不但賣有昂貴的烤鴨大菜，也有並未失卻正統中國味的新式小菜。有些館子耍前衛噱頭，卻耍過了頭。有個著名的北京餐館開設分店時，我嚴厲批評一道材料搭配亂七八糟的菜餚，裡面有日本山葵、綠茶和芒果蝦。那兒的裝潢也不怎麼樣；「也難怪新的『紫雲軒茶事』一開張不久便承辦了一場追思會，」我以挖苦的筆調寫道，「這地方就像陵墓，用來舉辦葬禮真是好極了……這家餐館的室溫低得教人坐不住，跟墳墓不能說不像。」

文章刊出後，我讀到時整個人畏縮了一下；我撰寫這篇評論時，並未察覺到文字付印後，聽來會如此刻薄。在這個並不習於直言評論的城市，這篇文章令餐館業者和美食家忐忑不安。有位讀者回應道：「那地方食物爛，裝潢環境矯揉造作，服務又差，這麼多年以來，大作卻是破天荒頭一遭有人撰文指出那位女皇」──指的是餐廳那位造作的中國女老闆──「並沒有穿衣服。」

退一步說，本地人覺得我的食評寫得獨特，我以英美式的作風，未經宣告就到餐館。倘若事先訂了位，也只留我的姓氏林，餐畢，我以現金付帳，事後再向雜誌社報帳。「真有意思，」我對一位中國朋友說明這套方法時，她表示，「所以，妳是以一般人的身分上館子吃飯。」她吸了一口氣，說，「在中國，事情可不是這麼辦的。」

中國記者大駕光臨前總會先通知餐廳，從來就不需要付餐費。如果食物欠佳，他們就描寫氣氛（有位記者愉快地告訴我，食物越差勁，氣氛通常就越好）。免費享用一頓餐點後，店方往往還會奉上「紅包」，也就是在紅紙袋裡包上「禮金」，以確保記者筆下留情。餐館業者為防範未然還會兩面下注，跟出版業者和主編交朋友（當然是請對方吃飯囉），這麼一來，他們便可在文章見諸報刊前，先予編輯一番。有時，大夥做得更明目張膽，說是評論，根本跟付錢買廣告沒什麼兩樣，不過出版界可從來不承認有這種事。

新聞不很自由，報刊的道德界線也不很嚴格。人們重視「關係」更甚公正，餐廳業者和記者則是各得其所：記者吃得好，餐廳老闆生意興隆。

有天下午，我參加一家餐廳的開幕式，臨走前打開新聞資料袋（準備這袋資料的還是一家美國公關公司呢），嚇了一跳，裡頭有二十五美元的紅包。老鳥記者朋友不為所動，他們告訴我，以前收過一百美元以上的賄賂。我呢，還是個菜鳥。

比紅包更令我震驚的是，中國人愛吃的奇特菜色。我有位朋友想起一件事，在她跟我說起此事後，我一有空就向中國朋友打聽，他們吃過最稀奇的東西是什麼。這位朋友說，有一回她母親炒了盤不知是什麼肉的菜餚給她吃。她母親教她放心，「是羊肉。」等她吃完以後，她母親才坦承，那是人的胎盤，按照中國（還有法國等其他國家）的傳統想法，胎盤有很高的營養價值。身為美國人，我很容易便會被凡此種種的故事嚇倒，可是此事雖令人畏怯，根底下卻蘊含著中國飲食觀念中務實節約的優點。什麼都不被當成理所當然，什麼都不浪費。不很久以前，人要是太挑嘴就會餓死，況且，如果你就愛吃肉，又該把界線畫在哪裡呢？

因為我的新職位，我的觀念開始接受考驗。狗年時，雜誌社編輯覺得請我寫一篇吃狗肉的文章會很有意思。雖然提倡動物權利的人士呼籲，在二〇〇八年北京奧運使得中國受到全球注目前，禁止吃狗肉，北京卻有一百多家餐館賣狗肉。

我請我那位吃過胎盤的朋友小辛跟我一起去吃狗肉，她在餐廳前面等我，這館子看來生意興隆。待我們坐定，一鍋熱騰騰的燉狗肉上桌時，小辛立即舉箸，我猶豫不決，設法鼓舞自己快辦正事。

「來吧，都已經到了這個地步了，」小辛說，語氣好像媽媽在唸叨孩子一般。她提醒我，狗肉可以促進人體血液循環。我灌下一杯啤酒，鼓起勇氣拿起我的碗，小辛已替我盛了滿滿一碗的肉和湯。我啜了一口湯，很濃，很順口。我挾起一塊肉，蘸了蘸隨餐送上的一碗辣醬。這塊肉看來和吃來都像帶筋的羔羊肉。

小辛強調兩者之間的類比，我為什麼覺得吃咩咩叫的綿羊寶寶可以接受，而吃鄉下來的好鬥雜種狗就不可取呢？

「嗯，大多數的美國人對狗有特別的感情，我們把狗當寵物養，」我說。中國人也逐漸時興養狗，他們對吃狗肉不以為意嗎？

「又不是吃自己養的狗，」她說。

那麼她吃不吃得下鄰居養的狗呢？我差一點要問，不過我想她也有她的道理。說到底，我也碰過吃雞肉的養鳥人（順便說一句，我從事吃的冒險這一路走來，判定了一件事，一般以為凡是奇特的東西「吃來就像雞肉」此一刻板印象，根本就大錯特錯）。不過，當經理告訴我狗肉嫩是因為這些狗四個月大就被宰來吃時，我終於受不了，我在吃小狗狗欸。回家的路上，我偏頭痛發作：這是我的報應。

數月之後，我替美國哥倫比亞廣播公司新聞部錄製一段有關中國街頭小吃的報導時，有人哄我吃了一隻串在竹籤上的炸蠍子。然而更嚴苛的挑戰還等在後頭：我將評論一家名叫「鍋裡壯」的餐館，這館子專擅用雄性動物的生殖器燒菜。中國人相信吃動物陽具可助長男性雄風。普通話有個說法：「吃什麼，補什麼」——你有什麼需要修補，就吃什麼。

頭一道障礙就是找用餐同伴，這在以前從來就不是個問題。我提出邀請時，有些人謊稱：「我到時要出遠門。」有些人的反應就比較坦白，「真噁心！」只有我的一位洋名叫吉米的中國朋友膽子夠大。已婚的吉米是一位公關專員，他坦承自己在那方面需要幫助。「男人工作壓力太大，在家裡就很難表現得好。」他表示，「我什麼時候來接妳？」

館子距我的住處僅一街之遙——不過是很長很長的北京街道，但是我以前卻從未注意。門面很不醒目，隔著暗色玻璃窗看不出裡面有什麼名堂，好像放成人電影的戲院。小小的門廳後面有條走道，通往一排私人包廂，有個穿著黑色細直條紋西裝外套的女人領著我們走向其中一間，內有一張附有圓轉盤的圓桌。包廂具有隱密性，真教我感激，如此一來大夥似乎都多少放鬆了一點。

我在最後一刻又說動兩位朋友一同前來。維克多在北京大學攻讀博士學位，他是個好奇的旁觀者，他聽到吃動物陽具這件事的反應，跟我如出一轍，也感到反胃。強這位美國朋友在北京已住了八年，妻子是中國人，他就是愛冒險。「我在這兒住了這麼久，也該是吃吃看的時候了。」

經理介紹說，這位穿細直條紋外套的女士是趙小姐。她一頭挑染過的頭髮在腦後束成馬尾，年紀看來不大，可是那一襲西裝外套為她增添幾分專業架勢。

「營養專家在哪兒？」吉米問。我訂位時，經理告訴我，用餐時從頭到尾都會有位營養專家作講解。

「趙小姐就是營養專家。」經理說。

「妳有資格證書嗎？」我問。

「有，她符合我們的標準。」趙小姐還來不及開口，經理便說。

趙小姐事先準備好簡短的開場白。「人們自古以來就崇拜鞭，」她說，陽具的恰當說法是鞭。她聲稱，吃鞭不單只對男性好，任何人吃鞭氣色都會好。我在納悶，但不知趙小姐皮膚光滑如絲，跟這家餐館的菜色有沒有關係呢。菜單上肉的種類範圍之廣，令我大開眼界，包括有馬、鹿、綿羊和蛇的鞭。趙小姐拿出加拿大海豹的鞭給我們看，花四百美元，這根帶著兩個睪丸的乾縮小東西就是你的。

趙小姐以中醫術語表示，鞭是「溫性」食物，這代表最好在冬季食鞭，要是吃太多，可就會「上火」，有時甚至會導致流鼻血。「可以說，一星期吃鞭超過一次，應該是有害無益，」她說。

我盡職地將她所言一切都抄錄下來，心裡直畏懼那不能不放下筆、拾起筷子的一刻到來。

第一道牛鞭上桌，看來不過就是一道稀鬆平常的中式前菜，這教人既感到安慰又有點不安。牛鞭絲切得細細長長，要是出自牛身上其他部位，也不無可能。鞭絲拌了洋蔥絲、甜椒和醋，有點硬，但還算美味。

其後的食物和談話每下愈況，下一道上煮好幾種鞭的湯，湯頭是用甲魚、牛骨、鹿茸和人參熬成的（特殊食品往往燉成湯，據信可滋補元氣）。食材雖多，卻並未讓菜餚變得好吃一點，香料也掩蓋不住那股藥味。在我看來，中國人喝這種湯不過想藉著花大錢請客來博取客人好感罷了。不同的鞭有的軟而黏，有的則韌得像橡皮筋，我的結論是，下一回我要是不得已又得吃鞭，我選擇吃驢，在這一大堆的鞭中，驢鞭吃來好像最不膻臊，也最嫩。

我正打算一口咬下綿羊睪丸時，趙小姐哎呀了一聲：「那個只有男人才能吃啊！妳吃了會長鬍子。」

這些菜讓維克多看了就怕，他吃了一口牛鞭絲後便告辭。吉米和強卻似乎吃得津津有味，在我停箸以後，他們還吃個不停，用大量的啤酒沖下各種的鞭。

「外國人的鞭比中國人的大，是真有這回事嗎？」我聽到吉米在問強。至於是啤酒還是菜餚給他壯了膽，這我就不敢說了。

8

我跟張師傅初識，是我開始替他打工一年半以前的事。我當時在一家食堂見習，他在那兒附近開麵店。他對待顧客之誠懇，頗令我意外；兩位客人用完餐後，他送客人到門口，跟他們告別，說：「您兩位有什麼批評指教，請務必跟我說。」這個國家的人做事往往圖個方便，聽到還有人一心一意想做出好吃的餐點、讓顧客滿意，真教我耳目一新。

張師傅是山西人，王主任委員在文革時期就是被送到這既窮又漫天風沙的省分。他的父母生了五男一女，窮得沒辦法撫養六個孩子，所以決定送走其中兩個，張師傅因為是排行第四的兒子（按中國傳統，四是個不吉利的數字），就和他的姊姊（因為是女的，所以不想要）一起被送給住在二十哩以外一對膝下無子的親戚撫養。張師傅當時還是牙牙學語的幼兒，他的姊姊十二歲。

「他們不識字，」張師傅說，「他們養綿羊，很窮。」他五歲時，養母過世，又過了幾年，姊姊嫁人離家，從那時起，就只有張師傅和養父相依為命。「我把他當成我的親爹，」張師傅說，「我和他有很深的感情。」

文化大革命時，張師傅年紀還小，但是他記得政府當時辦了人民食堂。「地方上的官員要是看到你家的煙囪冒煙，你就倒楣了。他們會沒收你家所有的炊具，給你披掛標語牌子，然後叫群眾到鎮上集合，批判譴責你。」

文革平息時，鄉村生活水平改善，政府分發食物給各戶人家，由於他和養父算一戶，兩人因此一直都沒餓肚子；「政府每個月配給我們一點點的肉，」張師傅追憶道。父子倆常吃他後來賴以為業的刀削麵，「不過用的不是小麥麵粉，我們種了小米和蕎麥，就用它們來做麵條。」

張師傅十幾歲時，養父已經六十來歲，身體不好，張師傅就一肩扛起大部分的農務，他除了得上學，尚需養豬、煮食、放羊。「我得上山採草藥好付學費，我從小到大，什麼都沒有，什麼都得自己來，我知道我不能守在家裡，等著好事送上門來。」

一身的責任耽誤了學業，他直到十七歲才念完初中，原想上高中，但養父供不起（就技術層面而言，上高中免學費，但是學校仍向家長索取各式各樣的費用，以便支付教師和職員薪酬）。無論如何，養父認為上學根本是白搭，特別是他還需要張師傅做農事。

然而中國早已進行鋪天蓋地的轉變，從農業轉型為工業社會。中國在一九八〇年早期展開經濟改革，開始向世界開放。張師傅看到掙脫舊傳統的機會，他的村子附近開了一家大型煉炭工廠，把煤煉成可做燃料、用來煉鋼的焦炭。不過要到工廠謀份差事，非得運用關係、走後門不可。張師傅決定寫信給工廠的黨書記，說明自己出身窮苦，夢想力爭上游。書記被信的內容打動，雇他當辦公室助理。

這雖非多重要的職位，但是對由文盲父母養大的孩子來說，卻是天大的機會。他每月的工資合五美元，足夠令他開始考慮成家之事。他追求一位同事，滿二十四歲時將她娶進門。一年後，她生了一個女兒，當時政府已實施一胎化政策，不過農村地區的規定就比較鬆。農村家庭如果第一胎生的是女兒，等四年後還可再生一胎。當他的女兒四歲時，張太太又生了兒子。張師傅不同於大多數的農村人民，並不重男輕女。「可我這麼做是為了讓我爸爸高興，」他說，他指的是他視為親爹並悉心奉養的養父。兒子的誕生帶來苦樂參半的滋味；就在兒子出世後不久，張師傅的養父過世。

張師傅在廠裡獲得升遷，到了一九九〇年代中期已是中階主管，月薪合六十美元。這會兒照顧養父的沉重責任已了，他決定離鄉背井，另謀發展。來北京是最明顯的選擇，北京既是華北最大的城市，而且搭一晚的火車就到得了。張師傅在這兒有個姑媽，可以幫忙他找差事，他的太太則留在家鄉照顧女兒和剛出世的兒子。

張師傅在一九九七年來到北京，就業的機率有限，很多民工到建築工地打工或幹其他粗活，可是張師傅打算從事比較講求技術的行業。他的姑媽替他在一家川菜館謀得差事，他以前從未在餐館工作過，他之所以選擇幹這一行，是因為他心想自己年已三十，要是學別行的話，就太老了。「人人都得吃，所以我就想，這樣我就永遠也不愁找不到差事，」他說。

他當洗菜工幾個月以後，被御膳飯店雇用當廚子，他後來在這家名聲卓著的餐館待了八年，起薪跟他在煉炭廠掙的工資一樣。

「我什麼都得學，所以不能要求較高的工資，」他說，「不過，我還是覺得在這兒比較有前途。」一起碼這份差事還供膳宿，這表示他每個月的工資可以幾近原封不動地寄回老家。「我自己留個幾塊錢買香菸。」他回憶說。

他認識到在餐館燒菜可是大不同於山西的家常烹調。「我在家裡燒的都是些非常簡單的菜，我們吃飯就是圖個飽，或許來點麵條或饅頭配醃菜。可是在北京我瞭解到味道是很重要的。」他說：御膳飯店讓他認識到蠔油、花椒、檸檬和中式燒烤醬的滋味。「我得學會所有蔬菜和菜餚的名稱，最難的一部分是要學會用炒鑊。我原本完全不曉得怎麼去醃漬東西，也不會『過油』。」他說，這裡指的是將肉快炒一下，好讓肉保持嫩且多汁。

由於張師傅很晚才走進廚界，因此帶領他學藝的師父與他同齡。他邊做邊學會我在烹飪學校學會的各種技術：刀工、調味和炒工。張師傅在御膳飯店一路升遷，最後升為資深廚師，月薪二百美元。他每天的生活一成不變，早上九點起床，一個小時後開始為午飯尖峰時刻做準備工作。下午休息兩個小時，然後回熱氣蒸騰的廚房，忙活到晚上九點。他一個月只有兩、三天休假，難得走出餐館一步。同事下了工喜歡聚賭、喝酒、看電視，他則往往獨自一人坐在餐廳一角，看小說、寫日記，到凌晨才就寢。

儘管在張師傅仍任職於御膳飯店時，我還不認識他，但是當時我曾到過那裡。我和飯店的一位女服務員交上朋友，偶爾會去看她。御膳那地方很典型，嘈雜的談話聲、筷子和瓷器的碰撞聲和吆喝女招待的聲音，各式各樣的噪音在餐廳四壁當中迴盪，形成中國人很喜歡的「熱鬧」氣氛。不同於其他許多已轉為民營的餐館，御膳保留舊有的國營制度，是仍受政府控制的餐館之一。餐館緊鄰著天壇，對遊客來講，位置便利。黨利用與旅遊部門的關係圖利，把搭著遊覽車的遊客一車車地帶來御膳。飯店二樓大廳一側設有禮品部，出售絲質繡花手機套和貓熊填充玩偶之類的小玩意。

菜單迎合國際旅客口味。不同於北京大多數館子專精於某一菜系，御膳飯店想把各菜系一網打盡。廚師們當眾切北京烤鴨，服務員將一碗碗麻婆豆腐送上桌。顧客享用很像廣式茶點的小點心，這些小點心在清朝時期專供皇家品嚐，如今已是專唬遊客的館子必備食品。菜單上還點綴了幾道奇珍異點，好比駝蹄，一份十五美元，是當中最貴的菜色。

我是在這餐館用餐時，認識我的服務員朋友小秦。她在二〇〇三年時隨著十幾位職校同學，從四川來到北京。她們學的本科是觀光服務業，根據學校課程規畫，學習結束後必須實習。所謂實習，結果就不過是到御膳端盤子。這些學生的家長有很多是農民，樂於送孩子到大都市。在城裡工作，意味著家裡少一個人吃飯，還會有錢定期寄回老家。在校方扣掉每個月六美元的實習費後，看雇主大方或小器，這些服務員一個月可以掙一百美元左右。生意好的時候，她們可以多掙一點錢，不過一到冬天旅遊淡季，工資就可能縮減多達一成。姑娘們每個月理應休假兩天，但是碰上重要節慶假日，往往一連工作好幾週都沒有休假。

姑娘們住在緊鄰餐館廚房的小房間，房間狹窄陰暗，點著日光燈。靠牆放著行軍床，每個女孩分到一個舖位。僅有的一扇門通往廚房，倘若哪天三更半夜裡失火，她們恐怕都會一命嗚呼。雖然環境陰暗，夜班工作結束後，女生宿舍卻彷彿開起睡前派對。她們在床舖間跳來跳去，一邊哼唱著華語流行歌曲，一邊吃著樂事洋芋片。

我認識小秦時，她十八歲，在北京已住了兩年。雖然我知道她和其他的服務員不但得自力更生，還要幫忙家計，卻很難把她們當成大人看，她們看來是那麼純真無邪。小秦年紀最小，晚上她一脫掉那件紅色繡金花的制服衣裙，卸除臉上的妝，把秀髮綰到耳側斜斜束了根馬尾，換上牛仔褲和白色連帽運動衫，看起來就像個小女生，是你會在校園而非餐館後面看到的學生。在講求長幼有序的中國，同事們都叫她「妹妹」，她的身高雖然只有一米五，但是姿態莊重，有自信的氣勢。

「有些人叫四川人『耗子』，因為我們個子矮，人機靈，有時甚至非常狡猾。」有一回，她淘氣地笑著說。

有天下午，我發覺小秦神情嚴肅。「我來北京以前，無法想像這世上還有哪裡比這兒更壯麗，」她回憶說，「我聽過那麼多有關這兒的歷史和文化，我想像毛主席和所有的群眾聚集在天安門廣場的情景。北京是天底下最了不起的地方，它的發展是四川遠遠比不上的。可是今年我回四川時，卻不想要回來，我注意到四川的情況也變得比較好了。」

接著，她神情一變，恢復了小女兒模樣，引吭高唱中國著名歌謠：「萬里長城萬里長！」

每天早上，經理都會到場督察，確保女孩都乖乖上班。小秦會注意指甲有沒有修剪乾淨，以免挨罰。她和另外兩三位女招待因為穿耳洞，而被扣薪水，先前並沒有人跟她們說，女招待禁戴耳環。不過，當一位日本客人留了五美元給她當小費，她很識規矩：分了一半給她的老闆。

「日本人很有禮貌，很客氣，」小秦說。這頗令她驚訝。她以前在學校學到的是，日本人很殘酷。教科書上形容他們一九三七年如何在南京屠殺了估計三十萬中國人，有不少中國人對日本人有反感。服務員難得離開餐廳，來餐館用餐的各國客人從而形塑了她們的世界觀。「美國人愛吃一切又甜又酸的東西，」她告訴我。

她比較喜歡招待外國顧客，中國客人對侍應生並不很尊重。有人叫女服務員為「小姐」，這個稱呼暗指「妓女」。越來越多人以中性的「服務員」來稱呼侍應人員，可是這個頭銜意為「服務的人」，似乎並不比小姐有禮貌到哪裡去。中國客人像差遣僕人似的吆喝服務員，鮮少有人會說「請」或「謝謝」。

小秦在餐館最好的朋友是蔡家三胞胎姊妹。老闆對她們很好，因為他認為這三個長得一模一樣、有著波浪長髮、笑起來有甜甜酒窩的姊妹，有助餐館生意。「在四川時，我們是同年級人緣最好的女生，」小秦說，「我們四人形影不離，每一頓飯都一定一起吃。」

大家都叫三胞胎的大姊「老大」，我覺得很好玩，因為她既不「老」也不「大」。不過，她生性好奇，老愛對我問東問西：我的房租多少？我每個月掙多少錢？她告訴我，她的父母前頭已生了一胎，後來又生了三姊妹，就得付三倍的罰金，這可是筆沉重的負擔，因為她的父母務農，很窮。「美國的農家是什麼樣呢？」她問。

我不知該如何說明：我從小學一年級跟學校去郊遊以來，就再也沒拜訪過美國的農場。

小秦和她的同事前不久才買了手機，迫不及待地把我的號碼加進她們的通訊錄裡。我有天下午瀏覽老大手機中留存的號碼，發覺她存了五百個。即便是偶然接觸到的電話號碼，她也統統存錄下來，包括她在告示牌和報上看到的號碼。

「以防萬一，」她認真地說，「萬一我需要打電話，這樣比較方便。」

我每隔一陣子就會收到小秦或三姊妹之一傳來的簡訊，「妳什麼時候再來看我們？」她們問。我偶爾會不先通知一聲，就在餐廳晚班收工後過去，沒有一次撲個空。這些女招待下班後都不出門，她們在廚房拉起簾幕，在簾後沖澡，有時會看電視，那部黑白小電視就擺放在夜間守門員身側，而床鋪總是最誘人的地方，因為她們已經站了一整天了。

有個颳著大風的下午，我收到小秦的簡訊，說是她改了電話號碼。我並沒多想，因為中國人並不是電話公司的忠實顧客；他們為了取得更好的價錢，頻頻更換通訊商。

我回簡訊給她，告訴她打算當晚去餐館找她。

她回傳訊息說，她不會在餐館。

不在餐館？我心裡直納悶。她還會在哪裡？

她告訴我，她已辭職，搬出了宿舍，將到一位剛開了麵館的朋友那兒幫忙。我們講好隔天在麵館碰面。

我在一家新超市門口熙來攘往的購物人潮中認出小秦嬌小的身影，她拉起連帽白色羽毛衣的帽子，罩住了頭，身子上下跳動著取暖。

她身旁還有御膳的另一位女招待小應，她也辭職了。小秦領著我走到她朋友坐落在附近一條巷子裡的麵館，在路上對我作了說明。

「每個月，我們的工資越來越少。就連餐館生意還不錯的時候，我們也只拿得到六、七十元，太少了，這樣沒辦法生活。」小秦說。減薪造成員工大量出走。

我們一進店裡，小秦便立刻恢復服務員架式。「這兒，請坐，」她說，「皮包請放下。妳想吃點什麼？」她倒了一杯熱騰騰的茶給我。有一對男女走進店裡，小秦流暢地將固定程序重演一遍。她不再穿著那襲紅底繡金花的制服，身上就是簡單的牛仔褲、運動衫；然而，她仍是位訓練有素的女招待。

雖然小秦在簡訊中說她已開始在麵館上班，這會兒卻承認，開這麵館的朋友八成連最微薄的工資也付不起。她說不準自己的下一步打算，也不確定接下來要去哪兒。這是她獨自面對真實世界的第一天，但是她看來並不會緊張不安。

小秦忙著招呼客人時，小應站在廚房門口，擁抱一個滿臉青春痘、褐色頭髮又硬又短的男子。我明白這些女孩年紀都大得可以交男朋友，卻依然感到驚愕，因為這是我破天荒頭一遭看到她們當中有人和異性卿卿我我。

麵館其實是簡陋的棚屋，屋頂和牆壁是塑料浪板，加上店口的拉門，在在使得店裡並不怎麼暖和。不過店主顯然已竭盡所能想塑造舒適的氣氛，用餐區擺設了六張乾淨的桌子，配上凳子，牆角的電視正播出在全中國客廳都看得到的濫情連續劇。牆上掛著大片的菜單板，上書「特製砂鍋麵」，店裡清潔得一塵不染。

店主就是張師傅，後來成了我的製麵師父。他送走那一對男女客人後，把一鍋直冒熱氣的麵端到我面前，輕手輕腳的，彷彿那並非粗陶砂鍋，而是精緻的瓷器。麵條加了排骨、海帶和蘑菇一起煮，在這多風的午後，吃來格外適口充腸。儘管時值冬末，鍋中每樣材料嚐來卻都像剛從夏季市場買回來一般新鮮。我加了一點醋和辣油，呼嚕嚕地把整鍋麵都吞進肚裡。這一砂鍋麵售價合美金八毛，比一般的一碗麵貴了一倍，但是張師傅盤算逐漸興起的中產階級應該會願意多花點錢換取品質。

張師傅在廚房裡忙活時，小秦跟我說起他一生的大概經歷。他是山西人，直到數週以前原也在御膳飯店工作，這是他頭一回開店，雖然他沒錢請女招待，但是她和小應樂意幫忙他。他原是眾女最欣賞的廚師，像是她們的顧問，下班後他坐在角落喝茶看書時，不管是誰走過來想跟他談談，他都樂於傾聽並提供意見。他不愛喝酒，也不喜歡打麻將。

我呼嚕嚕吃著麵時，張師傅寫了張字條給我，簡短說明他開設連鎖麵店的計畫，請我幫忙宣傳。小秦跟他說過，我是雜誌的美食編輯。雖然我明白他的店不論是地理位置或其他方面，都距離外僑一般出入的地方太遠了，登不上*Time Out*，但是我還是告訴他，我會盡力幫忙。

張師傅說動一位二十八歲的同事跟他一起創業，他自己一共有五千美元的存款，又向幾位朋友借了錢。他搬進一位朋友家裡，對方不收他房租。他騎著鐵馬逛遍陌生的街道，找到此一店址，他不敢肯定賺到的錢能不能抵銷開支。張師傅在工廠幹了十年，又在國營餐廳工作八年後，總算變成自己的老闆了。

我吃完麵想付帳，他不肯收。我想他只是客氣，於是放了一張人民幣十元（約合一點二美元）的鈔票在桌上，他拾起來，塞進我的袋子裡。我再次拿錢出來想付帳，他杵到我跟前，抬頭挺胸，擋住我的路。一開始大家都只想表示客氣，這會兒卻劍拔弩張了起來，此事無關待客殷勤於否，而是尊嚴問題。

「沒事，別客氣，」他蹙著眉頭說，「別因為我是農村來的就可憐我。」

我初識張師傅的那家麵館只撐了兩個月，我再打電話給他時，他已在相距數哩處另起爐灶，就是我跟著他學做麵的食堂，那兒房租較便宜。來食堂用餐的是一家光鮮又嶄新的家具大商場的員工，北京的有錢人愛到這商場逛街，瀏覽裡頭裝潢的噴泉、棕櫚樹和沙發組。商場員工午餐只求快速、便宜，所以張師傅簡化了菜單，並且降低價格。

張師傅告訴我，他先前的店生意做不下去，是因為他的合夥人突然決定結婚，搬回農村。有天上午，我們一起做了一陣子的活兒後，他說：「我要跟妳講件讓我丟面子的事。」他低下頭，「我們第一家店沒成事，是因為我的合夥人太懶散，他麵削得不好，也不注意蔬菜的品質，有一回竟給客人吃爛掉的菜。」張師傅和合夥人為此起了爭執，決定自己不能和如此馬虎的人合作。

大多數上午，張師傅會在藏在櫃檯下方的一尊小佛像前燃上一柱香，其後好幾個小時便都香煙裊裊，佛像前還供奉了三顆蘋果。張師傅約莫在離開御膳飯店的同時，皈依了佛教。佛教儘管是不少中國人傳統信仰的宗教，但在中共掌權後卻遭到禁止。直到過去這二十年來，政府才開始准許人民重拾佛教和道教、伊斯蘭教、基督教和天主教等其他四大信仰（不過梵諦岡迄未承認中共是中國的合法統治者）。中共政權依舊密切監控教會和寺廟。

張師傅到御膳附近的一座佛寺拜佛，那座佛寺在文革時遭到破壞，如今已修護。他對寺裡的和尚表示，想正式成為佛教徒。和尚主持了儀式，他在佛前上香頂禮。儀式結束後，他捐了十二美元的香火錢，和尚送給他一本小冊子，證明他已是如假包換的佛門子弟。

張師傅認為既信佛也遵從迷信能夠幫助他成功，信佛對事業有好處——好歹祈求菩薩保祐總不會有壞處。他同房東和供應商往來時，用不同的姓名，叫張淼。他的真名張愛豐不夠吉利，因為部首中缺了五大元素中的水。

張師傅補充說，信佛了以後，他的心靜了，這一點我從他對他唯一的雇員兼姪女「孩子」的態度上看得出來。她看來是可愛的小姑娘，卻有點太愛惡作劇。她在幫忙點菜的空檔，不時會偷吃張師傅做給客人吃的東西。張師傅打算留下來自己吃的剩菜，她偏要倒掉，從中獲得變態的樂趣。她是那種太過動的人，光是看著她動來動去，我都覺得累。有天上午，她拍打手裡的報紙，發出足以令人血液凝結的尖叫聲。

張師傅和我從廚房抬頭看著她，「怎麼了？」他說。

「瞧！」她倒抽一口冷氣，跑進廚房，指著一張照片，那是張連體雙胞胎的照片。「我從來就沒見過兩個頭的娃娃！」

最令人氣惱的是，她根本幹不好自己的活兒。她向我和張師傅報的菜單往往弄得我們一頭霧水。

「三個刀削麵！一個蔬菜！不要香菜！」

這一共是要三碗還是四碗麵呢？通通不要香菜嗎？我們摸不著頭緒。沒有寫單這一回事，點菜速度快得來不及寫單。張師傅和我一面端好熱燙的麵碗，一面努力想記住每一份點單。一天總有好幾次，客人會把送錯的麵條退回來。

每當發生這樣的事，我就會狠狠地瞪孩子一眼，張師傅卻總是原諒她，回爐前重新再做一碗。不過，偶爾就連他也會失去禪定般的冷靜，「孩子！」他喊道，可惜，爐灶上方呼呼作響的巨型風扇吞沒了他的叫聲，孩子照舊報菜名，把錢胡亂塞進圍裙口袋裡。

我在那兒見習的頭幾天，張師傅不大願意讓我碰麵粉。「以妳的力氣恐怕是揉不動麵的。」有天早上我們在廚房備料時，他警告說。孩子從前頭探頭進來，簡單的撂下一句話：「那是男人的活兒。」

一包包紙袋裝的麵粉靠在廚房牆邊，始終與我絕緣。我猜想，張師傅前頭經他那粗枝大葉的合夥人一折騰，這會兒八成不敢輕易就把揉麵和削麵的活兒委託給別人，所以我學習做除此以外各式各樣的活兒。我把配料切好以後，就洗碗盤，碗盤洗好了，著手處理雞蛋。張師傅每天一大早先用大鍋煮上好幾十顆茶葉蛋，煮好的蛋外殼色澤變深，呈焦糖色，裡頭的蛋白變成米黃色，帶著煙燻香味，卻沒有一絲全熟水煮蛋的那股子硫味。把這玩意當成早餐，隨手帶著走，再適合也不過，顧客要是在午餐時段前信步走來店前，往往會買上兩顆點點飢、解解饞。

我學會做開胃小菜。美國的中國餐廳供應的典型開胃菜總是油炸的東西，附上濃膩的蘸料，張師傅的開胃小菜則不同，健康、簡單又美味，拍黃瓜是我很愛吃的其中一味小菜，它的名稱基本上已點出了作法。中國的小黃瓜體型細長，外皮有突起的疙瘩。張師傅把小黃瓜切成吋長，然後用刀背拍成小塊，通通扔進大碗中，加大蒜、大豆油、麻油和他家鄉山西產的醋，拌一拌。

張師傅也用同樣的佐料做涼拌豆腐絲，干絲吃在嘴裡有彈性、有嚼勁，類似煮到彈牙的義大利麵。他另外還用食用油爆香花椒、大蒜和辣椒，把辣油加進干絲裡，這樣吃來更香更有味。這三樣佐料快煎焦時，他將炒鍋離火，濾出辣油，那氣味之香，我簡直可以拿來裝罐當成香水賣。

茶葉蛋

6顆大的雞蛋

1／4小匙鹽
1／4小匙雞粉
4～5粒丁香
3顆八角
1根大蔥，僅取蔥白，切成一吋長
2片生薑
2小匙茉莉香片茶葉

鍋中注入冷水至半滿，把蛋放進去，水開以後轉中火再煮5分鐘。撈出雞蛋，在堅硬的表面上把蛋殼輕輕敲出裂痕，但不可敲破。把蛋放回鍋中，加鹽、雞粉、丁香、八角、大蔥、薑和茶葉，用中火煮20至25分鐘。鍋子離火，讓蛋浸在滷汁中至少15分鐘再取出。

拍黃瓜

2條小黃瓜
4瓣大蒜切末
1大匙麻油
2小匙中國黑醋
1／4小匙鹽

小黄瓜切成2吋的段，用菜刀的刀背拍一兩下，拍成小塊，移至大碗中，加蒜末、麻油、醋和鹽拌匀。醃至少15分鐘或多達數小時再吃。

涼拌豆腐絲

1／4杯蔬菜油
4根乾的紅辣椒
1根大蔥，僅取蔥白，切成一吋長
2片生薑，如拇指大小
4瓣大蒜，2瓣保持完整，2瓣切末
5粒花椒
3／4磅干絲（若干中國食品店有售）
1／2個青椒，切丁
1／2根中等小大的胡蘿蔔，切丁
1大匙略切碎的香菜
1／4小匙鹽
1／4小匙白胡椒粉
1小匙中國黑醋
1小匙麻油

蔬菜油加進中式炒鍋中，開大火，熱2、3分鐘，接著加乾辣椒、蔥段、薑、兩瓣大蒜和花椒。等油燒到很熱但尚未冒煙時，將鍋子離火，濾出辣油，丟棄辛香料。

在大碗中拌干絲、青椒和胡蘿蔔，下蒜末和香菜屑，把香辣油倒在干絲上，拌勻。加進鹽、胡椒粉、醋和麻油，拌一拌，立刻上菜。

我在見習期間最感到左右為難的事，莫過於上工時的交通問題了。北京是個巨大的城市，跟洛杉磯一樣幅員遼闊，人口則是後者的四倍。我住在城市的中區，張師傅的店在東南角上。搭地鐵和公車的話，車資為美金六毛，車程一個小時；打車（搭計程車）的話，則要四美元與二十分鐘。我搭得起計程車，可是搭著車來上工，我會有罪惡感，張師傅一天的利潤常比這筆車資還少，食堂的阿姨一天工資只有兩塊半美金。

早上我睡眼惺忪的躺在床上，好不容易打起精神按掉鬧鐘，拚命給自己打氣，好出門去搭擁擠不堪的地鐵和公交車。可是因為我通常都折騰到時間來不及，到頭來還是跳上計程車。我對自己如此浪費感到難為情，就請司機在離麵店尚有一段距離的地方停車，下車步行過去。

「哇，」馮阿姨會邊搖頭邊說：「打東直門一路來呀，搭了多久的公交車？妳可真是勤快。」我會點頭示意，然後就低著頭。我的慚愧被當成謙虛，這讓我在食堂的地位又往上升了一級。

後來，我總算想出折衷辦法。早上，我打車上工，算我運氣好，這時段北京大部分地區都大塞車，從我的住處到麵店卻是一路暢行無阻。下午，我先搭笨重的公交車，半小時後轉搭地鐵，中途再轉另一條路線，終於下車後，步行十分鐘回家。

計程車這麼便宜，我之前就難得使用公共交通系統。搭公交車和地鐵讓我看見我先前所錯過的北京另一面，我發覺公交車並不只搭載人，還可以用來運輸大件物品。公交車在某一站停下時，六位工人各扛著一袋五十磅重的麵粉，好不容易爬上了車。另一天下午，有個男的坐在最後一排座位中間，手撐扶著一面十呎長的廣告看板，那板子突出伸進他面前的走道。看板畫面上的模特兒巧笑倩兮，正往眼睛裡點眼藥水。公交車停下時，他好像開門般擺動看板，以便乘客離座或就座。

衣衫襤褸、看來一副鄉下人模樣的男人，敬畏有加地盯著窗外的起重機和摩天大樓。地鐵站裡，有個男人在乞討，他整個人畸形的可怕，我調開眼光不敢看，當我設法回想他的面孔時，只記得那一雙又紅又腫的眼睛。

有天下午，我從公交車站走到地鐵站時，看到一個熟人正在過馬路。我恐怕得停下腳步，聊個一會兒，這事讓我想了就怕，因為我從前幾次跟她接觸，感覺都不怎麼舒服，而且我那會那身打扮，也令我感到難為情。我穿著我的工作服：污跡斑斑的運動褲、油膩膩的T恤和髒兮兮的球鞋。她經過我身邊，沒認出我來。

我過著雙面人的生活，我可真喜歡哪。

在過了像一輩子那麼長的一段日子後，張師傅總算准我揉麵了。由於王主任委員讓我熟悉了餃子麵糰，我猜想這事應是易如反掌。

張師傅用飯碗把麵粉舀進一個馬口鐵大盆中，他把麵粉放在自來水龍頭底下，打開龍頭（我跟王主任委員上過那麼多次課，早已明白不必問他麵粉與水的比例，問了也是白問）。接著，他把大盆抬下來，退後一步看著。我把手伸進麵粉中，自信心逐漸消失。首先，單是在量上頭，這麵糰就比我以前在王家揉過的任何東西大了好幾倍，加上水分含量較少，麵糰硬多了，這表示我得咬緊牙關，卯足全身的力氣來揉麵。

第一樁工作是要讓水和麵粉結合，我看過張師傅揉麵，高明的手法讓這活兒看來輕鬆簡單。他把手稍微伸進麵粉表層底下一點點，兩手畫圈圈，麵粉和水開始結合，這裡那裡黏合在一起，先是形成一小坨一小坨。他在手邊準備了一碗溫水，以便不時再添點水進盆裡，看情況，一次只加一點點的水。當麵糰慢慢黏合成一團時，他把它移到乾淨的案板上。這時，得開始用勁了，他手心往下推壓麵糰，兩條腿站穩馬步，這樣才好使出全身的力氣。他揉好麵糰，分切成數塊，每塊都有新生嬰兒那麼重。他用濕布蓋住麵糰，否則，麵糰不出幾分鐘便會變乾。

我把麵糰分成幾小球，這樣比較好揉，即便如此，我揉著麵的同時，麵糰也沾著我滿手都是，揉好麵時，手指上敷著一層黏呼呼、白白的東西，接下來這一天，在沒有顧客上門的空檔，我就好像指頭長癬似的，拚命地剝手指上的麵塊。我的技術逐漸有了進步，學會在邊揉麵邊不時往手心灑點乾麵粉，等我揉好了麵糰，手跟尚未揉麵前差不多一樣的乾淨。

可是，儘管我學會了揉麵，張師傅還是不肯讓我削麵。我左思右想好幾天才明白過來，他不是怕我幹不來這活兒，而是覺得「不好意思」，居然讓客人來幹廚房裡最重的活兒。他老是請我「歇一會兒」。「您怎麼不到用餐區歇一會兒呢，」他總是說，「我替您弄點東西吃。」有天下午忙完午餐生意後，他把一整條鯉魚片得飛薄，我先前只在烹飪學校看過大廚有這般刀法。他往炒鍋裡倒了些大豆油，鍋裡的殘水茲啦茲啦響。他一面等著水燒乾，一面抓了一把切碎的蔥、薑、蒜和酸菜，手舉在鍋子上方。他站著，一動也不動，聽著鍋中的聲響，等水分都燒乾，鍋裡沒有聲音了，他手一鬆，佐料就下了鍋，鍋裡頓時一陣噼哩叭啦並傳出香氣。魚片下鍋時，茲的一聲，魚肉就熟了。

張師傅提過，成天都在削麵，真怕自己會燒宴席菜的手藝會生鏽，不過他犯不著擔心：他鑊功依舊一流，是高手。魚片很嫩，而且光拿那煮魚的酸辣湯汁澆在白飯上，就可以當做一餐了。

我問張師傅覺不覺得開麵店比在御膳當差更辛苦。

「嗯，御膳有二十位師傅，午餐的時候，我們替兩千位顧客燒菜。」他說，「我們一人得應付一百個左右的顧客，要燒的菜色可比這兒多得太多。」他又補充說：「我當初該早點離開御膳，自個兒開店的，這會兒就已經有錢了。」

「還來得及呀，」我說。

「像我們這樣的人，這會兒已經太多了。」他說，這和王主任委員有關民工的意見倒是不謀而合。政府過去對民工進城的人數有所限制，可是隨著城市逐漸蓬勃發展，對民工的依賴就與日俱增（大多數城市居民不願意幹勞力密集的工作），政府已大幅放棄阻擋農民進城的潮流。

孩子聽我們講這麼嚴肅的話題聽煩了，「我們喝吧！」她說。她誇口說，夏天時「學會」了喝酒。

張師傅於是取出白酒和兩瓶啤酒，我們遂為大夥辛苦幹活而乾杯。

酸湯魚

1／4杯玉米澱粉
1／4杯中筋麵粉
1磅鯉魚片，約10片
1／4小匙鹽
1／2小匙雞粉
1／4杯米酒或雪莉酒
1／4杯外過2大匙蔬菜油
1／2杯中式酸菜，切碎
1大匙大蔥末

1大匙薑末
1大匙蒜末
1夸脫水
1／4杯白醋
4粒花椒
4根乾辣椒，大致切碎

在小碗中混合玉米澱粉和麵粉。另取一碗，混合魚片、鹽、1／4小匙雞粉和2大匙米酒。把乾粉加進魚料中，讓每一片魚均勻裹上一層粉。

開大火，炒菜鍋放爐上，加進1／4杯的油。油燒熱後，加進酸菜、1／2大匙蔥末、1／2大匙薑末和1／2大匙蒜末，拌炒。加進剩餘的米酒炒一下，把水和其餘雞粉加進鍋中，煮滾湯汁後，把魚片逐一攤平下鍋，一次放一片，用大火繼續煮3、4分鐘後，加進白醋。火力轉小，再煮3、4分鐘後，把魚湯盛進碗中，灑花椒、辣椒和剩餘的薑末和蔥末當配料。在炒菜鍋裡加2大匙的油，用大火燒熱後，把油倒在魚湯上，爆香湯上的配料。立刻上菜。

我在麵店見習滿一個月時，張師傅的妻子和兒子到了北京，張師傅搬到首都以來，這還是他們倆頭一次來。他女兒要準備高中考試，沒跟來。多了這一對母子，麵店的氣氛更開心了。改由張太太（小姚）負責點菜後，工作變得順利多了。小姚生就一副寬下巴和闊嘴，皮膚黝黑，說話輕聲細語，加上鄉音濃，講的普通話讓人聽不大懂。認識小姚以後，我不禁納悶，張師傅初來北京時是否跟現在一樣，有一股在街頭打滾過的滄桑味。

九歲大的世強只比他爸爸矮幾吋，還比他二十歲大的表姊孩子老成。張師傅叫他「兒子」，父子倆頭形一樣，像南瓜，兩人都有雙靈活的眼睛和一對招風耳，不過兒子的腮幫子圓鼓鼓的，爸爸的雙頰卻有稜有角。張師傅吩咐兒子去打泡茶的熱水，盛在熱水瓶裡提回來。他也外送一碗碗的麵到家具店給客人，還替他爸爸到附近的小店買菸。其他時候，他就待在大食堂裡讀他的課本，他好像很怕進廚房。

「你會不會做麵條？」有一天他探頭進廚房時，我問他。

「不會。」他說，一溜煙就趕回食堂。

「我不讓他做，他不會當廚師的，要進大學！」張師傅表示。

我偶爾會跟兒子一塊兒坐在食堂的大桌旁，一同大聲地唸他文學課本裡的段落。我學漢語多年了，看書的速度卻比不上小學五年級的孩子。

「太初之時，天地為一，」我們一齊唸唸有詞，「宇宙混沌。」

我頓了下，「餛飩？」

「不是，這個詞的意思是『一團混亂』，只是聽起來跟餛飩一樣。」兒子解釋說。

我顯然花太多時間在麵食上頭了。

張師傅教我做麵的澆頭時，我知道自己就快可以學削麵了。他先教我做我最愛吃的豬肉滷，原來做法簡單的很啊。他先用熱油爆香辛香料，跟著下切成方塊的五花肉，讓肉吸收油裡的香味，接下來加醬油，鍋中醬汁滋滋作響，剎時竄出火苗，一會兒才滅。最後，他加了水，然後讓這鍋肉紅燒大半個上午。茄子滷同樣簡單易學，他用的是嚐來有肉感的圓茄，而不是我在美國吃的那種味淡的橢圓形茄子。

豬肉滷

1磅五花豬肉，切成一吋方塊
1／4杯蔬菜油
1／4杯糖
2大匙外加1／4杯醬油
1夸脫水
1／2小匙鹽
1根大蔥，只取蔥白，切成一吋長
2或3片薑，如拇指大小
4粒八角
2片月桂葉
1大匙雞粉
2根完整的乾辣椒

炒鍋中注入半鍋的水，煮沸，豬肉下鍋燙煮2分鐘，撈出備用。

在炒鍋中混合油和糖，大火加熱，用力拌炒，直到油糖開始焦化變成褐色。肉加進鍋中炒，下2大匙的醬油一起用力翻炒2、3分鐘。加進1夸脫水、1／4杯醬油、鹽、蔥段、薑片、八角、月桂葉、雞粉和乾辣椒，小火紅燒30分鐘至1小時，澆在煮熟的中式麵條上吃。

茄子滷

1／4杯蔬菜油
1大匙蔥花
1小匙薑末
2小匙蒜末
1個大的茄子，切成半吋方塊
1根青辣椒
1個白山芋，切成半吋方塊
1個番茄，切丁
1／4杯醬油
1杯水
1／2小匙雞粉
1／2小匙鹽

炒鍋中加進油，用大火燒熱後，下蔥、薑、蒜末，炒1分鐘，讓辛香料都沾到油。茄子下鍋炒2分鐘，讓每塊茄子都沾到油，需要的話，可再加點油。辣椒、馬鈴薯和番茄下鍋，一起炒1分鐘。加進醬油和水，轉小火，煮2、3分鐘。加雞粉和鹽，再煮2分鐘。立刻上菜。

果然，過了幾天，在午餐人潮逐漸退去後，張師傅問我想不想試試看削麵。他給我一把四四方方的無柄刀子，口中唸唸有詞，後來每當我削麵時，他就重述這個口訣：「刀不離麵，麵不離刀。」我按照他的指導，把擀麵板連同上頭的麵糰當成小提琴似的，緊貼在我的肩膀下方。張師傅到外頭抽根菸時，許阿姨悄悄進廚房看好戲。「妳做得不對！妳沒辦法削得好！」她大聲嘷叫，一面向麵糰撲來，我死命不肯放手。謝天謝地，許阿姨撒手了，她要是堅持非得抓到麵糰不可，得跟我在地上扭打一番才可能得手。削麵的過程讓我想起我頭幾次用中式菜刀切菜的感覺，我抓不住動作的節奏。我削麵的動作像切分音一般，斷斷續續，中間還有好幾次被熱水濺到，在削了不知多少次以後，我總算找到一個角度，可讓帶狀麵條如行雲流水般連續下到水中。

我放下麵板，左臂因承受麵糰的重量而顫抖，右臂則因不斷重複動作而變僵了。要削出夠一碗麵的量，我得花上讓人好不痛苦的三分鐘。我拾起麵板，再試，我一次削三分鐘，總共五次後，削出可做五大碗的麵，價值兩美元。那過程讓我想起中學體育課的體能測驗。

「還行。」張師傅回來時說。

許阿姨擠出一臉假笑，「她還行，是吧？」

我還不壞，但也不怎麼靈光。然而我很勤快。重複削麵的動作類似網球的反手拍動作，只不過沒有其後順勢的弧形動作。我網球打得還不錯，但是球賽中鬥智鬥心的部分令我難以招架。在廚房中卻相反，我意志堅決，可就是欠缺做麵條的天分。

我活該得把自己削的麵條都吞下肚，刀削麵照理應該是一條條厚薄一致，甚有嚼勁，咀嚼起來，唇齒之間帶有韻律。我削的麵條卻厚薄不一致，有的肥肥厚厚，煮後仍夾生，吃來形同嚼蠟；有的又削得細細長長，煮過頭了，吃來軟綿綿。食用我削的麵條，就好像吃到一半烤得太焦、一半又太生的披薩。

我有一天看到張師傅彎腰低頭去嗅聞炒鑊中的氣味，赫然發現，麵條如果煮過頭，是會「燒焦」的。張師傅從鍋中撈起幾根麵條，「聞聞看唄，」他說。我湊過去，聞到焦炭味。

我決心磨練削麵技藝，一天又一天削呀削的，勤練不輟，張師傅勸我慢慢來，我充耳不聞。過了兩個星期，我才明白過來，我為何早該聽他的勸，我的右手肘和前臂又痠又疼，從肘部一直痛到中指和無名指。我的手腕一彎就痛，有位朋友說我這毛病叫「麵條肘」。

除了傳統的刀削麵，張師傅也賣貓耳朵和手擀麵。他主動表示要教我做這兩種麵食，雖說我懷疑他只是想讓我歇歇手，暫時別削麵了，我還是欣然從命。

這三種麵食用的是同一種麵糰。捏貓耳朵時，他先擀平麵糰，擀到麵皮厚度達到派皮的兩倍便住手，將之切成一塊塊的，跟橡皮擦頭一般大小，然後用大拇指從麵塊一頭滾壓到另一頭，就在這一壓一捏間，麵塊神奇地變成橢圓形貝殼狀，形狀很像義大利的耳朵麵。

手擀麵的要訣在於，需將麵糰擀成又長又超薄的麵皮，張師傅將麵皮繞在麵棍上，在案板上邊擀邊隨意灑麵粉，防止麵皮沾粘。他把麵皮擀到比報紙還薄時停手，以麵棍為軸，這麼一旋一轉，一片麵皮就折疊成好幾層，他取來刀子，把折疊的麵皮切成細長的麵條。

不論是貓耳朵還是手擀麵，都不像刀削麵那麼費力氣，可是張師傅給刀削麵訂的價錢卻比另兩種麵食低了一毛二。刀削麵代表他的根，我猜他汗流浹背地扛著麵糰，站在鍋前時，心中應是無比自豪吧，而我呢，也逐漸培養出這種變態的快感。

張師傅的麵條

把4杯中筋麵粉倒入大碗中，加1杯水，邊加邊用手攪拌麵粉和水。徐徐加進更多的水，一次加1／4杯左右，攪拌均勻，直到麵糰結實有彈性但不會很乾（需比餃子皮麵糰結實一點）。把麵糰移到乾淨的案板上，揉3到5分鐘。蓋上濕布，醒至少10分鐘。

刀削麵

製作刀削麵需要一種彎刀刃的特殊刀子（這種名叫刀削麵刀的工具很難買到，如果你家附近有唐人街，請到那兒的用品店問問）。使勁地揉搓張氏麵條麵糰，揉成約8吋長、4吋寬、3吋厚的條形，四個角必須渾圓。燒開一鍋水，站在鍋前，用平日慣用的那一隻手握緊刀子，另一手垂直托住麵糰。一開始時，把刀子抵住麵糰，呈45度角，從上往下地縱削麵糰，一次削下約半吋的一長條。從麵糰的一側開始削（慣用右手的人從右側開始削，左撇子則從左側開始），好像削胡蘿蔔皮那樣，從上往下垂直削完一條，就稍微向右或向左轉動麵糰。削好一碗的份（約50條），滾水煮麵3分鐘，瀝乾，立刻加上醬汁配料，上菜。

貓耳朵

用麵棍將張氏麵糰擀成約1／4吋厚度的麵皮，切成半吋寬的長條後，切成半吋長的塊。在麵塊上灑麵粉，用大拇指壓麵塊，從一頭滾壓至另一頭，把麵塊壓彎，形如貓的耳朵或貝殼。如此這般一一滾壓麵塊，滾水煮3分鐘，瀝乾，加上醬料，立刻上菜。

手擀麵

在灑了麵粉的大案板上，用麵棍把張氏麵糰擀成非常長且薄的麵皮，厚約1／4吋，寬不超過麵棍的長度(麵糰上可薄灑麵粉以防沾粘)。接著從最靠近身體的這一頭開始，把麵皮擀得跟報紙一樣的薄，不時灑上麵粉，開始讓用麵棍包繞麵皮，讓麵包捲在麵棍上，邊捲邊灑麵粉，以防麵皮彼此沾粘。當麵皮均已包捲在麵棍上時，慢慢抽出麵棍，讓麵皮一層層重疊，約3吋寬。把麵皮切成1／8吋左右寬的麵條，滾水煮3分鐘，瀝乾，加上醬料，立刻上菜。

不論我的製麵技術進步了多少，我倒是很快就學會典型的中國廚師那副調調。有一天中午生意正忙的時候，有位客人把她的那碗麵端回攤子上。

「裡面有根頭髮！」她一邊撥弄碗中的麵，一邊說。

張師傅連忙來到櫃檯前，那根頭髮又長又粗，跟我的不能說不像。張師傅道歉說，會馬上重煮一碗送過去。

我感到憤慨的成分多過難為情，我住在中國這些年來，在我的飯菜中不知看過多少根頭髮，頭幾回我又驚又恐，後來僅僅覺得有點討厭，到末了，我就只是把頭髮挑出來，繼續吃我的東西。

「那女的真是大驚小怪！」張師傅回到廚房時，我對他說。我們在這兒忙得汗流浹背，她卻只是付了美金四毛錢吃個午餐而已，而且說到底，不過就是我的一根頭髮嘛。

張師傅攤子的隔壁是個生意興隆的熱炒攤，老闆是三兄弟，四川人。食堂其他的攤位則都空在那裡，有個攤位上方還吊著「海鮮熱炒」招牌。張師傅來到這裡以前，原本有一家子的福建人在那攤位上作生意，後來因為作父親的賭博輸光了所有家當而倉促停業。那一家人沒付租金、瓦斯費、廚師的工資與食材貨品費就一走了之。

「就連訂報的錢也沒付。」有一天午餐營業時段剛開始時，馮阿姨說。

「真的？」有位正在等麵的客人說，「我們以前天天都在那兒吃。」

「好吃嗎？」我問這位客人。

「怎麼說呢？快餐唄，吃啥都差不多。」她不置可否地說；這裡不過就是食堂。難道有人指望在食堂吃到美食？不論我覺得張師傅的麵條有多麼好吃，如此美味在這種環境中都註定被埋沒。

過了幾星期，馮阿姨辭職，轉到藥廠打工。有位五十來歲的喑啞男子接替了她的職位，此人頂著一頭亂髮，穿著綠色的軍服，神情一片茫然，彷彿剛打過共產黨的革命戰士，不知怎的透過時光旅行，從過去來到現代。他向張師傅和四川人要了幾碗湯，拿了一張報紙，在空著的福建攤子裡坐下。可是他也不看報，雙手輕敲著攤架，發著呆。

韓家兄弟沒法再等待新租戶上門了，決定自家上陣設攤。他們請了兩位廚師，在牆上貼了一大張紅色菜單，兄弟倆自個兒在前場招呼。

「這會不會影響你的生意？」我問張師傅。

他聳聳肩說：「影響不大，他們的菜單跟川人的比較像。大夥進來食堂前就已經打定主意要吃啥，想吃麵的話，就來我們這兒；想吃飯和炒菜的話，就過去那兒。」

那一家四川人火氣大得讓人一望即知，我早上來上工時，老闆娘不再跟我打招呼。在他家攤前排隊的人漸漸少了，韓家兄弟攤前隊伍卻漸漸長了，她的臉色越來越難看。在隔壁的攤子上，她那襲鮮黃的圍裙和她越蹙越緊的黑色眼珠子，形成反差。

「那女人素質有問題，」張師傅說。在中文裡罵人的話當中，我最喜歡的就是這一句。每回聽到有人批評別人素質不好，我眼前就會浮現有個品質有缺陷的人從中國工廠生產線上滾下來的畫面。

可是，在我看來，這一回是雙方的素質都有問題。說到底，韓家的確抄襲了四川人的菜單。不久以後，四川人開始偷竊韓家的碗盤，他們似乎忘記了韓家兄弟也是房東。韓家兄弟於是在租約尚未期滿前，便要求四川人付租金。四川人氣張師傅置身事外，決定全面發動攻勢，賣起類似張師傅攤上的麵點。

「他們想賣啥就賣啥，」張師傅冷靜地說，「我可不想打仗。」

有天下午，四川人和韓家大聲吵了起來，韓氏兄弟叫四川人捲舖蓋走人。第二天我到食堂上工時，四川攤子已經空了，韓氏兄弟中的弟弟正在翻揀四川人留下的沒幾樣東西。

「租約到期了，」他說，一邊拿走留在空廚房裡的電鍋。

我一星期在張師傅麵攤上打工兩、三天，如此近三個月後，終於掌握削麵的技巧。張師傅讓我接管午餐時段下半段的活兒，點起一根菸，看著我削麵。

「妳抓住訣竅了，」他說，語中不無驚喜之意。

我的確抓住訣竅了。我削起麵來又快又輕鬆，好像進入自動飛行狀態。削麵刀不會削到一半便卡住，麵條看來不再像是被大刀砍過一般，而是一條條如緞帶，大小適中。我削好一碗麵，歇一會兒，再開始削另一碗，在三分鐘內削了三碗。我削麵的速度永遠不會像張師傅那麼快，但已足以從容應付人潮不再洶湧的上門客人。

午餐生意結束時，我早已滿頭大汗。我累得沒有力氣歡欣慶祝，心中卻湧現從來沒有過的一種滿足感。有人付錢吃了我親手做的東西，我是製麵師傅了。

我學會麵店全部菜色，這會兒該舉步往前行了。我考慮過想找家「地道的」北京菜館，可是北京從未真正成熟發展出自己的菜系，舉得出的地方佳餚寥寥數樣而已，包括北京烤鴨、炸醬麵還有菜色很不北京、聽來引人疑竇的蒙古火鍋。由於外來的人口不斷湧入，加上此地氣候並不利於農產，跟紐約或倫敦一樣同是大都會的北京，吸納了源自別處的菁華。不過，餃子倒真是北京的特色食品，可是如今已少有會在家裡自擀自包餃子了（王主任委員除外）。北京人依然愛吃餃子，「餡老滿」之所以成功，原因就在這裡。

這家餃子店離我住處騎自行車只要五分鐘，每逢午、晚餐時段，店裡人潮之洶湧不遜於紐約市生意興隆的簡餐館：店裡的客人有上了年紀的夫妻，也有打扮入時的年輕人，後者戴著粗框眼鏡，身上的T恤印著抽象的圖案；門口也擠滿了等候空位的客人。店主用仿古的器物和黑白照片來裝潢店面，這使得店裡氣氛比周遭一帶寒傖簡陋的餐館高出一籌。

一如店面的裝潢陳設，餃子本身也配合時代，做了改良，總共有六十種不同的餡料。我最愛吃的有包心菜花生餡（花生吃來脆脆，口感好）、豬肉玉米餡（不管什麼，只要加了玉米我都愛），還有蝦仁日本豆腐餡（豆腐的口感柔滑如絲絹，像布丁）。餃子館也賣中式沙拉，跟我在美國看過的「中式」雞肉沙拉完全是兩碼子事，有胡蘿蔔、包心菜、豆芽和豆乾絲，拌上醋、糖和一點麻油。

東北大拌菜

1／2顆包心菜，切細絲（約1／2磅）
1條小黃瓜，縱切成四長條，去籽，切薄片
1條胡蘿蔔，刨絲
1／4杯剝殼去皮的烤花生
1大把豆芽
1／4磅豆乾絲（即干絲，中國雜貨店有賣）
2小匙中式烏醋
2小匙蔥油（參閱註釋）
1／4小匙鹽
1小匙糖

在大碗中混合所有材料，拌勻，立即上菜。

註釋：蔥油作法，在炒鑊中把油燒熱，將蔥白切成1吋長，下鍋，蔥白開始變焦黃時，將鍋子離火，過濾出蔥油，即可使用。

餃子館經營者是我一位朋友的朋友，她姓孫，剪了個赫本頭，臉孔窄而秀氣。她把一張臉撲成粉白，還喜歡用鮮紅色唇筆勾勒唇線。她年已四十二，穿著打扮卻比實際年齡年輕了二十歲。有天下午，她穿著T恤和緊身牛仔短褲，信步走進廚房，嘴裡叼著菸，清點著手裡一疊厚厚的人民幣百元鈔票。另一天，她穿著藍色的娃娃裝和緊身褲，在餐室裡四處遊走、蹦蹦跳跳。當她對我說，她最早是當美容師時，我絲毫不感到意外。

後來，她半途改換跑道，轉任房地產經紀人。有一天，她在瀏覽房地產清單時，發覺有個店面看來極適合開餐館。就像很多中國人，她和她擔任平面設計師的丈夫，對從事餐飲興趣濃厚，以前就幻想過開家館子，專賣他們兒時愛吃的餃子。她把店面設計的工作交給丈夫負責，餃子館在三年前開張，雖然北京的街頭餐館林立，競爭激烈，餃子館卻立刻受到本地人的喜愛。

「我們成功的原因在於價位一直不高，」老闆娘說。菜單上沒有一樣餐點的價錢超過人民幣四十元，合五美元。「我們的競爭對手沒法賣得這麼便宜，因為他們得付房租，而我們的店面樓房是自己的。」

老闆娘夫婦倆的兩個孩子都大了，一個十七歲，一個二十一。兩年前，她又懷上孩子，大膽決定再度違反一胞化的政策。就技術層面而言，多生孩子並沒有罰鍰；除非父母支付從數百到一千美元不等的一大筆費用，不然政府就只是拒絕發給超生的孩子將來上學和就業需要的准生證。老闆娘跟大多數中國人一樣，拖到女兒到了入學年紀才付費。她偶爾會帶這個沒戶口的孩子來餐會，母女倆在角落裡玩耍。「生了老三以後，我的體力比以前差多了。」老闆娘有天晚上表示。我跟她一起吃消夜，我們用餐期間不時受到打擾，不是她的手機響了，就是她突然跳起來到廚房去。她行動起來活力十足，活像剛喝了好幾壺濃茶似的，我不由得納悶起來，她還沒生下老三以前，體力不知有多充沛。

在店裡暫時清靜的時刻，她坐下來歇一會，我們聊起共同認識的友人的八卦，這對夫妻是外國人，住在附近，一星期光顧餡老滿好幾回。

「看得出來他們倆感情好，」老闆娘嘆氣道，「外國男人可比中國男人浪漫多了。當然啦，我老公和我老是談個沒完，可我們談的都是公事。中國男人不會表達自己，就只會使喚我們女人家。」

我說，有些外國男人並不浪漫。我向她保證，美國太太就常發丈夫的牢騷。

我有沒有老公？她問。

沒有，我說，不過最近我剛交了一位男友。

「是外國人嗎？」她問。

我告訴她，是美國人。

她瞇起眼睛，「他浪不浪漫？」

我正在交往的對象叫克雷，我坦承說，他恰巧就是個浪漫得無可救藥的傢伙。她得意地微笑了起來，這讓她益發確信：外國人通通都很浪漫。她興奮地說：「你們真的該趕快生小孩！等得越久就越難。」

「責任很大啊，」我說。況且，我補充說，我們才開始交往。

「先做了再說吧，這不是會讓妳老公很快樂嗎？」她說。很多女性愛用老公二字來稱呼男友，在我聽來卻不很順耳。「妳可以把小寶寶送回娘家撫養。」老闆娘的母親常常替她照顧老三，中國有不少祖父母都這麼做。既然為人父母者忙於事業，祖父母又往往閒著沒事，何樂而不為呢？

不過，老闆娘並未花那麼多時間在餐館中，她偶爾像一陣風似的到廚房晃晃，有時停下包幾個餃子，解解悶。她把包餃室的管理責任交給曹姊，曹姊個頭不高，由於經年累月都在包餃子，臂膀粗壯得像舉重選手。

大廚房的粗重活兒由男人來幹，包餃子的部門則清一色女人當家，工作人數從二十到四十不等。她們肩並肩地站著擀皮、包餃子，在午晚餐的尖鋒時刻，每隔幾秒便傳來報菜點單的叫聲。包餃部平均一天要用掉五十五磅豬絞肉和二百五十磅麵粉。每天上午，有位師傅會把豬肉裝進一個大錫盆，把手伸進這個大如卡車輪胎的盆子裡，把手當成電動攪拌器，攪呀攪的，直到豬肉被攪成質地和顏色都好像鵝肝醬。這盆豬肉並不是餃子的主餡料，而像是膠合體，好把以蔬菜為主體的餡料黏合在一起。我還記得，王主任委員當初看到我在餃子裡包了那麼多肉時，簡直嚇壞了。我的作法不合一般習慣，而這習慣由來已久：在中國，傳統上肉類並不是主要的菜餚，蔬菜才是主角，菜中加肉，是為了陪襯蔬菜的滋味和口感。儘管肉的食用量已增加許多，不知怎的，餃子卻保留古風，作法仍不變。

我先是同王主任委員一起包餃子，接著跟張師傅學削麵，以為自己眼下算是麵糰行家了，可一天要和上二百五十磅麵粉，卻是截然不同的事。餃子館用的是價昂的「雪花」牌麵粉，先加上清水用手拌合，然後放進機器中揉麵，再置於一旁「醒」上半小時。跟著，把麵糰分成厚厚的好幾大板，每一板再分切成數片，一一搓成蛇形的長條，我向王主任委員學來的也是這作法。不過，餃子館的師傅並未進一步把長條麵糰切成小塊，而是揪成一小團一小團，搓成球，每一球比口香糖球大一點、乒乓球小一點。午餐時段，眾家師傅需經手十五板麵糰，每一板切成一百五十小球，算起來，每一份麵糰總共可做成二千二百五十張餃子皮。

「為什麼不用刀子切？」我問一位師傅。

「做熟了，用手指可比用刀來得快，也來得順暢。」她說，「拇指會告訴你該揪下多大的麵糰。」

我設法聆聽大拇指說的話，揪下的麵球卻有大有小；我轉而擀起餃子皮。我旁邊的那位師傅一次擀兩張皮，她雙手推著麵棍，每擀一下，就輕輕地轉動麵皮，等餃皮被邊擀邊轉了一整圈後，她便像丟飛盤似的，將餃皮丟到案板另一頭已堆積如小山的餃皮堆上。我每擀好一張皮需要的時間，她可以擀出四張。

既然在速度上無法跟人相比，我就專心致力於擀出形狀更渾圓的皮。我的餃皮比任何人的都圓——我心滿意足地這麼想著。

這時，我身旁另一側的女士卻驚叫出聲，「她擀的皮都不對！」整個餃子生產線停下來，大夥全抬起頭來。我簡直要以為警鈴即將響起。我這渾圓的餃皮怎麼可能不對？我心裡直納悶。

我的隔壁鄰居把她擀好的皮子擱在手心上，湊到我眼前讓我瞧。「看到了吧？」她說，手指了指餃皮中央。中央的皮比邊緣稍厚一點，湊近一點看，形狀像飛碟。

午餐尖峰時段逐漸過去，包餃子的師傅開始準備起晚上要用的餡料。師傅雙手掄刀，快速而起落有致地剁著大量芹菜。接著下來，芹菜的嗆味不見了，取而代之的是剁茴香的甘草味。餃子館自己灌製香腸，有位師傅用胡蘿蔔把肉末通過漏斗塞進腸衣中，那漏斗其實是截去瓶身的寶特瓶。

整班師傅忙著反覆做這些勞力密集的活兒時，我一邊東張西望，心裡一邊在想，怎麼沒有食物調理機呢？人類不是發明了這機器來代勞嗎？我放眼望去，只見不同的臂膀在揮舞著、攪拌著，好像槓桿和馬達一樣地在行動，在這人力生產線上一步步地推動著食物。我所在的地方是個餃子廠。

在這廠房中，才沒有閒工夫小心地把餃子捏緊，就好像我跟王主任委員學來的那樣。這些大量生產的餃子從裝餡、按壓到包緊，只消數秒光景。我嘗試包餃子時，曹姊盯著我的手勢。她不很高興廚房裡來了個外人，尤其是這外人又笨手笨腳。我的餃子好像在戰場上受傷的軍人，爆裂開來，把餡灑得到處都是時，她沉下臉來。

有天下午，她再也受不了，走過來將我推到一旁。「妳包的跟我們的不一樣。」她冷冷地說，接手包起我還沒包好的餃子。

她把一張餃皮放在手心上，用一根木棍將一坨餡擱在皮上，而後將皮對折成半圓，拇指和食指往餃皮邊緣一掐，一轉眼就包好一顆餃子。她一鬆手，那餃子落下，形狀好像一顆長了翅膀的乒乓球。

「做每件事都要有方法，對吧？」她以實事求是的語氣說。我那些被退貨的餃子留在案板的盤子上沒人動，嘲笑著我。

我有個想法：與其練習包餃子，結果包出會驚嚇社會大眾的玩意，乾脆花錢把自己包的餃子買下來。即便是曹姊也不能表示反對。

包餃子的動作頗有點冥思的意味，我包餃子的技術也漸有進步。我放鬆下來，開始偷聽兩位包餃子工人談話的內容。這兩位看來三十多歲，都是從小城來到北京。

「妳的地太小了，」從鄰近的河北省來的那位說。她眼妝化得很濃，使得她看來像浣熊。「我們那裡，我們每一戶有七公頃地。」

「我們有三公頃，」矮矮胖胖、長得副瓜子臉的那位說，她來自華西乾燥多沙的甘肅省，那裡可說是，呃，中國的新墨西哥。

「我們的院子很大，」河北女人說。

「我們的全鋪了水泥，」甘肅女士答道。

「我們種了葡萄、柿子、棉花和花。」

「我們不種花，我們的地太小了。」

「咱倆來的地方很不一樣。」

「最近修了一條公路，拿走了我們更多的地。」

「一旦沒了土地，就只好離鄉背井到別地方討生活。」

「所以人們就進城做買賣了。」

「可是賣東西的時候，腦子閒不下來呀。」

「我喜歡做買賣，我以前賣帽子和鞋子。」

包餃子工人在餐館的位階上，一般處於低階，地位比洗碗工高一階，比女服務員低一階。老闆娘按一般習慣，一個月讓包餃子工人休假兩天，每月工資一百美元，外加供膳宿，她似乎認為這樣的待遇很優渥了。「多給人一點錢，讓人開心，何樂不為？」她說。不過，那待遇委實不怎麼樣，她在其他地方也很苛扣。員工午餐的內容一般是米飯、豆腐和就快腐爛的白菜，難得吃上肉。老闆娘不讓工人吃她們自己包的水餃，她覺得給員工吃這粗食，太奢侈了。工人來自四面八方，從華北沿海地帶到內陸沙漠地區都有，就是沒有北京本地人。大多數北京人不願意幹像包餃子這樣低微的差事，他們認為那是民工的活兒。老闆們不是基於多元化原則而雇用各形各色的員工。老闆娘身為北京人，並不想雇用背景相似的員工，因為同質性高的員工一有什麼不開心，比較容易團結起來表示不滿。

有天下午，老闆娘衝進包餃部。餃子出菜的速度太慢了——有桌客人等了一個小時。上桌的餃子有的破皮了，還有一份少了五顆。

「哪個是甘肅來的？」老闆娘嚷道。

那胖胖的甘肅女人那會兒正在水槽邊上洗盤子，聞言舉起手來。

老闆娘開始厲聲叫罵。

「為什麼怪我呢？」甘肅女士問。

「一定是妳的錯，因為妳是甘肅來的，甘肅人聽普通話都聽得似懂非懂。」老闆娘說。

曹姊清了清喉嚨。「說實話，錯不在她，是那邊那兩個。」她往房間另一頭一指，說。

雖然曹姊舉手指向的兩個人離我老遠，我卻忍不住疑心是我的不是。說到底，我每包兩顆餃子，就有一顆會裂開。

由於生產線的工作速度很快，我很難有機會多認識認識這些包餃子女工。但是胡桂蓉，也就是來自河北的那位女士，仍脫穎而出。她常常一邊擀著餃子皮，一邊發著呆，一臉神往的表情。偶爾，我抬起頭來，會看她正盯著我瞧。當我們四目交接，她害臊地笑了笑，調開目光。

胡桂蓉有一頭鬈曲的長髮，嘴唇薄薄的。我仔細端詳，發覺她塗了好幾層睫毛膏和深色眼影，才把自己的臉化成像戴了面具一樣。我猜她年輕的時候應該很漂亮，可是如今歲月已在她臉上添了滄桑。有一天，我們在擀皮、包餃子時，我向她問起陌生人之間會聊到哪些不傷大雅的問題，除此之外，我也不知該如何打破僵局。她結婚了嗎？有沒有小孩？

她眼睛看向別處，尷尬地說：「我結過婚，有一個孩子。」然後低下頭，沉吟了一會兒。「以後再跟妳說。」

另一天下午，她輕聲說：「聽說妳是美國來的，妳信不信基督教？」

我告訴她我並不信教，不過有些親戚信。

我們包了幾客餃子後，她悄悄地說：「我是基督徒，可是老闆娘星期天不放假，我不能上教堂。」

後來，她問我有沒有去過臺灣。我跟她說，我有很多臺灣親戚，我設法每年到臺灣一次，到臺北探望我的祖父母。「真的？」她說，「我一直想去那兒。」

我們談話都是有一搭沒一搭的，一個人才開口說了什麼，一連串的點菜單隨即如雪片般飛來，等到下一回可以歇口氣時，再聊個幾句。兩次你問我答，三批餃子，事後添個一句話，另起話題。

這樣斷斷續續聊天數日後，有天午班結束時，胡桂蓉跟著我走到餐館外頭。

「我想解釋為什麼我沒跟你多講我家裡的情況，」她說，「說實話，我離婚了，我丈夫是警官，可是他從來就不回家，他在外頭有女人，我再也受不了。我跟他離婚，不得不搬出來，兒子的監護權歸他。所以我就離開了，廚房裡沒一個人知道這事。」

離婚在中國日漸普遍，可是中國社會重視家庭更甚個人，離婚這事仍算是污點，對女性尤然。在中國，離婚後，往往是丈夫取得兒女監護權。

「我有好幾位朋友都離婚了，」我說，「沒事的。」

我們走向十字路口時，兩人又沉默無語，場面有點尷尬。

「我暫時就只想說這麼多，」胡桂蓉說。我們彼此道別，我在街角轉了彎，走向我的住處。她走回餃子館，跟著又得上晚班。

我在餡老滿工作的時間不長，反覆做著同樣的事讓我心情沮喪，胡桂蓉在那兒也沒待多久。

「我再也不要在餐館幹活兒了，」她一辭職就對我說，「太苦了，一個月只休假兩天實在太少，隨便什麼人都可以幹，這差事老是人來人往，太資本主義了。」

從那以後，我和胡桂蓉零零星星偶有聯絡。她沒有手機，而且老是出門在外。她說她得去南方辦點事情，但並未進一步作詳細說明。我把我的手機號碼給了她，她偶爾會打個電話來問：「妳還記得我嗎？」

過了好一陣子，耶誕節前夕，我和胡約好在北京市中心的崇文門教堂碰面。華人基督徒在教堂門外大排長龍，等著上一批信徒作完禮拜出來，隊伍蜿蜒足足有四百公尺長。胡桂蓉稍早已作過禮拜，我們倆都不想站在刺骨的冷風中。我們躲到一個賣點心的小棚子裡，我點了兩份肉夾饃，那是種華北的特色點心：熱麵饃夾著碎豬肉、辣青椒、芫荽。有那麼多人等著進教堂，真教我驚異。「這裡的人可不會把宗教當成平常小事，」胡桂蓉說。她穿著泡泡的綠外套，戴了頂黑色棒球帽。她塗了睫毛膏，但未抹眼影，她妝越淡，人反而越漂亮。

我們坐下來吃東西，胡跟我講起她的經歷。她是在二〇〇一年成為基督徒的，那年她離開家鄉，到了福建省。她在那兒認識一位女性基督教徒，後者待她如妹妹。

「我以前信佛教，一直很虔誠，不過我喜歡基督教，是因為這好像比佛教要現代化。」她說。這是典型的中國式思考，凡是西方的想法就表示進步，而中國想法就代表傳統。

胡在福建不但接觸到基督教，也發覺前往外面世界的可能性。福建一帶是惡名昭彰的人口走私重鎮，她認識一些「蛇頭」，後者保證可以替她安排和臺灣人假結婚，這麼一來，她便肯定可以拿到簽證前往臺灣。

「聽說臺灣又現代又進步，一個月掙得到六千港幣。」她說，「我想到比中國自由的地方。」

胡也盼望遠離她的過去，她的前夫逐漸縮短她和兒子講電話的時間，他再婚後，新婚妻子更索性禁止胡的兒子跟她通話。二〇〇三年，她拿出在福建賣水果攢下的錢，付了六千五百美元給蛇頭，安排她和一個五十歲的臺灣鄉下男人結婚。「他很土，」她說，「土」的意思是指對方很「粗野」。「我們通了電話，他講的方言我根本聽不懂，不過我覺得無所謂。」

她付了錢以後，蛇頭說，事情沒談妥，可是始終沒有把錢退給她。我好不容易忍住，沒有對她講起在我看來這整件事情中好幾項可疑的細節。我並未告訴她，臺灣有自己的貨幣，所以蛇頭談到薪資時用港幣為單位，很奇怪。我沒有告訴她，我在臺灣碰到的每個人都能說讓人聽得懂的國語。我也未指出，事前便付款，實在太不智。我想胡桂蓉並不會感激我事後諸葛亮。

她又被騙了第二次、第三次。第二個男人據說是個殘疾人，需要討個老婆來照顧他。第三個是個大胖子；她在一家旅館同這人相了親，後來事情卻吹了。她前後一共花了二萬五千美元。

「我離開餡老滿後去南方，就是為了這個，」她說，「我想看看能不能討回一點錢，可是他們說不可能。」這件事沒有辦法在法律上討個公道，胡桂蓉說，她終於不再指望出國了。

我在餡老滿多少遭到壓抑後，在夏季將近尾聲時重返張師傅的小店，心底充滿期盼。雖說張師傅做的事和餃子工廠差別並不大，但至少還挺有人性的，而且他是自己的老闆。

我發覺孩子已經不在店裡了，張師傅告訴我，夏天快過完時，他和孩子的關係變僵了，他再也受不了她的笨手笨腳，午餐時段正忙時，廚房裡熱得冒煙，她卻往往兩眼一泡淚，一副快哭出來的樣子。張師傅的妻兒快回鄉了，張太太得回家鄉照顧即將上中學的女兒。此外，張太太不喜歡北京，這兒污染太嚴重，他們住的那房間又悶又熱，讓人沒法好好睡覺。「就連在晚上，牆壁都是熱的，」她說。

「妳不會想念妳丈夫嗎?」我問。

張太太咯咯直笑，就像個小女生，被人家問到心裡在暗戀著誰。接著，她聳聳肩，「咱們習慣了，都老夫老妻了。我十八歲時認識他，二十一歲嫁給他，二十二歲就生了老大。」她鼓勵張師傅進京闖天下，掙錢寄回老家，在鄉下，人沒有足夠的機會可以「發展自我」。

她毫不浪漫的態度並未令我感到意外。張師傅回過山西老家幾次，除了這幾次短暫相聚，這一對夫妻相隔兩地已經八年了。有時候一天下來，張師傅在廚房裡跟我講話的次數，還多過跟他老婆，她好像也沒放在心上。我聽過他對婚姻的見解，「結婚沒啥好處，太麻煩了，」他說，「別結婚。」不過我懷疑，他話是這麼說，但在私底下，這對夫妻倆也有你儂我儂的時候，這個念頭後來得到證實：在張太太回山西後，有天晚上，我不經意聽到張師傅輕聲細語地跟他太太打手機。

妻子離開北京後，張師傅在考慮，是不是還要繼續在食堂裡埋頭苦幹。他的生意不賺不賠，三個月為一期預付的房租過幾天就要到期，有兩三家餐館願意雇用他。如果他放棄麵攤，接下穩固的工作，就可以攢下原本需付的房租，拿去繳女兒的學費。

另外還有個機會在醞釀中，張師傅在御膳的老同事老王想要同他合夥開館子，老王四十來歲，有副標準的北京人長相，額頭寬，眼睛大。他理了個平頭，身材像足球員一般精壯結實。他在御膳幹了二十多年，一路升到高級主管職位，卻在新的領導班子上任後不得不下崗。不過，他跟張師傅和小秦不一樣，因為工作得夠久，所以有退休金。

有天上午，我看到張師傅倚在櫃檯上翻閱刊載分類廣告的《手遞手》報紙，老王則坐在麵攤附近的一張桌子旁。

「你看這地方有多大？」老王掃視食堂，問道。

張師傅估計這裡約莫有三千平方呎。他們倆都同意，不需要這麼大的店面，張師傅用手指著報上一個小廣告，兩人瞇著眼端詳那一塊啟事。「這一個說是有七百平方呎。」

張師傅回廚房查看爐頭。「他不懂得作生意，」老王對我說，「他沒有長程眼光，只看到如果今天得花這麼多錢，最好就得掙到這麼多錢，能多掙一點敢情更好。」他嘆了一口氣。「可是，他做的麵條可真是好，北京就需要這個。」

張師傅從廚房出來，抄下報上的幾個電話號碼。他遞給老王，後者戴上太陽眼鏡就走了。

「老王這人很有腦袋。」這位北京佬騎著單車逐漸走遠，張師傅語帶欽佩地說：「御膳可不欣賞這一點，所以他丟了差事。不過，無所謂，他再也不想替共產黨幹活了。」

「你信任他嗎？」我問。

「沒事，我是民工，只要他信任我就成了。」

張師傅又說，他當初開第一家店時，老王借給他一千二百美元，我頭一回吃到他的麵條，就在那家小店。雖然在中國向親友借貸是司空見慣的事（銀行難得核准小本經營生意的貸款），張師傅還是很驚訝老王居然會伸出援手。「我問他：『你不怕我會捲款潛逃？』他對我說，他知道我這人可以信任。」

張師傅自認是次等公民一事，令我想起當天早上搭出租車到麵攤時，經過一條名叫「左安路」的破落老街，路上滿地垃圾，店面招牌盡是腳踏車、手機和色情業廣告，一間間點著粉紅色柔光的房間裡，坐著穿著緊身衣裙的女郎，房間外頭有理容院的條紋柱為標誌。一天二十四小時，隨時都可來此買春。

「您瞧瞧這地方，」司機嘟囔著說，「全是民工，瞧瞧這兒有多亂哪。」

「您不喜歡民工嗎？」我問他。北京人往往把一些小罪行和其他社會問題，都怪到民工頭上，這就跟美國人認為一大堆問題都是合法或非法的新移民的錯，是同樣的意思。

「沒啥不喜歡的，」他說，「他們就是素質比較低。」素質二字又出現了，他說著說著，有輛腳踏車在他車前突然轉了彎，司機急踩煞車，猛撳喇叭，那喇叭聲不必要的又長又響。「您瞧，就是個民工。」他搖搖頭，冷笑一聲說道。

張師傅在一年內三度嘗試創業開店，十九歲的小秦則是想辦法維持溫飽，她已和在御膳時期同時受訓的朋友散夥，自力更生。她通過四川同鄉的關係，在城裡另一頭的一家粵菜館，找到服務員的工作，一個月工資為一百美元。

我帶了一本中文版Elle雜誌送給她。「瑪丹娜，」她唸出封面女性的中文譯名。她從未聽聞瑪丹娜大名，也沒聽說過小甜甜布蘭妮。她喜歡華語流行藝人，講出一串名字。就像她耳中的瑪丹娜或布蘭妮，這些名字在我聽來也是一片陌生。

「咱們去吃飯吧，」她說。她帶我到一家湖南家常小館子，點了「毛血旺」，這道菜並沒有毛，但也夠奇特了：辛香豔紅的湯汁裡，有牛、豬的內臟和血，還有木耳。內臟讓菜餚吃來味重又厚實，我們把菜澆在白飯上，調和一下滋味。腸子的味道有點臭，不過我覺得這道菜比預期中可口。

我問小秦，新生活還適應得過來嗎。

「我知道事情總歸會成的，」她語氣爽朗地說，「我適應力很強，從第一天晚上起就睡得很好。」

可是我們吃著吃著，小秦似乎越來越不敢那麼篤定。她原來打算攢錢存學費，補習導遊課程，這會兒卻說不準要不要這麼做。她不知道要不要待在那粵菜館，可是又沒有多少選擇。她和御膳的關係太緊張，沒法吃回頭草，她也不願意回四川，因為那兒的工資比北京低。她說，她正考慮去深圳，小秦的母親在她十一歲時就離開四川，目前在華南這個新興都市工作。

我們吃完飯，我還來不及掏皮夾，小秦就埋了單。我好難為情，追著她在餐館裡四處跑，想把錢塞進她的口袋裡。小秦邊逃邊咯咯笑，好像在玩抓鬼遊戲似的。

「妳改天再請我吧。」她說。

小秦要再過一會兒才需要回餐廳上晚班，我們還有一點時間，就順路到她租住的賓館，她在那兒租了一個鋪位，一晚一美元。她的房間在地下室，從一樓走下一截樓梯就通到一條幽暗、狹窄的走道。地下室又黑又潮濕，每扇房門都沒有鎖。我看到左側有位婦女，懷中抱著娃娃，她右方有一群男人，無所事事，那房間沒有窗戶，煙霧繚繞。小秦的房間擺了上下舖的床位，共四架，一部小電視開著，傳出嗡嗡的聲響，房裡有三個女的正在睡午覺，小秦剛認識她們不久。

儘管眼前景象如此淒涼，小秦仍是一副快活的神情。

兩星期後，我收到小秦的手機短信：「我正在往深圳的路上，有空的話，會回北京看妳，要不請妳改天來深圳看我。」我當時恰巧在香港，剛參加完朋友的婚禮，從那兒只需要搭短程火車就可以到深圳。我決定第二天就去找小秦。

位在華南邊境的深圳在二十年間從小漁村蛻變成現代都會，是政府最早准予發展市場經濟的地區之一。不少社會弊病隨著資本主義而來到，犯罪和賣淫業猖獗。我幾年前到深圳時，遇到好些粗暴的拉客黃牛和騙人的出租車司機。不過這一回，我通過證照檢查和海關，訝然發覺眼前是嶄新的行人徒步區，道路兩旁林立著閃閃發亮的建築物，還有華麗光鮮的新地鐵站的入口，以及一面巨型的「雅虎」廣告看板。

小秦和我在時髦的旅館外面碰頭，她剛到深圳還不到二十四小時，穿著牛仔褲、套頭衫和運動衫，深圳是亞熱帶氣候，這樣穿委實太熱了。她用香蕉夾將頭髮綰在腦後，看到我的時候，加快腳步，黑色鞋跟踩在人行道上叩叩作響。

小秦解釋說，她是一時心血來潮離開北京，新的差事太累人，沒有同班同學作伴，很寂寞，加上小朱又在深圳等她，她說著，朝一個胖胖的小伙子比了比。這年輕人連同另一個男人正衝著我們走來，他有張白白的臉孔，胸膛寬而圓。小朱和小秦是初中同學，雙方的家長也有交情。他曾從軍兩年，駐在新疆，新疆位在中國西北部，靠近中亞，一大部分人口是回族人，他們對中國的統治仍心存提防。小朱退伍以後，回到深圳，小秦回老家過農曆新年時，和他不期而遇。

「他是妳男朋友嗎？」我悄悄問她。

她遲疑了半晌，說：「嗯，他得證明他能夠照顧我。」

小朱的朋友小傅也是四川人，兩人當兼職卡車司機，把深圳工廠製造的電腦零件、皮包和衣服載運到運輸站。他們住在市郊，對我們眼下置身的市中心區並不熟悉。我們侷促不安地在酒店前面站了一會兒，商量要做什麼。

「你們一般都去哪兒玩？」我總算開口問道。

「找間房唱歌，」小朱說，他指的是ＫＴＶ。

我們決定搭出租車回小朱和小傅住的那一區，我們一路行去，建築物外觀越變越灰暗而單調，市容也越破敗。我們轉進蓮花路，路面坑坑疤疤，到處是垃圾。神情呆滯的女人穿著短篷裙、馬靴和鬆垂的褲襪，四處晃蕩。就在深圳聳立於邊界的虛飾表面後，我所記得的那個城市依舊存在。

我們到一家餐館，小秦先用熱茶沖了沖碗盤才准我們用來盛東西吃。她點了她最愛吃的四川菜色毛血旺，跟小朱和小傅共享。我點了幾籠粵式點心。我們舉筷用餐時，小秦很中國式地開起小朱的玩笑。

「他好胖。」

「他沒有很胖，」我說，「起碼，以美國標準來說，不胖。」

「美國是不是每個人都有槍？」小朱問。我回答說不是後，他還有其他問題。是不是有種族歧視？氣候怎麼樣？男人是不是穿牛仔褲？所有的男人是不是真的都有一頭鬈髮？

我回答說，不是所有的男人都有一頭鬈髮。他為什麼不問女人是不是都有鬈髮呢？

「呃，我注意到妳的頭髮並不鬈，」他說，停頓半晌，「聽說男人很狂野。」

「狂野？」我問。

「對，隨時都可能動手打人。」

他繼續問下去，「我聽說在美國光是洗碗就可以賺很多錢。在美國，一碗粥要多少錢？三美元？真的？在中國，這個價錢可以吃上二十碗……」

我必須當天下午回香港趕搭返回北京的班機，一路上，我忍不住在為小秦擔心。她並未告訴母親自己已來到這個陌生的南方城市，雖然她母親在深圳住了十幾年，那卻是小秦頭一回到那兒。他們一家數口分散各地，每年只有農曆新年時才回華中的四川老家團聚。小秦數月前回四川過年時，花了二百美元買禮物，其中大半是她的儲蓄，她買了香菸、酒、糖果和維他命，送給親朋好友和鄰居。「等稍微安定下來，我會告訴我母親我來了，她知道我辭了差事，為了一個男孩來這兒，會不高興的。」這個想法也教我擔憂，小朱看來是好人，小秦也教我放心，小朱一定會幫她找份像樣的工作。「他不會讓我到工廠作工，」她說，「他有很多門路。」可是，我對她生活遽然出現許多的改變而憂心忡忡，她萬一懷孕了，怎麼辦？

分手前，我把小秦拉到一旁，衝口就說：「你們有沒有用保險套？」

「這話怎麼說？」小秦問，那一臉莫名其妙的表情，如假包換。跟著，她臉一紅，「哦，沒有，我們沒幹那事。我們首先得搞清楚我們的關係。」

我清了清喉嚨，「嗯，假使你決定做了，要用保險套，好嗎？」這是我頭一回對別人講解這種事情，用中文來講更是加倍困難。

結果，小秦很難在深圳的餐館謀份差事，因為許多業主要求新雇員繳交保證金，確保新人不會突然辭工不幹。小秦繳不出這筆錢。

有天下午，她發手機短信給我，附上電話號碼。「就說找二號，」她寫道。我打電話過去，發覺那裡是理髮院，小秦在那兒給男客人洗頭，月薪一百二十美元。她說，她下午三點上工，下班時，我八成早已上床就寢。店裡很吵；我聽得到有人用四川話在大聲叫嚷。

「妳想不想回北京？」我問。

「想是想，可我得先多掙點錢再說，」她說。她提到她跟小朱不愉快，「我替他準備洗澡水，他卻還是批評我，」她說，「不過，起碼他沒動手打我。」

我們掛電話前，她說：「妳保重。」我只能對她講這同樣一句話，除此之外，無計可施。

張師傅的妻兒即將回山西前，我到張家位在北京東南郊小武基的住處去拜訪他們，從那兒騎腳踏車到麵店要半個小時。那一帶到數年前還是農地，如今則是倉庫區。

張師傅沒法給我明確的住址，因為根本就沒有住址。計程車載我到一座橋頭，張師傅約好在那兒接我；這一帶看來幽暗又荒涼。我到處見不著他的人影，有幾個人在公路邊上的公車站附近徘徊。司機很好心，讓我坐在車裡等。

「這一區很亂，」他說，「太多民工了，小心，你認得要碰面這個人嗎？」

過了好一會兒，張師傅騎著腳踏車過來了。他謝謝司機在這兒等候，計程車駛離後，他拍拍腳踏車後面的載物架，「我載妳好唄？走路太遠了。」他說。

我爬上載物架，側坐就位。張師傅加速騎車時，我的雙腳在車的一側晃蕩，頭部與上半身卻突出於另一側，我竭盡所能保持身體平衡。我們行經一處熱鬧的街坊；有人在一列好幾張的露天撞球檯側打球，路旁的餐館在店外架起塑料桌，客人桌旁吃喝，這些餐館供應中國各地方的飯菜，招牌上寫著四川小點、哈爾濱特色菜和山西麵點等等。

「妳有沒有看到那地方？」我們呼呼駛過最後一面招牌時，張師傅問我。「一大堆的顧客，山西菜在北京肯定有市場。」

我們來到一條幽暗的寬馬路時，我緊張了起來。一輛輛大型藍色卡車緊貼在一旁，不時換檔，從我們身邊駛過，絕塵而去，張師傅盡量靠路邊騎，卻仍不免畏首畏尾。我雙手交握，環抱張師傅的腰。我們經過一排倉庫，招牌上寫著「北京市海運公司」。張師傅說明，從前進口貨物要先送來這裡檢驗過後，再運往全國各地。

我們轉進一條泥土路，在一片漆黑中前進了一分鐘，我才看到有幢又長又窄的樓房隱約露出燈光，那樓房被分隔成一連串湊合著住的臨時居所，令我想起美國的自助倉儲中心。張太太自其中一個單位走出來，那兒的空間不比單輛停車庫大，每個單位的正面並沒有鐵捲門，而開了一扇房門和窗戶。

屋裡懸著一只黯淡的燈泡，燈下有一口煤爐、水槽和硬板雙人床，張家夫妻倆和兒子就睡在這裡。張師傅掛了一張框起來的觀音像，給這屋裡添加一絲僅有的個人風味。張太太以前埋怨得沒錯，屋裡真的很熱，戶外的天氣卻已經涼下來了。這下子我明白張家三口為何在食堂都打烊了，還在那兒待到很晚，食堂可比這裡涼快多了。

張師傅點起蚊香趕蚊子。他說，他們一位鄰居也不認得，因為其他人跟他們一樣，都是民工，暫時將就著住在這裡，要嘛幾星期，要不幾個月，接著又連根拔起，隨著新工作搬遷至他處。

張太太闔著眼躺在床上。「她腿不舒服，」張師傅說，「站久了腳就腫，她的氣不對。」

兒子在床的另一側，打開棋盤，正在排棋子。我跟他下了一會兒棋才告辭。

過了幾天，張太太和兒子收拾幾樣細軟，回到山西。

張師傅在食堂最後一天，我又去看他，那天他湊巧在那兒賣麵滿百日。他還不確定自己關店以後要做什麼，卻已肯定這盤生意倘若只做得到不賺不賠，留下來也沒有意義。一如張師傅和小秦，我自己也奔波不定，再過幾星期就要去上海，到外灘一家高檔餐廳見習。我告訴張師傅，在那兒吃頓飯，一個人消費可高達一百美元，他聽了大笑著說：

「他們想騙誰呀？是有錢的中國人還是外國人？」

廚房已經清理得差不多了，冰箱已經清空，只剩幾斤麵粉尚未處理。

「這是您最後一次有機會吃我的麵條了。」午餐時，張師傅不斷對川流不息的熟客說。他把一碗西紅柿雞蛋麵端給一位女客，後者天天都穿著同一件綠色園藝圍裙。

「你有什麼打算？」她問。

「不知道。您是要堂吃還是外帶？這是您最後一天吃我的麵條，最好還是在這兒吃唄。」

她端過麵碗，在大食堂裡坐下。

「要是不夠鹹，我可以替您多加點湯。」張師傅朝著她喊道，但她呼嚕有聲吸著麵，似乎在發呆。

另一位熟客按老規矩，點了一碗豬肉滷刀削麵。我提議由我來削麵，張師傅卻搖搖頭。「他吃的麵條得很薄才行，他身體有毛病。」張師傅一邊說，一邊指了指自己的橫隔膜。

尖峰時刻快結束時，他坐在櫃檯後的凳子上歇歇腿，他腳上穿的是黑布鞋，支撐力不夠。他臉上有很深的黑眼圈，兩隻臂膀和手掌瘦骨嶙峋、青筋畢露，手腕腫脹。

「我不後悔，」張師傅說，「日子過得真快。」

他決心加緊努力，說不定跟老王合夥，也說不定自個兒來，另起爐灶。他堅持非得成功不可，絕不回御膳。「何必替共產黨幹呢？我應該為自個兒幹。」他說。

最後一位顧客吃完麵，來櫃檯付帳，張師傅彷彿為孩子感到自豪的母親，一臉微笑。「您整碗都吃光了，是唄？」他問。他清點、算好帳後，關掉廚房的燈，端了一碗自個兒煮的麵到食堂，駝著背，唏哩呼嚕地把麵條吃個精光。

第二道小菜：割稻

旅遊指南說，坐落在群山環抱當中的平安村那山脊隆起、高低錯落的地貌景色，就好像龍的脊背。我卻覺得每座山峰比較像是結婚蛋糕，層層疊疊，盡是好幾百年以來農民在山上鑿出的梯田。時值秋季，稻子熟了，長長的稻稈已從翠綠轉為金黃。

我是為割稻而來到平安，稻米是華南的主食，我小時候就一天到晚吃米飯。我也希望自己能在蒼翠的梯田間喘口氣、休息一下。比起煙塵瀰漫的北京以及我所知生活步調急促慌亂的上海，廣西相對開發程度較低。我先搭機飛到觀光業發達的桂林，轉搭公交車。公交車一路往山上爬，每經過急轉彎處，車身就向一側傾斜，車內擴音機播放著節奏強烈的電子音樂。最後一哩路得步行，我邊走邊後悔自己決定帶行李箱，沒背雙肩背包。我還在北京時，忘了平安村並沒有公路。

沒有公路就不可能把割稻機運來村裡，而在中國其他地方，越來越多農民改用機器割稻。七百年以來，平安村的農民始終靠人工收割稻穀。我從下榻的賓館欣賞梯田風光好幾天，第一場秋雨延遲了收割，大雨傾盆而下，偶爾雨勢才變小。後來，政府又通知農民壓後數日再割稻，因為有位貴賓、臺灣國民黨主席連戰將參訪梯田。

不是人人都跟我一樣期盼收割之日快來，因為一旦農民割完稻子，平安就失去丰采，從而失去觀光客。春天，當新的稻季展開時，美景和觀光收入才又會回來。農民先播種，放水到田裡，山邊頓時水面如鏡，一塊塊如馬賽克一般。

因此，農民耐心等待，他們喝啤酒和白酒，看電視連續劇，要不就打麻將。每天清晨破曉時分，雞鳴不已，我住的民宿樓下開始熱鬧起來（這民宿不僅供應早餐，也供午、晚餐，中國鄉間旅宿皆如此）。房東廖嬸像放連珠炮一般，在跟親戚聊天；廖叔在我窗下的後院裡鋸起竹子。這些聲音飄上我下榻的二樓房間，我懶洋洋地賴在床上。我沒有任何例行事務待辦，不必忙著騎腳踏車上市場、下廚房，閒得很。

「妳待膩了嗎？」負責打掃做雜務的小蘇每天都問我。說真的，不膩。眺望著層層盤繞直上的梯田、如霓虹燈般閃閃發光的綠色和黃色稻草，還有與雲霧中灰濛濛的天空幾乎連為一色的遠山，實在令人神清氣爽。

我待在這兒的第五天，貴賓來了又走了，第六天是陰天，不過雨停了。今天要開始割稻。

我恨不得馬上出門到田裡去，但是廖叔、廖嬸讓我坐下來，跟他們的親戚一同慢悠悠地吃早餐。我們繞著木頭大圓桌，蹲坐在板凳上。我右側的農夫給了我一杯酒，此人已喝了酒，滿臉通紅，右眼下垂；這一帶的人一天三餐都喝酒，早餐也不例外。他盛讚新蒸餾好酸梅白酒的好處，但我只肯喝啤酒，農夫則在杯子裡斟滿了酒，舉杯敬酒。接著我們舉箸，從桌中央那口電火鍋裡夾菜。

村裡人三餐都吃火鍋，作法相同，只是天天鍋裡材料有所不同。今天的火鍋加了臭豆腐、辣椒和整條的乾鳳尾魚來提味。村民先吃豆腐和魚，然後停下來以碗就口，喝點湯。臭豆腐的味道得經過一段時間才能習慣，吃來質地有彈性，帶有強烈的「陳腐」味，跟陳年的藍紋乳酪不能說不像。白酒和臭豆腐可說是中國農民的葡萄酒和乳酪。

我帶著啤酒造成的微醺酒意，隨著廖大叔走進一排排、漫無止境的稻子當中，我們走在田間兩呎高的石砌田埂上，這樣才不會踩進田裡的泥水。講得精確一點，廖叔的確是走在田埂上，我則是腳步不穩，在不比平衡木寬多少的石堆上蹣跚而行。酒精對我可沒好處。

我們在比田裡他處稍微乾了一點的地方停下腳步，這裡的稻稈長到有我的腰那麼高，稻稈越往上長色澤越金黃，結著稻穗。廖叔的姊妹和她的丈夫，手拿著鐮刀，已經在幹活了。他們兩人各抓住一大綑稻稈，快速砍個兩下，就割下稻子。廖叔遞給我一把鐮刀，好重又不好拿，就像我從前拿菜刀的感覺。我想模仿他們的動作，蹲在田裡，稻稈剎時像變高了，環繞著我，我彷彿置身叢林。我揮動鐮刀，砍向一小叢稻子，以為應該不費多少力氣便可將之砍斷。可是鐮刀卻卡進稻稈中，我不得不鋸呀鋸的，才把刀抽回來。稻草不時戳到我的眼睛。

「想不想打穀呢？」廖叔邊搖頭邊問。他簡直搞不懂我何以迫不及待要參與割稻，可是他人很好，還是滿足了我的心願。

當天稍早割下的稻子吊掛在田邊，晾乾。農夫在一塊已收割完的田裡推著一口長形的木板箱。廖叔的姊妹身高約一百五十二公分，體重不超過四十五公斤，她舉起一大紮稻草到肩上，活像手裡拿著的不過是一根球棒，跟著一揮，把稻稈擊向木箱內側，如此一揮再一揮，稻草上的東西便如雨點般落在木箱裡，有瓢蟲、甲蟲和包在褐色稻殼中的稻穀。

廖叔的舅子看著我嘗試。「不壞，」他說。

「你快多了，」我說。

「比不上機器快！」

廖叔說，每位農民平均一天可以打三百磅的穀子，足夠一個人一年的食用量。我們四人在一個小時中，打出了半箱的穀子，在我們的周遭，氣味比剛割的青草還濃烈的穀殼隨風飛揚。我打起了噴嚏，喉嚨癢了起來，早上的酒意未散，我依舊覺得頭重腳輕。幾位農友哈哈大笑。

「我們全都會有點過敏，」廖叔說。他有個偏方：「你呢，把豬血和牛血混在一起，做血糕。」

我回過頭去割稻，一路砍劈，直到來到這塊長三百呎左右的田地盡頭。我心裡大樂，抬頭一看，卻見一塊塊田地綿延直到天邊，田裡稻穗纍纍，數不清有多少塊田。我心想，拿白酒來吧。

廖叔和他舅子整個下午扛著一袋袋百磅重的穀子，往返田間和村裡。第二天只要不下雨，他們就會把稻穀鋪在水泥地上曬。接著送至雜貨店，倒進一具龐大又古老的金屬器械的漏斗裡，機器篩出稻殼，殼如巨浪翻飛，一粒粒脫殼的米順著導槽流洩到地上。

割稻一直是平安村的大事。往年，農民的生計全靠稻米，村民以加了南瓜和芋頭同煮的米飯維生。稻米也是貨幣，廖叔的兩個兒子還小時，每人每星期扛上七磅重的米到學校，權充學費。不過，過去這十年來，稻米有了不同的意義。梯田成為有利可圖的觀光產業的背景。廖家忙著照料賓館和餐廳，難得下田，他們從鄰村雇用貧農代為耕田。廖家和平安村其他農民也將割稻日子推遲兩、三星期，以便十月前來觀光的遊人看到的是稻田風光，而不是收割過後光禿禿的田地。大多數中國人在十月的第一週休假，紀念共和國成立之日。他們以資本主義和消費主義精神慶祝國慶，要嘛出外旅遊，要不就大手筆地花錢。有不少遊客在這段期間蜂擁而至平安。

廖叔自中學畢業後即務農，一九八〇年代間，他離開村子，往返於湖南、廣東和海南島之間，作茶葉買賣。公元二千年，他聽到消息說，老家的房子和村內另外二十幢木造房屋被火燒毀了。他回到平安，發覺這地區有觀光潛力，於是重建住屋，開起賓館。

廖叔現年四十多歲，他有張娃娃臉，常常戴著一頂棒球帽，穿著運動衫，看起來很年輕。他幹日常事務時，老是沒精打采，活像個心不甘情不願在做家事的青少年。廖家的兩個兒子年紀都是二十來歲，還住在家裡，不過兩人既未在賓館幫忙，也不下田。廖嬸解釋說，她和丈夫都不大敢勞煩兒子，怕他們會搬離家裡到城市去。

廖嬸長相秀麗，笑口常開，一頭長長的鬈髮梳成辮子，垂在腦後。她跟村裡幾乎所有女性一樣，個子也不高，這讓身高不過一百六十三公分的我，自覺像個巨人。她跟其他婦女不一樣的是，已不再依習俗頭纏質料如毛布巾的花帕，不過還穿著傳統的大裙子和滾著寶藍邊的黑褲。

平安村民屬於少數民族壯族，由於群山環繞阻隔，壯族人好幾百年以來與世隔絕。他們的長相雖與佔中國九成多人口的漢人沒有多少差異，語言聽來卻跟普通話完全不同。村民跟我說，壯族語言和泰語相關，不過並沒有書面文字。普通話如今已取代壯族語言，小孩在學校學漢語，大人則向觀光客學會了講普通話。不過，老一輩的族人仍有不少只會講壯族語言。

八百人口的平安村有如一個大家庭，每位村民都姓廖。廖家夫婦倆跟村裡許多夫妻一樣，生在平安，但是來自不同的部落，這樣就可避免近親通婚。

直到一九七〇年代前，最近的公路還得走三小時才到得了。八〇年代時，政府在距村裡徒步一小時的地方修了兩線公路，到了一九九七年，北京指定平安村為旅遊發展區，公路被拓寬了，在陡峭的山坡蜿蜒而上，蓋了停車場，步行到村子二十分鐘。我就是在那兒下公車，跟其他來到平安的遊客一樣，我也得付入村費。山下樹立了大門，公交車在門口暫停，有位售票員跳上車，凡是看來像遊客的，一律得繳交六美元門票費。售票員說，我在村內停留期間，得隨時帶著門票。

廖家的賓館就建在山邊，他們在山坡底下還開了餐館，面對著村裡的幹道。每天早上，夫婦倆打開餐館用鉸鏈相連的牆板，讓過路行人可以一覽無遺地看到裡頭的景象。用餐區位在高腳樓上，突出於山邊。透過長條木地板的間隙，看得到落差很大的陡坡，我走在嘎吱作響的地板上時，設法不要想起中國大多數的工程都偷工減料。

廖家夫婦讓我用廚房，那廚房面向一片竹林和梨樹林，遠方還有稻田。可惜的是，兩位房東為了彌補自認本地環境過於落後之不足，增強卡拉ＯＫ的音量，走音的歌聲響遍整個山谷，往往破壞了寧靜的氣氛。

廖家館子裡賣的是簡單的炒菜，食材來自本地。他們除了種稻外，也種番茄、番薯、辣椒和玉米。他們種的蔬果風味十足，有天早上我吃到番茄，又香又甜，味道就跟我加下去同炒的大蒜一樣濃烈。

「我們的番茄好吃，因為水質好加上不灑農藥，」廖嬸說，「樣子也許不大好看，有時候有蟲子咬，但味道可好吃了。」

稻米自然也是特色食品。我最愛吃的一道菜，裡面有糯米、切片的香腸、一點芋頭，加上兩三匙水、蠔油和醬油。這些材料通通塞進竹筒裡，竹筒是廖大叔自個兒劈的，一截約一呎長，兩頭各用玉米穗軸封緊。竹筒飯放在火上烤個半小時，烤到外層焦了，便用刀劈開，每份竹筒飯供一人吃綽綽有餘，那飯濕潤有黏性，美味可口。

廖家夫婦倆把電火鍋當成寶貝，每天晚上餐廳打烊後，他們回到坐落在上方十幾公尺山邊的賓館，把鍋子放在飯桌的電爐上。等湯滾了，大夥就舉筷開動，親戚紛紛來訪，更多的菜下鍋，有人把爐子火力調高，好讓湯再滾起來。村民像這樣挨家挨戶串門子，可以白吃白喝好幾個月。火鍋湯底例必有野菇、竹筍、薑、蔥，放什麼肉則不一定。有時是田雞，有時是豬腳，一隻隻又大又Q的豬腳使得湯面浮著油光。偶爾還會有位親戚隨手抓來一隻土雞，這些雞在村裡昂首闊步到處逛，對人毫無戒心。

有天傍晚，我看著廖家的小兒子大動殺雞，他兩手牢牢地抓著雞，揪下雞頸一部分的羽毛，把雞頭當成橡皮似的往後一扯，菜刀一劃就破了雞喉。他捉住一隻雞腳，倒拿著雞，將雞血注入桶中。雞的另一隻腳不斷踢動，直到雞血流光，大動接著把雞放進水槽中，用滾燙的熱水淋澆雞身，然後拔毛。這是我頭一回目睹除了魚以外的活物被宰，不過我並不會因此不安，那算是痛快的一死。

廖嬸通常還會再炒個兩道菜，不過飯桌上天天都有火鍋。火鍋等於是壯族的微波爐，是種讓烹調變得簡單的新用具，因此立刻就被濫用，它也減少了吃東西的樂趣，我覺得廖嬸的熱炒好吃多了，可是她說：「火鍋簡單，要是冷了，也很容易就可以再熱，炒菜比較麻煩。我們不喜歡離我們的湯太遠。」我待在廖家那段期間，只有一次飯桌上沒有火鍋，那天村子停電。

雖然稻田環繞著村子，廖家卻不怎麼愛吃米飯，他們喜歡各種肉類。我很快就發覺，在用餐時要求來碗飯簡直是強人所難。「呃，我看看有什麼辦法，」小蘇說。可是她空手而返。米被鎖在餐廳，要留給顧客吃。

廖家總是等我下午遛達回來才開晚飯，他們也會等我吃午餐，我一直到有天在村裡少數西式餐館中的一家吃完美式早午餐回來，才發覺這事。我已經吃膩了火鍋，加上廖家總有親戚來串門子，我想他們應該不會掛念我。然而當我回去時，廖叔、廖嬸加上他們的兩個兒子輪流質問，我吃了什麼？好不好吃？我要是不愛吃他們的飯菜，應該跟他們說，他們會做別的菜色。

粉絲炒番茄

2大匙蔬菜油
1小匙薑末
2小匙蒜末
3顆大的番茄，切丁
1杯冬筍丁（最好用鮮冬筍）
3朵生鮮香菇，切絲（或浸水泡軟的乾香菇）
2把粉絲
1／4小匙鹽

1大匙醬油
1大匙蠔油
把油加進炒鍋中，大火熱油半分鐘，加薑、蒜末炒1分鐘。番茄、冬筍和香菇下鍋，炒3分鐘，將火力轉為中火，炒3分鐘。另起一鍋，水燒開了以後下粉絲，煮1分鐘後撈出。把鹽、醬油和蠔油加進炒鍋中，然後粉絲也下鍋拌炒，離火，立即食用。

我在平安村最不習慣的，就是源源不絕的酒。我一天三餐都得想盡辦法婉拒勸酒，有啤酒、白酒，還有我的東道主以白酒為底，天馬行空調合出來的雞尾酒，每頓飯吃完，都是滿臉通紅，酒意醺然。廖嬸每天早上頭一樁事，就是撬開好幾瓶啤酒，儼然就像為人母者打開紙盒裝牛奶一般。

「我們以前沒喝這麼多，只有特殊日子才喝。」她曬黑的臉龐一紅，說。不過，隨著生活條件的改善，規矩也就變鬆了。「如今，這已成了我的習慣，我每天都得喝。」

有天下午，廖叔、廖嬸邀我一起去他們的一位親戚家吃午飯。那時已經兩點了，遠超過大多數漢人午膳的時間。十二位老人家和中年人圍著大桌而坐，熱熱鬧鬧地吃著飯，他們在慶祝一位年輕人在離開平安七年後，頭一回返鄉。

他們需要很多酒。

廖叔有位姊妹頭纏黃帕、戴著圈狀耳環，嘴裡鑲著金牙，她拿著一瓶白酒沿桌走，好像要滅火一樣，往大夥的杯裡倒酒。大夥以輕快的壯族語談天說地，齊聲哈哈大笑。「哦！哈哈哈！哇哈哈！」大夥都稱其為「王子」的親戚咕嚕咕嚕乾了兩杯白酒（他穿著一套白西裝）。他看到我一臉擔憂的表情，說：「放心！我們很高興！」說完踉蹌走出大門，不見人影。

來訪的年輕人和他的妻子與幼兒，侷促地坐在桌旁，一副巴不得自己消失無蹤的樣子。我也坐立不安。我專心對付雞肉火鍋，想增進我的吃雞技術。除我以外，每個人好像都可以毫不費力地把帶骨的雞肉放進嘴裡，嘎吱嚼個兩下，吐出骨頭，把肉吞下肚。這會兒大夥都高高興興在喝酒，至少不會有人對我如此笨拙說些什麼。

坐在我對面的親戚嘴上留著鬍子，他穿著「中國移動通信」的T恤，手機別在腰帶上，他弓著背坐在椅上，吃力地想要抬起頭來。他的杯子裡有混了白酒的「非常可樂」，非常可樂是中國仿照可口可樂產製的山寨飲料，喝來的化學味比原版的還濃。他灌下一杯後，朝我這裡看一眼，宣稱：「喝酒是娛樂！」

中國移動通信先生頭一個發覺，黃頭帕女士一直替大家倒酒，自己卻沒喝多少。「妳得喝！」他喊道。他想把一杯白酒灌進她嘴裡，兩人一陣推推搡搡。她緊咬牙關，酒從唇邊流到她的前襟。中國移動通信先生嘴裡咕咕噥噥，然後用中指和無名指夾著一根未點燃的香菸，踉蹌走了兩步，倒在地上。

「常有這種事嗎？」我問廖叔。

「不常有，我們只有在親戚來訪時才會喝這麼多，」他快活地說。在這同時，來訪的親戚離開桌旁，遠離酩酊的眾人，坐到沙發上，眼睛直盯著電視看。我喝完我的啤酒，決定趁大夥還沒灌我酒以前，先行告退。我向大夥告辭時，廖叔說：「好，我今晚帶大夥回家。」

將近晚餐時分時，大家又重聚一堂，只有午餐時分的兩位受害者沒現身。一位是王子，另一位是中國移動通信先生。我坐在黃頭帕女士一側，她歪倒在座椅上，兩眼佈滿血絲。有人替她倒了啤酒，她把杯子推開，說：「我還醉著。」廖叔心有不忍，端給她茶和可口可樂。這一回，是如假拖換的正版貨。

有一回用餐時酒喝得較少，我問廖嬸觀光業尚未來到平安村前，她吃多少米飯。

「我們以前一天吃兩碗飯，」她說。

「兩碗？」同桌一個男的大叫，「五碗才對吧！」他的下巴上留了幾根鬍鬚，光禿禿的蛋形頭兩側豎著一對招風耳。他穿著褪色的藍色毛裝和深色長褲。由於廖叔、廖嬸從來就不拘小節，從未替我介紹同桌用餐的人，我猜想他就只是村裡的另一位親戚。結果，他是在廖家田裡幹活的農民。他來自平安南邊三十哩的村莊，那兒風景沒這兒優美，所以就比較窮，因為無法招徠觀光客。不過那個村子海拔較低，一年可以有兩期稻作，加上對外交通較方便，因此可用打穀機。「第一期稻作因為耕種的時間較靠年頭，水較冷，所以長得比較慢。」他告訴我，「這就像用飯鍋煮飯，如果一開始水較涼，煮的時間就比較久。」

這位農民姓龍，是常見的姓氏。他跟我講他的名字，我請他寫下來以免我弄錯。他捏著筆不知如何是好，我明白過來，眼前這位仁兄說不定認識的字比我還少。

「我名叫運土，」他說，「運是運動的運，土是泥土的土。」

「您大名叫運土？」

「對，就是運土。我爹娘想讓我的名字裡有個土，因為他們想要有個什麼來紀念毛主席時代的土改，他們敬佩毛主席為農民做的事，」他說。

龍運土，這姓名真是取得恰到好處。在耕作和收穫之間的農閒期，這位姓龍的農民上山替像廖家這樣的人家幹活，廖家拜旅遊業之賜，經濟相對優裕，一天支付五美元請人幹活。龍先生一旦在平安村割完稻子，就會到海拔更高一點的地方去打穀。稻米季節結束後，他在山谷裡採收橘子。

第二天傍晚，我在賓館附近和老龍不期而遇，那是個下雨天，沒辦法打穀。他說，他一整天都在「玩」。

「玩什麼？」我問，「麻將嗎？」

「不，我不喜歡那種玩意，」他說。

我恍然大悟，他的意思不過是說自己並沒在幹活。他一直在到處轉悠，他說，這會兒正要回到他的住處。我陪他一起走。

我們沿著繞山而開的石頭小路走，走到村郊的一間荒廢農舍才停下腳步。屋裡很暗，只有水泥坑裡火光熒熒，他就在這裡煮炊。暮色中，窗外梯田的輪廓已看不分明，待窗外變得一片黑暗時，他才打開開關，點亮兩顆暗淡的燈泡。

農舍地上灑滿了鋸木屑，裡頭除了一座看來突兀的古雅老爺鐘和幾把凳子外，就沒有其他家具。老龍告訴我，這間農舍的主人有很多幢房子，他讓民工把這兒當成旅社住下來。

老龍聊起他的背景，他跟我一樣是漢人，母語是普通話，這使得我跟他溝通起來，比跟平安一些村民容易多了。他這一輩子就只懂得務農，他只有小學五年級的教育程度——如果那還算數的話。學校一星期只教學三天，其他時候老師就叫學生勞動服務。

「我們犁田、耙土、種地，我們鋪路，從早上七點幹到晚上七點，中午休息兩小時。那是解放後不久的事，咱國家很窮，總得從哪個地方開始唄。我十六歲時才讀完小學五年級。」

「想當年，人人都被列為走資派，還記得我母親一度養了七隻鴨，六隻母的，一隻公的。村裡的領導叫她處理掉兩隻，因為一戶人家只准養五隻。」

他說話的時候，火上正煮著一鍋飯。有位民工坐在近處，正削著西瓜皮，那就是他們要吃的菜嗎？我想多聽點老龍的故事，又不想讓他們覺得有責任要請我分享分量看來不多的餐食。我也沒安著什麼好心眼，這飯菜看來也不怎麼好吃。

「我該走了，」我說。我告訴他，廖叔、廖嬸在等我，龍先生沒留我，我鬆了一口氣。我們講好第二天再見，那會是我待在平安村的最後一日。他答應說，只要天氣好，就帶我去田裡打穀。

第二天早上，老龍和我在離我下榻處不遠的另一家賓館外頭碰面時，陽光耀眼。我們等著老闆出來交代老龍今天得幹什麼活時，濃霧卻逐漸聚合，稻田景色變得朦朧不清，這時就不大可能下田作工了。

「美國的農民沒活兒可幹時，怎麼辦呢？」他問，「有沒有別的事可做。」我向他解釋說，在我生於斯長於斯的加州，農活多半由墨西哥工人來做，他們越過國界來找尋較好的機會。他們如果沒有找到農場工作，往往就到餐廳幹活或幫傭。

他點點頭。墨西哥人就跟他一樣，他說，哪兒有工作就往哪兒去。

我們待在那裡等天氣放晴，等了十分鐘後，他說：「我們不如走走吧。」

他提議去鄰村中六，那是少數民族瑤族的村落。恪遵傳統的瑤族婦女不剪髮，而把長髮盤在頭頂，好像鳥窩一樣。我在平安村見過這些婦女，她們想從發達的旅遊業中謀利，她們放下那一頭如童話中長髮姑娘般怪異的長髮，只要有人天真到給她們照張相片，她們就向對方要錢。

我們順著一條泥土路，沿著深谷邊上走。我一路走一路緊張兮兮，既怕蛇，又唯恐迷路、墜谷或把水喝光了。有些地方又陡又窄，龍先生如山羊般敏捷，爬上斜坡。在比較平坦的地方，他停下來掏出一塑料袋的菸草，捲了一根菸，邊走邊抽。我落在他後面，喘噓噓地爬上坡。

老龍轉頭回顧，目光落在我腳上昂貴的健行靴上。「那鞋子太硬了，這樣抓力不夠，很容易跌倒。」他說，「我的比較有彈性。」他穿著高度不及腳踝的布鞋。他語氣和緩地繼續說：「碰到叉路時，選寬的那條就對了，寬路總會帶著我們到想去的地方。」

我們在草亭子底下的板凳上坐下歇歇腳，他又捲了一根菸。「這條路我很熟，」他說，「我以前晚上常走這條路，我女朋友從前住在中六村，我在平安的田裡幹了一天活後，會去找她。我就是在這兒停下休息的。」

老龍的妻子已經過世，他說：「我太太病得很重，病了三年才過世，我們沒錢到醫院去檢查她到底有什麼毛病。我剛認識她時，她身體看來就不怎麼健康。她沒有什麼女人味，我們是作媒成的親。我見了她兩次，兩次她爸媽都在場，然後我們就結婚了。我家裡給了一百塊錢當聘金，那可是一大筆錢，當時，一斤豬肉只要三毛錢！」

妻子過世後，老龍通過朋友介紹，認識了一個女的，她那時剛和丈夫分居，和老龍很談得來。「我在山裡工作時，不時就去看她，常在她那兒過夜。」他說，可是後來狀況變得複雜。

他和那女的交往約一年後，「她搬回山谷跟她丈夫一起住，她是瑤族人，大家都知道瑤族女人比較隨便，亂搞男女關係。她決定自己沒法離開丈夫，她得考慮自己的家庭責任，她有兩個孩子，何況有誰能照料她的公公、婆婆呢？所以，她如今一年來看我兩、三次。」

他的語氣聽來並無苦澀意味。「她同別人在一起，你不在意嗎？」

「我無所謂，她想來的時候就來，兩人在一起作伴很開心，我們倆都老了，心裡不會有多少指望。」

我們走進山谷，有條小溪瀺瀺流過，他沉默下來，雙手合攏，從溪裡掬水來喝。

「妳相不相信世上有鬼？」他問，「我在這裡看過一次，那會兒天黑了，我就坐在我們剛剛坐的那地方，聽見砰的一聲巨響，我什麼也看不到，但是我知道是鬼。」

「會不會只是個人呢？」

「肯定是鬼，沒人會在晚上經過這裡。有些人死了以後，不滿意自己的下場變成那樣，有很多人是冤死的，特別是在文革時期，那些人就冤魂不散。」

我們到達中六村時，我覺得很高興。梯田之間有條小河，河邊聚集著一小簇的木造房子。天下著小雨，幾位村民在一間農舍的二樓憑窗眺望，看到老龍，開口邀他一起吃飯。屋內，有位瑤族婦女在梳著及膝的長假髮。

「那是幹嘛用的？」我問。我覺得彷彿闖進迪士尼樂園睡美人的更衣室。

「這不是我的頭髮，不過是真髮；多接點頭髮，我看起來就漂亮一點。」她邊順著自己的長髮，邊說。她打算走路去平安，下午要在那兒賺遊客錢。

「留下來吃午飯吧，」這女的套上假髮，說，「放心，不會收妳的錢。」

我告訴老龍我得回平安去跟廖家人吃最後一頓飯，我向他要電話號碼，但是他說他沒有。他寫下住址，沒附上郵遞區號，他忘了。我們笨嘴笨舌地道了別，我還記得為他拍了照片，隨即匆匆離去。

第三部　精緻美饌

11

二〇〇三年春天，我還住在上海，尚未展開我的烹飪歷險，我母親來看我。我們在中國各地遊覽了一星期，參觀了她在臺灣念小學時讀到的許多名勝古蹟，吃遍髒亂的食堂、奇特有趣的茶館，偶爾也上豪華餐廳打打牙祭。

一個星期過得很快，我們就在不知不覺中又回到上海。在等待車子來接我母親到機場時，我覺得感傷，怎麼我們已經要說再見了。我母親也有點難過，她衝出我的公寓，連收拾好的行李箱也沒帶。我還弄不清楚她去了哪兒，她就又拎著一只保力龍盒子回來，盒子裡面裝了六顆小籠包，這是種手心大小的圓形麵點，頂上的皺摺挺像肚臍眼。這些包子像水球般飽滿，裡頭的豬肉餡帶著足有一湯匙的濃郁湯汁。在我們相聚的最後時刻，我母親專心吃著小籠包，把最後一滴湯汁都吸乾才罷休，這時留下的就只有肉湯那似有若無的油香。

對我母親來說，小籠包的意義之重大，遠勝於參觀迷宮似的紫禁城與長城的斷垣殘壁。「我小時候常聽人說起小籠包，」事後她對我說，「可是一直到了中國，我才吃到正宗貨色。」這道上海美點是她那趟旅行的最高潮。

三年後，在二〇〇六年秋季，我放下我切麵的刀子，穿上漿過的廚師外套和格子褲，在上海一家高檔餐廳見習。我回到這個城市，在這裡，我頭一回發覺自己很愛吃。

上海有一種北京欠缺的魅力和光采，如果將北京比擬成一個率直的魯男子，那麼上海就是他打扮光鮮的表姊妹。北京的街道寬闊，大馬路成直角交叉，秩序井然；上海的馬路卻又窄又彎彎曲曲的，倫敦和巴黎公園裡也看得到的梧桐樹夾道，如華蓋一般。一如北京，上海也是如火如荼在開發中，不過上海的摩天大樓櫛比鱗次，讓這個城市的天際線輪廓鮮明，最醒目的是東方明珠電視塔那造型奇特的太空時代粉紅尖塔，還有八角形共八十八樓的金茂大廈。後者不久就要把中國最高大樓的頭銜讓給鄰近一幢摩天大樓。

這城市大半是英、法等殖民者在十八世紀末、十九世紀初建造的，當時上海有「東方巴黎」和「東方的妓女」之稱——此二稱號使得上海一直帶有俗豔、享樂主義的都會形象。在上海走向現代化的過程中，有些歐式建築已被拆除，但是在商業中心區仍屹立著好些有著鑄鐵陽臺的法國風味別墅，沿著外灘也有一幢幢堂皇宏偉的英式石灰岩建築。城裡依然有石庫門，也就是上海特有的傳統三進式房屋，這種建築結合天井和裝飾著石雕的大門等中式元素，還有熟悉的西方特色，好比壁櫥、百葉窗和突出在紅瓦屋頂上的小天窗。

我藉著到處吃東西來認識這裡的地理環境。我知道南京路是主要的購物幹道，顧客在擁擠的店裡摩肩接踵，只為弄到一籠小籠包；熱鬧的吳江路上有間石庫門房子賣有生煎包，店裡的煎鍋像車輪那麼大。高架的延安路底下有個外賣窗口，一個男的在那兒賣上海燒賣，那是種包得不很緊、頂端未收攏如火山開口的蒸籠麵點。還有一大串我聞香而去卻不知其名的小巷弄，好比有家夜店後頭的一條小巷，過了半夜三更，有個戴著回教式無邊小帽的男子就會在那兒烤著飄著孜然香的羊肉串。

一如北京，上海外食既便宜又方便，我從來就用不著自煮自炊，而且總有朋友樂意一道去外頭吃飯。我在上海待了三年，將近末期時開始寫飲食文字，那時才發現，看在有見識的吃客眼裡，我在餐廳吃過的東西多半都談不上地道的上海菜。舉個例子，本地人就告訴我，我和我媽愛吃的小籠湯包並非源自上海。中國人其實並不很瞧得起上海菜，根本沒有把它列入正式的八大菜系當中，這是從我在烹飪學校學到的「四大」菜系擴充而成的名單。我不由得納悶，重要性在中國數一數二的這個城市，為什麼沒有既明確又發展成熟的菜系呢？

我認識到箇中的原因與上海的地位有關，放在中國五千年的悠久歷史來看，上海實屬晚來後到。明、清兩代（約為公元十四世紀到二十世紀初），中國各地有不少地方鄉土菜系蓬勃發展，上海卻是個貧窮的漁村，皇帝下揚州、杭州和蘇州時，甚且繞道而過，而這三個地方的名廚則被召至紫禁城，讓北方的達官顯要嚐點新鮮滋味。在十八世紀中葉時，上海有二十五萬人口（今日則有一千八百萬），卻連一家像樣的食肆也沒有，只有小吃店，專做在長江三角洲捕魚的漁民生意。

不過，上海一帶卻的確發展出數項烹調特色，拜紅燒這項烹調手法之賜，上海菜有「濃、油、赤、醬」之稱。用濃和油來形容菜餚，在我聽來並不怎麼吸引人，可是在這個頻傳飢荒的國度，有很多省分都愛吃紅燒菜色（湖南籍的毛澤東就盛讚紅燒肉，說他很愛吃這道菜）。紅燒手法本身很簡單，好比說，備好五花豬肉、魚或茄子等任一材料，加上油、糖、醬油一起炒，然後小火煮到汁收乾，變得濃稠焦香。那黏呼呼的醬汁可以如熱奶油巧克力醬一般濃郁，也可能如浮油一般教人膩味。

上海在中國輸了第一次鴉片戰爭後，菜色變得比較多樣。中國根據和約，把外灘割讓給英國，過了不久，美、法和日本也紛紛建立據點，到了一八七〇年，上海已是世界第七大港。到了一九三〇年，上海已躋身國際大都會之林。外國訪客蜂擁而來，其中包括卓別林和愛因斯坦，中國各地的廚師也紛至沓來。上海從鄰近的長江三角洲撈捕揀選海鮮，航經港口的船隻則帶來更多各式各樣的新奇食材。

「在上海靠岸的船隻固定送來紐西蘭的羔羊肉和牛油、澳洲的牛肉和柑橘類水果。」女記者孔恩（Irene Corbally Kuhn）描寫一九三〇年代的上海說，「在從舊金山和檀香山開來的『金元公司』輪船上的商店，則偶爾可以買到昂貴的生鮮蔬果。」上海也向鄰近的城市借來烹飪方法，這些城市曾盛極一時，隨著上海的竄起卻逐漸式微。上海廚師開始用紹興來的米釀酒炒菜，向揚州習得刀工，揚州師傅可將一塊豆腐切成一堆細絲；小籠包則來自上海附近一個村莊。廚師們從以美食著稱的遙遠省分帶來影響，比方廣東、四川和湖南。餐館食肆在上海這個新天地佔有重要地位，「我們的選擇多得令人眼花撩亂，」根據孔恩的觀察，「餐廳林立，豐儉由人，有白俄軍官出身的老闆掌理的館子，高雅而正式，十足聖彼得堡氣氛，也有華界那些又小又幽暗、水汽蒸騰的麵店。」

由上海暴發的富裕與外界影響結合而成的新菜系，有了新的名稱，叫做「本幫菜」，粗略有「新派」菜的意思。一般認為本幫菜混合大江南北風味，有點像今日的融合菜系，愛、憎者皆有之，直到現在仍未被列入中國主要菜系（上海如今有些餐館名取的是洋名，好比保羅酒樓或新吉士酒樓，賣的卻是美味的本幫菜）。

共產黨掌權後的年代，上海跟中國其他地方一樣，飲食文化衰退，餐館改成國營，西方船運中斷，社會主義政府像是把釘子栓進木板一樣，有洞就塞，隨便安插人做廚師工作。中國在一九七〇年代末晚開放，飲食作家賽瑟（Stan Sesser）是頭一批進入中國的外國訪客，他寫道，當時上海的食物「簡直就是餿水泔腳，在灌著冷風的大飯店宴會廳或同樣陰暗淒涼的國營餐廳裡，啪的一聲扔到你面前。肉呈灰白，醬汁灰褐色，伙計一臉憎色，毫不遮掩，死命瞪著你，因為你害得他們不得不工作」。

上海飲食界停滯了數十年，在一九八〇、九〇年代的經濟改革後，才又舉步向前。在我到達上海以前，國際的影響力早就超越孔恩女士當年筆下所描述的現象。輪船不只帶來澳洲的牛肉、紐西蘭的羔羊肉，還有日本的柚子、法國的松露。廚師從中國各地乃至世界各國紛紛湧來，重新改造僅僅在一百年前才創造出來的菜系。

坐落在外灘的「黃浦會」餐廳，站在上海菜改造過程的最前線。有件事很奇怪，英式石灰岩大樓林立的外灘一帶數十年來始終沒有一家食肆，也沒有活力，直到黃浦會開張，其他許多高檔的餐館才起而效之。在英國統治時代，外灘有銀行家、外交官和西方僑民出入，十分熱鬧，共黨掌權後，外灘的國際商業活動中止，中共政權無意保存殖民主義的象徵，放任外灘的建築朽敗。

我住在上海時，情況已開始有了改變，房地產價格飛漲，政府越來越見錢眼開，發覺可以高價出租國有土地。在一批海外投資者的金援下，有幢建於一九一六年的英國新古典式拱窗拱門建築，在二十一世紀初被翻修成奢華名品店集中的商場。這幢大樓名叫「外灘三號」，內有艾維養水療場、亞曼尼旗艦店和法國名廚讓－喬治．馮傑利荷登（Jean-

Georges Vongerichten）經營的餐廳。坐落在五樓的黃浦會供應上海菜，不過在「重新改造」這個概念上，又比本城大多數餐館更進一步，採用西式的擺盤風格和外國食材，並在外灘營造出璀璨的殖民風華。凡此種種的概念，在當時都是革新創舉。

黃浦會的室內裝潢大剌剌地重現一九二〇年代的上海風味，西方人對那個時代懷有浪漫綺想，在毛澤東眼中卻是萬惡的享樂主義淵藪。餐館的大廳有一張古董搖椅和獸皮紋的地毯；天花板垂掛著宮燈造型的木框燈籠；音箱中播放著「解放前」流行的上海式爵士樂管樂曲。從餐廳窗口看出去是黃浦江，這條河道使得上海一度成為英國最繁榮的港口之一。黃浦會的裝潢風格不啻在頌讚上海的殖民歷史，這一點透露出時代正逐漸改變的訊息。

餐廳的主持人是位名叫梁子庚的華僑，他在二〇〇三年從新加坡來到上海。梁氏個頭短小精幹，理得短短的平頭髮型適足反映出這位嚴格的大廚那講求紀律、一絲不苟的作風。他有張娃娃臉，臉上偶爾還會冒出青春痘，一雙丹鳳眼瞇瞇的。他開玩笑說，他那一對百分之八十五的東亞人都有眼內眥單眼皮，讓他一天當中可以多幾個小時保持清醒。

我是在二〇〇三年黃浦會開張後不久，初次見到梁子庚，他給我的印象是年輕、有抱負。他當時三十二歲，這個年紀就掌管一家中國餐廳，委實年輕。我那時在為《新聞週刊》撰寫上海烹飪復興的文章，梁子庚邀我去嚐嚐他的菜。我從未吃過那麼精緻的上海菜——應該說是任何一種中國菜——一切都經過仔細的規畫與執行。最讓我難忘的一道菜，裡頭有彼時剛被引進到中國餐館的肥鵝肝。那鵝肝以平底鍋煎過，下面墊著傳統的中國食材，有鑲著糯米的紅棗、百合和芹菜末。迥然不同的食材彼此烘托，令人垂涎：脆襯托著嫩，鹹味讓甜味更突出，樸素且適口充腸的糯米和濃郁肥美的鵝肝形成對比。梁氏的擺盤手法也令我刮目相看，他並不像大多數的餐館就只是把醉雞排在碗中，然後倒扣在碟子上，而將雞肉去骨切片，排列在加了紹興酒調味的冰沙上，然後用馬丁尼酒杯盛裝白色的肉片上菜。

梁子庚在廚房和餐室來來回回，不時察看我用餐的進度，一位大廚對自己的菜餚竟如此關心，這讓我很有好感。那一回造訪後，我隨時密切注意他的進展，飲食女作家威爾斯（Patricia Wells）在《國際前鋒論壇報》上讚美其人「天才」，《風味》（*Saveur*）雜誌以全頁刊登他的照片，電視主播勞爾（Matt Lauer）在《今天》節目中大啖梁氏的麵點。我隨著廚藝逐漸增進，開始夢想有朝一日或有機會在黃浦會工作。

我從烹飪學校畢業並在麵店實習後，鼓起勇氣和梁子庚聯絡，我希望麵店這段經歷能顯示出我已吃過夠多的苦，讓我夠格在地位崇高的黃浦會見習。靠著雙方共同友人的幫助，我和他在餐廳的一個私人包廂碰面討論。兩年半不見，他變了，不再是一副年輕小伙子的模樣，舉手投足很有威嚴。他的廚師服上繡著新頭銜：「創始大廚」。他說，已將廚房的每日事務交給他的副主廚打理，大部分時間都花在拓展生意上。他的看法已有所轉變。

「我還在廚房裡燒菜時，假如餐室中有個玻璃杯破掉了，我心裡會想，這對客人的用餐經驗會有多大的影響？如今，我就一定會問，那杯子要多少錢？」他在新加坡待了很久，這使得他講起英語微帶英國腔。

他講起話來較像是企業執行長，反倒不很像主廚，他告訴我，前不久才開了一家叫

「梁子庚餐飲概念工作室」的公司，希望將自己經營成全球品牌。公司主業為餐館，不過也會旁及其他計畫，好比一系列的茶葉、餐具和葡萄酒。

說到最後，他總算表示，願意讓我見習，但他醜話說在前面：我只要寫到這段經歷的文字，在發表前都必須經他過目、同意。要是我看到蔬菜中有條蟲，決定寫出來呢？這可是無法忍受的事，他說，他得顧及自己的形象。這不光是為了他自己，而是在為投資者著想。

我苦惱了好幾天才做出決定——說到底，中國各地不知有多少家餐館已拒絕我，況且，我要到哪兒才能找到比黃浦會名聲更卓著的餐廳呢？話雖如此，我還是語氣盡量和緩地告訴他，這種綁手綁腳的見習機會，我無法接受。怪的是，他馬上就默許我的條件，彷彿自己從來就沒提出前述的要求。我推測，有位記者詳實記載下他的能耐，這種機會他可不想錯過，尤其是他一心想成為明星大廚，正需要在媒體上曝光。我們倆共同朋友的一番話也有所幫助，他們讓這位精明的主廚確信，我對他逐漸茁壯的帝國構成不了威脅。就在我和他面談的幾天後，我得到梁子庚的同意，在他的廚房工作。「我們沒有祕密，」他面無表情地說。

醉雞

4杯水
1小匙雞粉
1／4小匙鹽

1小匙糖
2片月桂葉
2根肉桂棒
3粒八角
1大匙白酒（穀類蒸餾酒，受歡迎的品牌有茅臺、五糧液，可用伏特加代替）
1大匙花雕，一種優質的黃色米酒
3塊拇指大小的薑
3根蔥，打結
1整隻嫩雞

在小的煮鍋裡混合水、雞粉、鹽、糖、月桂葉、肉桂棒和八角，煮滾後放涼。加入白酒和花雕酒，把滷汁倒入大碗中。

準備一大鍋水，加進蔥、薑，煮滾。雞下鍋煮30分鐘，或煮到雞肉熟了。把雞浸入冰水中，以免雞皮脫落。

剔除雞骨，切成一口大小。把雞肉放進滷汁中，醃10小時左右或隔夜。瀝掉滷汁，盛入碗中，上菜。

梁子庚的變化版：多做一份滷汁，倒入製冰盒中冷凍。上菜前，把滷汁冰塊刨碎，用馬丁尼酒杯盛碎冰，將雞肉排在上面，立刻上菜。

一星期三天，我早上十點到餐廳報到，上午班，下午三點收工。我跟其他廚師、供應商和外場服務人員一樣，從後面的小巷進入大樓。我在更衣間匆匆穿上廚師外套和長褲，把頭髮在腦後綁成馬尾，戴上紙帽，我身邊是穿著優雅旗袍的領檯員，她們在鏡前悉心打扮自己，塗上唇膏。再來一條圍裙和一雙網球鞋，就是我的全副裝扮，我比較想穿梁子庚腳上那種型如荷蘭木鞋的廚用便鞋，可是中國沒賣這種鞋子。反正，黃浦會的大部分廚師也買不起這種鞋，那一雙就要花掉他們平均月薪的四分之一還不只，廚師的薪水在二百至五百美元之間。所以，大多數廚師穿著黑布鞋，在這種地方穿這鞋看來不智，因為這裡隨時都有可能有菜刀掉在地上。

我在廚房裡要嘛剝豆子，要不就用麵條纏繞蝦子，當餐前小點。在我比較輝煌的時刻，則負責包小籠包。不過我大部分時候是跟在廚師們後頭，觀察他們的一舉一動。午班收工時，我筋疲力盡，可是其他廚師那會兒才不過上了半天班，休息兩小時，就又得上晚班。

我猜想梁子庚吩咐前不久才升官的行政主廚一定要讓我忙個不停，而且不時因為試吃食物而分心，這樣我才不會到處打探情報。主廚是位馬來西亞華僑，三十出頭，名叫丘仲耀，不過餐廳裡的華籍員工都用普通話叫他「耀哥」。他與梁氏共事多年，追隨他前來中國，創立黃浦會。

耀哥長得高頭大馬，這讓廚房裡發生的一切種種都逃不過他的法眼，有時他會從廚房一頭忽然就跳到另一頭。有些同事說，他的情緒簡直是梁氏的翻版，「跟天氣一樣陰晴莫測」，耀哥前一刻還像《布偶劇場》裡那位瑞典廚師一般傻呼呼的，很親切，到了下一刻，倘若梁先生對某件事表示不滿，他就變得跟攝影鏡頭外的瑪莎．史都華一樣地冷冰冰。他通常站在廚房正中央的爐灶部，主菜都是在這裡炒、煎、燉。

耀哥儼如汽車銷售員在展示最新款汽車一般，帶著我參觀認識各個灶臺。「這些是從廣州來的，」他一邊漫步經過一座灶臺，一邊說，掛在腰間的廚用毛巾不住地晃蕩，「是專為香港市場製造的出口貨，為本地做的貨色品質多半很差，聽起來就像這樣。」他拿起一只錫碗，握拳敲了敲。

爐灶師傅個個汗流浹背，廚師服都濕透了。他們舉起炒鑊、甩鍋，這些巨大的炒菜鍋每口接近十磅重。每座灶臺有六個瓦斯爐頭，點燃的火力大到只要炒個幾秒菜就熟了，因而封存住菜的滋味。火力大小可由踏板來調整，往下踩踏板，火力就變大，上方的風扇也加強運轉，製造出如卡車引擎般的轟然噪音。師傅們不燒菜時，火力可調到極小，但在收工前絕不熄工。每個爐頭都被架高，基座基本是一個又大又淺的水槽，廚師可將剩下的零碎食物和太多的油倒進這裡，盡量節省洗鍋的時間。他們通常會在做兩道菜之間，打開每座灶臺上都有的水龍頭，用自來水加上竹刷，刷洗鍋子了事。

其他東西則都被一絲不苟地清洗乾淨。廚房一側裝著洗碗機，廚師們在另一側洗菜和海鮮肉類。夾在當中，有一排不鏽鋼料理檯，從廚房一頭延伸到另一頭，每個小廚站各司其職，專供中國美食當中的一種烹調手法所用。

爐灶部右側的這個部門，梁先生稱之為「切配部」，師傅在這兒仔細檢查魚和肉，去骨剔刺，還在這兒把蔬菜切絲或切丁。大部分海鮮送來時還是活的，有面牆全是水族箱，嘟嘟冒著汽泡，色彩繽紛的海中水族悠游其中。每隻螯都帶著毛、有點像絨球的橘色大閘蟹，似乎是意識小命即將不保，拚命想爬上滑溜溜的玻璃箱壁。螃蟹都給撈走後，兩隻粉紅色的澳洲龍蝦進駐箱裡，牠們活像在跳國標舞似的，鉗鉗相扣，渾然不知這樣的濃情蜜意馬上就要中斷。水族箱旁邊放了一個保麗龍箱，裡面盛裝著咯咯叫的牛蛙。

在爐灶師傅的左側，是開胃小菜師傅的工作區。這一個部門只有兩個料理檯和一個灶臺，小歸小，卻炮製出餐廳幾道最馳名的菜餚，好比令人難忘的醉雞，還有燻魚和江米藕等膾炙人口的菜色。小菜部毗連著蒸籠部，這兒的師傅忙著蒸一籠又一籠的小籠包和其他本地特色點心，蒸籠層層疊疊，堆得老高。

小菜部和蒸籠部的隔鄰，是獨立的點心和甜品部門；傳統的中菜最後上的是切片的水果，而非一盤盤精心雕琢的甜點，好比加了咖哩香料的巧克力冰淇淋或烤薑汁焦糖布蕾。即便是不落俗套的黃浦會，在這一點上頭偶爾也會失足，好比說巧克力麵條，一條條軟趴趴的，可可味似有若無，很快就被剔除出菜單。

梁先生對各個環節的要求皆一絲不苟，這一點顯而易見。備料廚師仔細地用磅秤量好每一樣材料的分量，只要不是立刻便要上菜的食物，一律以保鮮膜覆蓋，這兒的保鮮膜用量多到可以把眼前所見的每一樣東西，都層層包裹成木乃伊。每一座水槽上方的牆壁上都有塑料肥皂罐，供應源源不絕的洗手皂。我上過烹飪學校，又在幾個餐館工作過，那兒的廚師和服務員明目張膽地違反基本衛生條例，就算手髒了也照碰食物，經歷過這些，在我看來，肥皂簡直是新鮮事物。這讓我不再因為幹活前沒先用肥皂洗手，而萌生出一股幾近罪惡的感覺。

廚師的工作環境達到已開發工業國家的水準，中國餐飲業的廚房標準溫度為攝氏三十七度左右，黃浦會的廚房因為有自動調溫設備，溫度保持在涼爽的二十五度。典型的中國廚師一週工作七天，運氣好的話，一個月有一兩天休假；黃浦會的廚師則是週休二日。在許多中國餐館，老闆給員工吃些沒法出清賣給顧客的殘羹剩菜，黃浦會有乾淨的員工食堂，供應可口又營養均衡的飯菜。

梁先生四處搜羅最好的材料，哪兒有就到哪兒進貨。黃浦會用的料酒是優質的花雕，來自距離不遠的紹興。每家超市都賣的那種美金四毛一瓶的標準烹調用酒，是我在北京時常見常用的料酒，味道不如花雕醇厚。黃浦會的白飯用的是泰國香米，比較香，吃來有彈性又軟，這種質地是中國白米少有的。梁先生從美國進口太白粉，因為中國的馬鈴薯不夠粉糯，據他說，太脆了，「像餅乾」。耀哥指點我說，如果想在家裡複製餐廳的菜色，需用進口的香吉士柳橙，不要用中國的檸檬。梁先生哀嘆中國沒有好的牛肉，對中國廚師濫用嫩精表示不滿。後來我在一家餐廳吃牛肉時，注意到那肉質地假假的，幾已原形盡失。有一樣傳統的材料，在黃浦會的廚房也找得到，那就是味精。有天上午，我看到耀哥手邊有一罐味精，他一臉理直氣壯的樣子，他眨眨眼，說：「總得讓顧客開心嘛。」

除了廚房中難免會有的危險，好比說沒放回原位的刀子或乾淨到光可鑑人的地板——這地板因為太勤於擦拭，所以常會滑腳，我老是以為自己被魔法載運到已開發的世界、未來的中國，這裡做事遵照規定，重視品質，廚師過著合乎人道的日子。對清潔與品質的注重，當然有其代價。在黃浦會用餐，一人平均消費為五十美元，而在上海一般餐館，坐下來吃頓晚餐，一人要不了十美元。

不過，讓這家餐廳出類拔萃的原因不僅於此，梁先生容或是個嚴厲的老闆，老鞭策員工拚命幹活，但他也是手下廚師的精神楷模、效法對象。他們稱呼他「老大」，這尊稱專指同胞手足中最長那一位。他們似乎尤其佩服，他出身卑微，卻在廚界攀登至如此高的地位。「聽說他買了房子了！」有天上午，有位廚師悄悄地對我這麼說。

那麼，這個並非出生於中國大陸、對上海菜所知不多的青年，是如何搖身一變為本城欣欣向榮的餐飲業的前鋒人物呢？先不說別的，他的血液中流著烹調的因子，梁子庚的父親曾在貨輪上當廚師。他很小時，父母就離婚了，他兒時多半跟外公、外婆一起住，兩位老人家也做餐飲這一行，最早是在新加坡街頭推車賣雲吞，後來捨推車，改做「大牌檔」，在傳統的露天小吃市場擺攤子。他們生意越做越好，在新加坡有三個店面，接著又擴展到香港開店，梁子庚就是在香港出生長大。

餐館是梁子庚的遊樂場，他的外祖父母很疼他，常常隨手剁下多汁美味的燒鴨腿給他吃。他記得身邊總有美食，好比粥和簡單用豉油汁清蒸的魚。還有源源不絕的酒，每回祭拜祖先時，他們會準備白酒，小小的梁子庚也可以喝上幾口。「我的家人沒受過多少教育，不是很有教養。」梁先生回憶說，「我會一頭撞上牆壁，心想怎麼我穿不過牆哩？」他咯咯笑了起來，這是他的招牌笑聲，帶著點神經質的活力。「我是受過訓練的酒鬼。」

梁子庚談到他青春期和母親同住的時光，就比較語焉不詳。他母親改嫁後，家裡的氣氛很緊張，不過對此他並未詳述。「人生當中，有時會發生一些情況……」他語氣中流露不安，聲音逐漸變小，「所以我就離家了。」

梁子庚十三歲時離家、輟學，他對學校只有苦澀的回憶。「我討厭學校，」他綳著臉，嘟囔著說，「我不適合傳統的環境，記得有一次我數學只考了七分，滿分是一百分。大概是老師不好意思給零分，所以給了我七分。」學校「跟我不合，我沒法靠上學學到東西」。

他到外祖父母開的一家餐館當點心學徒，這餐館坐落在當時仍是英國殖民地的香港一條擁擠的街道上。他出師以後，跳來跳去，待了好幾家不同的館子，哪家餐館給他工作和床位，他就去。他待的都是粵菜館，一般認為粵菜是最精緻的中菜。在亞洲各地，每逢特殊場合節日，粵菜往往是華人的首選，此一菜系尤以海鮮和魚翅、飽魚和燕帶子等佳餚而馳名。在香港，粵菜館的基本菜色有各種燒臘（燒鵝、燒鴨和豬肉）、炒麵，還有蛋撻與蝦餃等點心。

在這一行幹了五年後，梁子庚精通粵菜的三大臺柱：點心、燒臘和熱炒。「那時，我有辦法燒出一整桌的宴客大菜，不過還沒有做實驗的能力。我是非常傳統的粵菜廚師，當時我要是敢做實驗，就會被炒魷魚。」他說。

十八歲時，梁子庚的廚界生涯暫時中斷，他到新加坡從軍，這麼一來，他便可取得這個海島城邦的護照。我問他為什麼想要新加坡護照，他的回答有點閃爍，「這是我母親的希望。」我猜想這麼小心翼翼，是不想得罪他的中國顧客或中共。當時，九七大限將至，有不少香港居民尋求他國公民權，這做法不但可以理解，而且多少有其道理。梁子庚那時無從得知，十幾年過後，他會在中國大陸從事餐飲業。

想不到的是，梁子庚的兩年軍中生涯竟成為他日後成功的關鍵歲月。他被分發到的那個部隊中，有好些新兵教育程度極高，這些新加坡人因為拿獎學金到海外攻讀碩士學位，延後入伍，學成後才返國當兵。「因為政府不曉得要拿我們怎麼辦，所以我們全到了那部隊，」他開玩笑說。這批新兵來自新加坡各族群，有印度人、馬來人和華人，他們彼此用英語交談。梁子庚跟大夥混熟了，學會一口流利的英語。他也自修通過英國的高中同等學力考試。

梁子庚懷疑，他的長官是吃膩了一般的軍中伙食，才會看在他的廚技份上，把他派到那個特殊部隊。「軍中伙夫煮一鍋又一鍋的爛東西，所以每當有將領級的宴席時，國防部就打電話給我，我就負責燒菜。」

梁子庚同寢室有位同袍剛從法國留學歸國，他帶著梁子庚認識了葡萄酒。這位室友也愛好美食，他們四處打牙祭，從街頭的馬來小攤吃到新加坡最高級的歐洲餐廳。有天晚上，他們到美麗殿酒店的餐廳用餐，他頭一回嚐到鵝肝凍。「不喜歡，冷的，還是肝，中國人習慣熱食，那是一塊又冷又爛糊糊的肉，」梁子庚說。製作鵝肝凍的歐洲大廚，當時剛拿下米其林三星，正在新加坡訪問。這位大廚走到他們桌邊，問梁氏這道菜還好嗎。

梁子庚回想當時情況，搖了搖頭，瞇起眼睛。「我說：『不好吃！』」他一陣咯咯笑，接著神情轉為嚴肅。「我在書上讀過什麼是恰當的禮儀，不過在餐廳裡要行禮如儀卻完全是另一回事。」他說，因為出身低微，他對員工較有耐心，較能忍耐他們偶爾對精緻美食的無知。「那不是他們的錯。承認自己不明白那些事物，到後來會變成負擔。是我運氣好，能接觸到那些，那兩年塑造了我。」

我從黃浦會的點心部開始見習，在那兒，我瞭解到小籠包的製作祕密。點心部也製作別的鹹點，好比炸蘿蔔絲酥餅，滋味鹹中帶甘，中國蘿蔔完全沒有美國蘿蔔的苦味；生煎包香脆又多汁。但是最吸引我注意的，依舊是小籠包，它與我向王主任委員學來的新月形餃子，迥然不同。小籠包是圓的，頂上的摺子呈螺旋形。小籠包是蒸熟的而非水煮，包子的皮薄歸薄，卻結實到可把豬肉餡和美味的肉湯包裹妥當，你一咬，就會噴出湯汁。「等我告訴妳裡頭有什麼以後，妳從此就不會想再吃囉。」耀哥在對我洩密前，有話在先。祕密是，包在細膩的皮子裡頭的湯是豬皮凍。

有天早上，我看一位師傅做豬皮凍。這位師傅二十多歲，是廣東人，對我一直發問並無不耐。他首先把好幾大張半吋厚的豬皮，斬成六吋見方的塊，跟著把豬皮塊放進沸騰的深鍋中，一次煮十二塊，然後在鍋裡加花雕酒和白醋，煮十分鐘。這時，他撈出豬皮，移至白鐵的淺鍋中。

豬皮冷了以後，他拿起噴火槍——就是餐廳廚房裡用來炙烤出布蕾表面焦糖的那種工具——用橘中泛藍的火焰燒烤豬皮表面，去除任何殘餘的豬毛渣。接著，他把豬皮斬成更小塊，割除底下的肥肉。這過程花了兩個小時。

我不由得注意到，豬皮上有藍色的墨水印，應該是屠宰場留下的戳記。

「墨水不會褪掉，對吧？」我問。

「對，」他說，「沒問題。」他向我保證，豬皮經攝氏一百度燒煮後，都已經消毒了。不過，我還是半信半疑，又是一個小籠包不吃為妙的理由。

師傅用雞高湯熬煮去除肥肉的豬皮，一份豬皮配上八份高湯，得熬上四小時，把整鍋東西都熬成黏呼呼的膠質。這一鍋膠質涼了以後，放進攪拌機裡打，然後用棉布過濾。師傳在濾好的濃汁裡加了一點雞粉，放進冰箱冷藏一整夜，讓它凝結成果凍狀。

第二天，師傅舀了幾勺的豬皮凍，加進一小碗絞豬肉中，用打蛋器攪打，直到整碗肉末質地變得像蛋糕麵糊般柔滑。這就是包子的餡，等小籠包蒸好以後，豬皮凍會溶化成湯汁，滲進細緻的皮子裡。小籠包的麵皮也跟我習慣的皮子略有差異，除了麵粉和水，還拌進一大匙的豬油，這讓麵皮更柔軟、更容易包。這下子我可明白小籠包何以美味了，原來從裡到外都蘊含著豬肉肥美的滋味。

耀哥把頭探進小房間，來示範包小籠包的技巧。他把一塊包子皮放在手心上，舀了一小坨肉餡到皮上，另一隻手的拇指和食指一捏，就把皮的邊緣摺在一起，他邊轉著手心上的包子，邊摺皮邊，好讓摺痕能一個挨著一個，形成明顯的螺旋形。

「就像栓螺絲，」耀哥說，他手心上赫然是一個包得完美的樣品，說完，他就轉身回廚房，不見人影。

上臺表演的時候到了，我破天荒頭一遭總算有機會親手包這傳奇的小籠包了。我是這麼以為的，直到師傅遞給我一小球既像膠又像蠟的玩意，廚師平時用這東西來把盛菜的玻璃杯固定在盤子上。「這是什麼？」我問他，他表示，我呢，就用這東西來練習，可別因為我技藝拙劣，而浪費了真正的肉餡。

我笨手笨腳，捏出來的摺子歪七扭八。我包完一個，又拿起一張麵皮再試，再用一層麵皮把假餡料包起來。我包了好幾層皮後，另取一球假餡，重新開始。假的小籠包包著一層又一層的皮，好像俄羅斯娃娃似的，每個都有好幾層皮。

這一班快收工時，點心師傅取來一個蒸籠給我看。他掀開籠蓋，裡頭有三個小籠包，一個個熱氣氤氳，近乎透明的皮子閃著油光。我毫不遲疑，舉起筷子便夾起一個。我輕輕咬了包子皮一口，咬了一個小缺口，接著把餡中的湯汁倒進瓷湯匙中，品嚐其滋味。耀哥錯了，我對小籠包胃口不減。

小籠包

可做約36個

豬皮凍

1磅豬皮
1大匙蔬菜油
3片薑
2根蔥，切碎
1夸脫水
3／4杯紹興酒或雪莉酒
3／4杯白醋
2杯雞高湯
1／2小匙雞粉

餡料

1磅五花肉，絞碎

1顆大的雞蛋
1小匙薑末
1大匙麻油
1／4小匙鹽
1／2小匙糖
1／2小匙雞粉
1／4小匙白胡椒粉
1小匙生抽醬油
2小匙老抽醬油
1份豬皮凍（參見前面作法）

包子皮
3杯中筋麵粉
1杯高筋麵粉
1又1／2杯水
1／3豬油或蔬菜酥油

蘸食包子用的黑醋和薑絲

豬皮凍製法（必須提早一天做好）：滾水燙豬皮2、3分鐘，撈出放涼。在這同時，油倒入炒鍋中用大火加熱，油熱了以後，下蔥、薑炒2、3分鐘，加水、酒和醋，煮滾。在等水煮滾時，用噴火槍炙烤豬皮，去除殘餘的豬毛渣，或用鉗子拔毛。把涼過的豬皮切成4吋見方，放進炒鍋中。鍋內湯汁沸騰時，轉中火再煮15分鐘後，倒掉汁。另備一鍋熱雞高湯，趁著等湯滾時，去除豬皮底下多餘的肥肉，把豬皮加進雞高湯裡，小火熬煮4小時，煮至豬皮溶化至湯中。等湯變涼了以後，將整鍋東西放進攪拌機裡打到均勻。用篩子過濾至大碗中，加雞粉攪拌，把湯汁放在冰箱中冷藏一夜，直到湯汁凝成膠凍。

肉餡製法：在攪拌皿中混合五花絞肉、蛋、薑、麻油、鹽、糖、雞粉、胡椒和醬油，順著一個方向攪拌50下。準備包包子以前，才從冰箱取出豬皮凍，加進肉餡中。

包子皮製法：在大碗中混合兩種麵粉，另備一碗，倒入1杯已混好的麵粉和半杯水。用雙手和麵粉和水，把兩者和成一體。徐徐加進剩下的麵粉和水，一次加一點，和成麵糰。加進豬油，把麵糰揉到均勻，分成三等份，將每一等份搓成長條，每一條分成約12小塊。用手心壓扁每一小塊，灑上麵粉，用麵棍擀成薄薄的圓形麵皮，每一片比手心大一點。灑上麵粉。

小籠包的包法：把一片麵皮放在手心上，舀一匙肉餡到麵皮中央，用拇指和食指把麵皮在餡料上方捏合，捏一下就順圓周轉動包子一下，好讓包子頂端摺痕呈螺旋形。

用大火蒸包子7、8分鐘，附上黑醋和薑絲，立刻端上桌。

有一天我趁著休假不必去黃浦會見習，打電話給既是朋友、也是寫食評的同行江禮暘，邀他去我在上海最愛去飲茶的「翡翠酒家」午餐。時候才將近正午，這家裝潢時尚、有挑高木格子窗的餐廳就已經快客滿了。我這位六十二歲的朋友穿著他招牌的吊帶褲，朝我的桌子施施然走來，微笑著向我打招呼，他輕聲一笑，肚皮隨之晃動。他戴著大大的方形黑粗框眼鏡，有個獅子鼻和一張闊嘴，經驗告訴我，他這張嘴塞得下分量多到不行的食物。

江禮暘簡直還沒落定在座位上，還來不及打開他隨身必備的紙扇，餐廳經理便過來問好。餐館業者常打斷他用餐，不是親自前來致意，就是打電話給他，他的手機似乎每隔幾分鐘就會響一次，來電者都是要請他吃飯。他向我展示他的新諾基亞手機的功能，可以手寫輸入，還有觸控板。「只花了我一千人民幣！妳也該買一個，」他說，看了桌上我那機型落伍的手機一眼。

我注意到他肩上的兩根吊帶有點鬆，他對我講過，他之所以繫吊帶，是因為這麼一來，不管他體重有啥變化，還是可以穿同一條褲子。他身高約一百六十八公分，體重最重時達到九十四公斤，如今在七十三至八十六公斤之間上下波動，眼下的體重則是算苗條的七十七公斤。他自從得了第二型糖尿病，這幾年努力減肥。就像不少在這過去二十年富起來的中國都會居民（他每月收入為一千二百美元，這讓他穩居中國的中上階層），他因為在青少年時期營養不良，成年後卻大量攝取脂肥、糖和碳水化合物，而患了糖尿病。不過，他胃口不減，只是飲食遵照無糖原則。

我剛開始寫作飲食文章不久就結識江老師，當時我住在上海，他跟我一樣，也是自由撰稿人，替好幾家不同的刊物寫稿，其中包括上海版的《藝術家》雜誌（*Shanghai Tatler*）和中國版的*Vogue*雜誌。我們因興趣相同而結為朋友，他較我年長，飲食知識豐富，我為了表示尊敬，稱他為「老師」。

根據江老師的看法，用狗肉燻製的火腿比較好吃（「我知道外國人不喜歡聽這個」）。他點乳鴿時，先吃鴿子的左腿，他認為那是最美味的部位，因為（依他看）鴿子走路時重心放在左腳，所以左腿肉味較濃，風味足。他不懂西方人為什麼那麼看重仔牛肉：「畜牲如果少運動，肉怎麼會好吃？」

在翡翠酒家，他勸我吃吃看大頭鰱的眼珠，我們點的湖南剁椒魚頭裡有魚眼睛。那魚頭足足有肋眼牛排那麼大，魚頭底下墊著紅辣椒和蔥，魚頭被一開為二，左右各半，這樣一來，服務員比較容易舀起半邊的魚頭，擱在我們的盤子上。

華人普遍愛吃魚頭，我吃過無數次中國宴席後，也愛上魚頭的美味。只要不去想自己在吃的是什麼，那軟軟的肉，特別是柔嫩的腮幫子肉，真是好吃。魚頭有如海綿一般，用什麼汁來煮，就能吸收什麼味道。不過，我尚未克服對魚眼的反感。

「是最好的部位啊！」江老師以他一貫力道十足的口氣說。他已經吃完他的那一份，搖著扇子，靠坐在椅背上，等著我把魚頭吃光。

「您覺得這魚怎麼樣？」我支吾著問。

「很嫩，味道清淡均衡。」

「有沒有什麼是您不欣賞的？」

一位女服務員過來收走他的盤子，我那還盛著魚頭的盤子留在桌上。

「不是很地道，」他說，「不像大多數湖南剁椒魚頭那麼辣。」

可是，只要好吃，地不地道又有什麼重要？

「菜單上寫著『剁椒魚頭』，既然要叫這名字，就得名實相副。加以改良，很好，不過就不該說它是湖南菜。」他沉吟著想打個我聽得懂的比方，「你不能說某樣東西是柯林頓，結果卻給了他布希。」江老師跟許多中國人一樣，喜歡美國的柯林頓總統，對布希總統沒什麼好感。

我好不容易鼓起勇氣，把魚眼送至唇邊，它呆滯地回瞪著我。我迅速送進嘴裡，咀嚼，感覺到類似特等鮪魚肚生魚片那種膠質的口感。我吞下這膠質物，吐出一顆硬硬的像珍珠的東西，這肯定是眼珠子。

「瞧？」江老師笑著大聲說，「好吃吧。下一回，妳會搶著要。」

江老師就像不少上海人，熱愛新事物。他熱愛科技，開始在寫美食「博客」（即部落格），想把它經營成可以賺錢的事業。他貼文更新他在市場和餐館發現的仿冒食品。由於法令規定鬆散，中國消費者有時會買到以假亂真、魚目混珠的貨品，好比說是魚翅，卻是較廉價的魚的鰭，或者缺乏適當營養成分的嬰兒食品。

江老師跟大部分我認識的中國人不同，他也喜歡嘗試新奇的食物。有些中國人吃起海蜇皮、臭豆腐和驢鞭都面不改色，看到肉丸義大利麵卻退避三舍。不少中國觀光客在海外旅遊時，就算到了法、義這兩個美食天堂，仍堅持每餐都要吃中國菜。不過，上海人比較開放，這個都市有過被殖民的歷史，與外界的接觸一直都比較多。這種開放的心態加上新近的繁榮，促使像梁子庚這樣的廚師能在上海享有一片天。江老師在黃浦會用餐過好幾次，對梁氏頗有好感——「他真的能像上海人一樣的燒菜！」——不過江老師也指出，黃浦會太貴了，一般市民吃不起。

隔了一陣子，我們在一家歐陸餐廳吃午餐，那兒的牆壁是柔和的灰色和藍色調，用軌道燈照明，而且不像中式餐廳那麼吵雜。江老師帶了一位朋友來，其人姓莊名健，穿著領尖有鈕釦式的襯衫與便褲，舉止一板一眼的，像會計師。餐桌很寬，菜又是一人份一盤，這使得我們分享每道菜時，特別費事，不過我們還是把盤子推來推去，這樣才能每道菜都吃到。我跟江老師吃中國菜時，也都是每道菜都共食、分享。

雖然他比大多數中國人都開放，可是在西餐廳吃飯，對他仍是新鮮事。他用叉子戳戳義式生牛肉片和煙燻鮭魚，把肉片、魚片叉起來，把它們當成實驗室樣本似的，舉在半空中端詳。不過，每道新奇的菜，他都開懷大嚼，莊先生則是都先嚐個一小口，咀嚼的時候會先擱下叉子。

莊健給了我他的名片，上面寫著他是「上海餐飲行業協會」副祕書長。對於中國各式各樣的協會，我老覺得霧裡看花，它們唯一的目的似乎是要讓人在滿是頭銜的名片上，又塞一個進去。幾乎每個人都至少有一個頭銜，大夥不管見到誰，總是堅持要跟對方交換名片。上海餐飲行業協會的宗旨是「分享資訊、召開會議」，莊先生如是說明。他的名片並不算醒目，上頭只有另一個頭銜——二〇〇六年上海國際餐飲博覽會組織委員會的副總監。

莊健喜歡數字，上海有四萬家餐館，供應四十國菜色，包括巴西、土耳其和尼泊爾。上海最大的餐廳佔地十萬平方呎，共有五層樓，包括一百零八個私人包廂，每天營收二萬三千美元。

他注意到，不光是旅館業，澡堂、水療中心和三溫暖等各種企業都兼營餐館。他的協會把外賣舖也列為餐館，有些外賣業供應中、小學伙食，中、小學往往並未附設食堂。最大的外賣業者一天要外送十萬份午餐，協會力促業者不只要注重餐食的營養，還需美味。「孩子們要是覺得不好吃，會去街上買羊肉串，」莊健解釋說。

我問他學校的伙食要多少錢。

莊先生的回答有點太迂迴了。他說，上海如同中國大部分的都市，都有「四〇、五〇的問題」。他指的是四、五十歲這一輩的人，他們生在「大躍進」的時代，因文革之故，未受到良好的教育（王主任委員是這一輩中年紀較長者）。這些都會中年工人在工廠幹了二、三十年活後，因為上海和北京等地市中心的工廠遷移到華南鄉村地區，而被迫下崗。「他們有孩子卻養不起，他們仍然得餵飽孩子和父母。所以，我們把價格定在一餐四塊半人民幣。」

莊先生提到，許多上海餐館有中國的「五珍」——海參、魚翅、鮑魚、魚肚和燕窩。我問他有多少家，他面露惑色，沉吟了起來。這個數字他偏偏就不知道，為了幫他挽回面子，我趕緊問，魚翅還受歡迎嗎。我始終不明白這種無味、透明的纖維有啥好吃的。

「吃魚翅會上火，對環境不好，姚明就不吃。」他說，指的是晚近一個提倡不吃魚翅的公益廣告，美國職藍休斯頓火箭隊的明星姚明是代言人。中國人幾十年以來受制於政府的教條式宣傳口號，如今改由名人遊說大眾，似乎感到耳目一新。

莊先生又說：「市場上有很多假魚翅。」

江老師彷彿大夢初醒，抬起頭來。「就跟月餅一樣，」他說。

再過幾星期就是中秋節了，每年農曆的八月十五月圓日是中秋，當晚大夥吃有甜有鹹的月餅來慶祝。經江老師這麼一形容，月餅彷彿成了加了鉛的耶誕果子餅。「沒有人買月餅是為了吃餅，有些是用劣質的材料做的，或者是前一年舊貨回收。我們只用來送禮，月餅糖分太高了。」

「我喜歡月餅，」我說。起碼我以為我以前是喜歡的，對於月餅，我有美好的童年回憶。

很好，江老師說，他打開公事包，給了我兩張人家送他的餅券，我可以到本地一家餅店換兩盒月餅。

莊先生補充說，中國對月餅已採行新的規定，「不能像以前那麼鋪張。」依法，餅盒的價值不得超過內裝月餅的價值。

我問，政府為什麼這麼事必躬親，管到月餅的包裝呢？

莊先生解說道，近年來，月餅成為賄賂的管道，開始出現十八K金的餅盒。有時，月餅裡頭藏了現金，「或新公寓、BMW的鑰匙。月餅成了貪腐的工具，」他說。

我聽過一個傳說，據說七百年前元朝的時候，有位中國將軍因為在月餅中暗藏音訊給部下，推翻了皇帝。如今，月餅的新用途多少卻顯得沒那麼英勇、有光彩。

莊先生提到貪腐，這可讓江老師激動了起來。他大聲嚷道，還說呢，不過就昨天，上海有個共黨高幹因為挪用成百萬上千萬的公款而被解職。這是首度有如此高階的幹部將面臨審判、坐牢。「他活該被解職，」江老師以他有話就說的態度表示，「他把我們的退休金據為己有，他拿了我們的錢。」

莊健坐立不安，回過頭列舉起各項事實數據。二〇〇五年，上海餐館平均營收為人民幣三百萬元左右，根據預料，二〇〇六年將增至四百萬元。「我們的國家並不擁有全世界最好的農業技術，」莊健說，「我們沒有最工業化的經濟，但是我們有全世界最好的幾種烹調。」

這一餐將近尾聲時，我看得出來江老師尚未吃飽，我猜是因為沒有澱粉食物墊底的緣故。我請女服務員送點義大利麵來，這是我想得到最像中國麵食的東西。她回來時，端了一盤油封鴨奶油醬汁義大利寬麵。江老師開心地一掃而空。

江老師跟中國大多數飲食作家一樣，寫餐廳評論時接受招待。餐館有時也付費請他寫評論式的廣告文。店家不僅會向他請教如何改進食物，也會請他就行銷策略方面指點一二。在中國，生意利害關係和黨的指示，往往優先於新聞的客觀性。江老師堅稱，接受招待和寫酬庸文章並不會影響到他筆下的文字。「倘若我覺得不好吃，就不寫評論，」他說，「有時候，我不肯收餐廳的錢。」可是在我追問之下，他看來神色不安，我決定不再談這件事。

我不再非議江老師的行為，說不定是因為我在中國已待了好一陣子，領悟到我無法用美國的那一套道德標準來評議這裡的人。我在瞭解到北京的中國新聞從業人員的行事方式後，對江老師的作法已見怪不怪。不過，這也只是因為我喜歡他這個人的緣故。他為人坦率，我也很欣賞他對食物和寫作那毫不摻假的熱情。

江老師對食物的熱情開始得很早，他出生於一九四四年，家中有六個同胞手足，他排行老大。他的母親賣菜，他對她的廚藝充滿懷念。「她做豆芽，不論什麼，她都物盡其用。大部分人如今會丟棄的東西，她都能拿來做出好吃得不得了的菜。」她用蔥白來做紅燒肉，她燉美味雞湯(「純粹只擺了雞」)的祕訣在於，小心掌握火候。

他的父親以建造老虎灶為業，一九五〇年代大部分時光，他們一家人住在上海鬧區的一間石庫門房子裡，日子過得就如一般的中等人家，那個時代，食物相對充足。可是到了五〇年代末期，他們原本習以為常的肉類食品逐漸絕跡，由於毛澤東的大躍進運動，上海和整個中國都變窮了。江老師還記得，當時他們一家人常常晚上就只點得起一顆二十五瓦的燈泡，他還是照樣在這半明半暗的燈光下熬夜寫作。中學時，他在上海甚具影響力的報社《新民晚報》的徵文比賽中得獎，這篇文章見了報，他拿到四毛錢獎金，他用來買了一件新的運動衫，舊的那件早已破爛不堪。

他十幾歲時，家裡多半吃飯和麵條充飢。「我們營養太少了，我常覺得腦袋有點糊里糊塗。」他們一家九口，六個兄弟姊妹、父母和一位祖父母輩，一天分到兩顆雞蛋。「我父母把所有的蛋都給我吃，他們想，我如果吃得好，大學入學考試就能考得好。只要我能上大學，家裡就能多點空間，還能少餵一張嘴。」

這個計畫結果成功了。一九六二年，江老師考上頂尖的復旦大學，成為新聞系三十位錄取新生中的一位，學校坐落在上海北郊。他記得學校的伙食比他貧窮的家吃得好，「有些菜裡甚至有肉，還有豆腐。我們早餐吃肥豬肉和稀飯，有時吃蒸魚。」

江老師談到在文革漸熾之際，他和教授與同班同學之間的思想衝突時，比較不自在。他的論文主題是他最喜歡的十八世紀文學《紅樓夢》，他的同學百般騷擾他，質問他為何捨毛的思想不讀，而看舊文學。

「我同他們講：『毛主席是藝術，不應該把他牽扯到政治。』」

當時中國已進入歇斯底里、極權主義的時代，江老師的品味和他對「偉大的舵手」直率的意見，使得他遭到懲處。他的同學畢業後，進入國營報社，成為政府的宣傳喉舌。校方命他多留校一年勞動，接著他被送往上海附近的安徽省一所中學教書。

「我在安徽時開始研究食物，」他說，「我有一口爐子，找到一本食譜，裡頭記載著一千年前御廚的烹調技術。」江老師居住的地區屬於肥沃的長江三角洲，物產豐富。「我吃得到魚、蝦和蟹，我自己灌香腸。」他發覺研究食物不但能滿足口腹之欲，尚可滿足他對知識的渴望，而且「沒有人會來煩我，研究這個很安全，我非常快樂」。

一九七六年，毛澤東過世，文革結束，有關方面決定江老師已接受足夠的「改造」。他回到上海，在復旦拿到新聞碩士學位，被分發到上海大報《文匯報》，進入新聞圈。當時各報社也跟中國社會一樣，出現改革風氣，啟用新的技巧。「我們採用倒金字塔形的新聞寫作法，」他告訴我，跟著把那套方法從頭到尾解說一遍。我基於禮貌，不好意思跟他說，我中學時在新聞學課堂上已經學過了。

江老師寫過民眾首次購買電視、冰箱的事例在中國暴增的現象，他也跑過紡織成衣的路線，但是他除了食物，對其他的其實都不怎麼關心，因此他轉而報導起餐廳、農業和食物，說服編輯這些都是嚴肅正經的題材。他在二〇〇四年退休，開始專心全職寫作飲食文章。

我認識江老師時，文革時代早已結束，人們又可以自由閱讀《紅樓夢》，政府也逐漸放鬆管制，容忍他小規模地揭發黑心食品。可是，寫作者如果在平面、電子媒體或網上批評政府官員，仍可能遭到起訴，我很好奇，這位老饕在寫作上海各大餐館招待享用他的美食之餘，是否意識到自己在某種程度，一直是位流亡作家。

有天上午，我帶著江老師送我的餅券去換月餅。再過幾天便是中秋節，根據傳說，約莫在漢代（公元前二〇六年至公元後二二〇年），中國先人認定，在一年當中以陰曆八月中的月亮最圓也最亮。中秋節通常落在公曆的早秋時節，農家認為中秋節的來到表示秋收之始。不少中國人仍熱中賞月，遵行陰曆。一到中秋，大夥要吃月餅、賞月，最好能到山上觀月。

雖然我在聖地牙哥成長時期，我們家並不會出門賞月，但是我們仍遵守陰曆傳統。我十多歲時，我父親有一陣子基於飲水思源，宣告說，他要回過頭使用陰曆，過陰曆生日，這讓我們一家人仰馬翻，因為我們再也搞不清楚他生日究竟是哪一天。月餅也有重要的地位；我母親每年中秋節前會到中國雜貨店買月餅，一盒月餅例必裝有四個，餅皮是用麵粉、糖和豬油製成，上面有餅模扣出來的花紋、圖樣，還有寓意吉祥的中國文字。暗金色的餅皮裡頭包著扎實的餡，有甜有鹹。我愛吃蓮蓉餡的，一口咬下，一嘴香甜柔滑，味道就像茶。一個月餅大概有一千卡的熱量，我母親明白這一點，所以會把餅一切為八塊，一個月餅可以吃幾天。我們吃完了一個，她就從冰箱中取出馬口鐵質料的餅盒，再拿一個月餅，同樣切成八塊，我們一家足足要兩星期才把一盒餅吃完。

我在前往餅店的路上，注意到月餅無處不在。我走出借住的朋友家那幢樓的電梯時，迎面便是一大落的月餅盒，一盒盒都是標準的正方形，鑲著金邊，那餅盒疊得好高，擋住抱著餅盒的人的眼睛。我走在上海混亂無序的街上，看見餐館窗後也推著一箱箱的月餅。連「星巴克」也在賣月餅，我走進上海無數家星巴克分店當中的一家買咖啡時發現這事，店員問我要不要來塊卡布奇諾味的月餅配我的咖啡。

我走到餅店距一條街的綠蔭小馬路時，有個男的鬼鬼祟祟地站在寫著「月餅取貨處」的告示板前，他朝我手上的餅券比畫比畫，問：「多少錢？」他出人民幣三十四元跟我買，約合四美元。餅券的票面價值是他出價的兩倍。

「對不起，非賣品，」我說。我繼續走向餅店，路上每隔幾公尺便被月餅黃牛攔下，接著的兩名黃牛出價四十人民幣。我一路往前走，堅持說我想要自己換餅，第四個黃牛笑了起來，「好吧，最後一個價錢，兩張八十四塊錢怎麼樣？」他穿著白色汗衫和運動褲，腋下夾著黑色手拿包。他死命跟著我不放，很多中國人只要打定了主意就會這樣緊追不捨，最後我們來到餅店前面。

「是真的，」我嘆口氣說，「我想留著自己吃。」

「這年頭誰還吃月餅哪？」他說。

「不好吃嗎？」我問。

「當然不好吃，作法跟以前不一樣了。」

餅店裡面，月餅盒堆積如山，直抵天花板，沒留下多少貨架空間給膨鬆的麵包和糕點。態度不怎麼客氣的收銀員跟我說，沒有蓮蓉月餅，我將就改換了一盒豆沙月餅，把另一張餅券賣給一個雙頰紅通通的年輕女人，她告訴我，她從鄉下來城裡，是想幫助窮困的家境。她付了我四十五元，我猜她可以加價十元倒賣出去，這錢可比在田裡做牛做馬好賺多了。

「月餅難吃的很，是吧？」她一邊算錢給我，一邊說。

「妳打算這樣跟向妳買餅券的人講嗎？」我問。

她咯咯笑了起來，「他們知道，月餅是拿來送禮的。」

我舉步離去，邊走邊想，我為什麼不乾脆把餅券送給她得了。她需要這錢，我不需要。我所居住的這個國家，「為人民服務」這句官方格言已不再盛行，取而代之的是「人人為己」這個非官方觀點，我是不是受到感染，才會榨出某位農民的最後一塊錢呢？然而，在前頭有人競相出價的情況下，再加上上海這中國最唯利是圖的都市步調又如此忙亂，出售餅券似乎成了最順理成章的事。

我在聽過有關月餅品質衰退的種種說法後，再也不想破壞童年回憶。後來，我和一位朋友聚會時，聽說她正為沒空買禮物給第二天要去拜訪的親戚而發愁，就把那盒月餅給了她。我希望，終究有人會吃掉那些月餅。

13

這一回，在上海生活的感覺和以前完全不同。我一星期只在黃浦會工作三天，閒暇時間多得很，可以到處探索。我不需要為了趕上交稿限期，在城裡橫衝直撞，發了瘋似地拚命訪問形形色色的消息來源，採訪一大堆之間差異大到離譜的題材。我的社交生活也比較安靜，我之前住在上海時來往的朋友，有很多已經搬到倫敦、首爾和紐約；我不再在酒館、夜店流連到凌晨時分。說實在的，沒有忙碌的事業和社交生活，我發覺上海可以是一個非常寂寞的城市。

有天晚上，我決定到以前常去的一家平價粵菜小館用餐，我過去常來這兒喝粥、吃燒鵝，燒鵝是我很愛吃的一道粵菜。來這兒的另一個原因是，一個人前來這種比較隨興簡便的地方吃飯，比較輕鬆自在。在中國，餐館可不光只是吃東西的地方，也是酒館、卡拉OK夜店、會議中心，甚至婚禮會場。如果是邊吃飯邊談重要的生意，大夥就會輪流起身敬酒，直到席間有人醉倒。一夥朋友晚上聚餐，經常會要求給間包廂，餐廳通常闢有包廂，裡頭可能附有洗手間、電視、卡拉OK，還有一位專用服務員因應客人每項要求。中國的餐廳沒有吧檯和高腳椅，讓你可以一個人安靜地坐在那兒邊看書邊用餐，最小的席位一般是四人座。倘若我不巧正是獨自用餐，會覺得自己彷彿是表演娛興節目的怪胎，女服務員和其他客人會以奇怪的眼神打量我，咯咯笑，笑這個可悲的女人既沒朋友也沒家人。

那天晚上，我佔到店裡所剩不多的空桌中的一張。那館子是用日光燈照明，牆壁漆成白色，裡頭塞了不超過十二張餐桌，天花板的一頭吊掛著一部電視，使得這地方感覺上好像是乏味無趣的醫院自助食堂。餐室和廚房隔著一扇窗，師傅在廚房裡把燒鴨和燒鵝斬成小塊。我才剛坐下，服務員就過來問我能不能跟另一位單獨用餐者併桌。那是一位女士，留著娃娃頭，頭髮染成耀眼的紅。她在我桌前徘徊。

她在我對面落座，點了麵和油雞。我點了燒鵝，光是想到那烤得焦焦脆脆的鵝皮、那肥滋滋、深色的鵝肉，還有那柑橘香的蘸醬，我就已在流口水了。我們的菜送來時，兩人尷尬地互看了一眼，便埋首吃了起來。教我意外的是，過了幾分鐘，那位陌生的女士請我吃她的油雞，我則堅持要回請她嚐嚐我的燒鵝。又過了幾分鐘，我心中暗下決定，她的髮型倒也沒有那麼難看。說到底，我母親的頭髮也是染成那種顏色，這使得她看來有幾分熟悉。我們吃到一半，便已經像老朋友一樣地聊開了。

她對我說，她家住郊區，來城裡逛街購物了一天，回家前先來這兒吃個快餐。她在一家美國化學公司當會計。

「妳說不定聽過我們的總公司——莫頓？」她問。

我對她說，好像沒聽過。

「是做鹽的。」

我想了一下，「哦，妳的意思是Morton！對，很有名的公司。」

她不以為然地看著我，「辦公室的人老是這麼跟我們講，他們說公司佔有美國九成五的鹽市場，可我不相信。」

我對她說，她老闆八成並未誇大其辭。她提到莫頓也想進駐中國市場，問題在於莫頓的鹽太貴了，比中國超市一般銷售的鹽貴了一倍。

「可是品質也許比較好，」我說。

「中國人只在意價錢，莫頓的質量是比較高，用的碘較少，可你鹽就得多擺了。我自己試用過，鹹味比我們的鹽淡。」

我提到莫頓的鹽在美國是最基本的品牌，我想舉符合猶太教飲食戒律的祝禱鹽（kosher salt）為例，說明美國有各種不同的鹽，可是我不知道kosher的中文怎麼講，反正我也不曉得這鹽為何叫祝禱鹽，我可不可以就叫它「猶太鹽」算了？不過，我決定不提一個字也不提，因為我注意到和我同桌而食的女士一臉驚愕的表情：「還有比莫頓更貴的鹽？」

我們的話題始終繞著食物打轉，我要不了多久便決定，把她列為近來正在研究的題目的請教對象，那就是，上海最好吃的小籠包在哪裡。

「說真的，」她說，「在我看來，上海沒有哪家的小籠包是非常好的。我老家無錫的好吃多了。」從上海搭一個小時的火車便可抵達無錫，那兒已被上海的發展吞噬，如今被當成是上海的郊區。「小籠包就是源自那裡。」

「妳肯定嗎？」我問。我碰到的人對這問題都各有見解。

「肯定，我們對小籠包的作法還制定了規矩，每個小籠包頂上的摺子必須是十六個。另外，上海的也太鹹了，我們的比較甜，」她說，好像這一點便底定江山、分出高下。她說，講句實在話，無錫的食物都比較甜。上海人做紅燒肉時，加起糖來雖是一飯碗一飯碗地加，可對她而言，還是不夠甜。

我們交換餐飲情報，辯論起兩人都知道的餐館之優劣。餐畢，她給了我她最喜歡的館子的名片，我沒聽過這地方。接著，她不顧我的反對，掏出皮夾，堅持要替我付帳。

我在上海的社交生活有點寂寞不說，我發現在黃浦會結交朋友也不大容易。廚房按照語言而區分派系，梁子庚和耀哥等華僑彼此用如歌唱一般的粵語交談，這種語言跟義大利語一樣，表情豐富又獨特。本地的廚師彼此講上海話，滬語子音重，斷音多，聽來好像有人在嗑了藥以後講日語。梁先生也透過社區服務計畫，雇用了一些聽障的廚師，他們用難解的手語相互溝通。大夥共通的語言是普通話，不過只有在跟自己這個圈子以外的同事講話時才用到。在這些通行的語言中，我只會普通話，因此我始終都是外人。

無所謂，反正廚房這麼忙碌，吵得很，想要吸引任何人的注意力超過半分鐘，都是難之又難的事。大夥只有在對面的黃浦會員工食堂時，才能講上幾句話，在午間營業時間開始前，大家都在那兒吃午飯。食堂裡的餐桌正是那種中國自助餐店會擺那種標準的長條形塑料桌，可是從那兒同樣有望出去美得令人屏息的景觀，看得到江水和江上的船，還有對岸摩天大樓的天際線，黃浦會的客人可是要花大錢才看得到。然而，即便在這裡，我還是碰得一鼻子灰。有一天，我跟一群女服務員同桌坐下，我自覺像個新來的轉學生似的，想要破冰，卻四處碰壁。她們好不容易才明白過來，我是見習人員，那一夥人中領頭的那一位說：「哦，對，我們收到有關妳的條子。」過了幾分鐘，她收拾她的餐碟走了，其他服務員有樣學樣，留下我在那裡納悶，那條子上到底寫了什麼。

食堂有專人煮飯，燒的是在我看來出奇像樣的上海菜，自助餐檯上各種標準的菜色搭配輪流更換，好比紅燒豆腐配煎河鱸、烤南瓜。每餐都附有飯、湯與新鮮水果。飯菜的內容雖談不上奢華，卻遠比其他餐館的員工伙食好。可是黃浦會的廚師對食物另有看法，我有一天和兩位廚師同桌共餐時發現了這一點。

其中一位廚師年紀不大，瘦瘦的，在切配部幹活。他說，在他小時候，他母親去修船廠上班時，常帶著他，那兒的伙食「比這好多了」。

個子精壯結實的爐灶廚師坐在他對面，附合說：「這年頭，每樣東西吃起來都像動物飼料，豬肉的味道跟以前不一樣。」

「豬在以前都是個體飼養，一養好幾年，」切配廚師說，「現在都是工廠養豬。」

「以前的雞都是放養的，」爐灶廚師哀嘆，「牠們可以四處走來走去，想吃什麼就吃什麼。」

「現在都被關在籠子裡，強迫餵食，肉都不像以前好吃了。」切配廚師呼嚕有聲地喝著湯，「不過，我們覺得以前的飯菜比較好吃，八成還有個原因，以前的選擇沒那麼多啊。」

兩位師傅並沒有機會就此多想一下，就猛地站起來，把餐盤端到洗碗區，匆匆趕回餐廳。我午餐只吃了一半，但也起身，跟在他們後頭回去。

後來，我總算跟一位廚師交上朋友。她叫小韓，芳齡才十九，這裡的廚房雖是男人天下，她幹起活來仍從容自在。她剛從一所頂尖的烹飪學校畢業，就來到黃浦會，從餐廳開張第一天就開始在這兒上班。

小韓是打荷員（food caller），在廚房中，她服務的部門最教我感到迷惑，這部門在廚房裡就等於是機場的跑道，菜做好以後得先放在這部門的檯子上做最後檢查，而後才能讓服務員大手靈活一揮，高舉過肩，輕巧地端至客人桌上。打荷員的英文名稱雖有呼叫的意思，但是他們並不大呼小叫，而是等著別人上門來，是「所有部門的中間人，」小韓這麼告訴我，她說，在其他的中國餐廳廚房，打荷員的工作並不很重要，可是在黃浦會，小韓扮演重要的角色，她讓菜餚的賣相看來有先聲奪人之勢，這使得餐廳的消費看來貴得有理。

小韓長得像日本動漫畫的女主角，臉闊但五官細緻，小小的鼻子配上會說話的眼睛和櫻桃小嘴。她不喜歡化妝，頭髮總是綰在腦後，綁成長長的馬尾，這讓她看來比實際年紀還小。她和其他打荷員交談時，聲音低低的、粗粗的，好像變聲期的男生在講話。她即便在比較放鬆的時刻，也是擺出稍帶一點男孩氣的樣子。有一天她休假，順道來餐廳一下，她穿著便服，頭髮放下，我訝然發覺，她看來很有女人味。職業廚房使得人人都變成了男人，每天早上當我換上鬆垮的廚師服時，就會注意到自己變了模樣：我的胸脯整個不見了。

小韓的衣袖口袋夾著一隻筆和一把刀，褲袋中則放了湯匙和筷子。她守在爐灶部門前方，當爐灶廚師把一鍋碗熱騰騰的菜推到不鏽鋼檯的中央時，她就開始整治擺盤，把菜從難看的錫碗裡移到亮晶晶的白色盤子、馬丁尼酒杯和幾何形的大碗中。她好像要把菜擺成適合上鏡頭的樣子，將菜撥來撥去，從捏捏瓶中擠出醬汁畫線條，拭去任何污點殘汁。她在各部門間來來回回，確保每位廚師都能適時出菜，以保持每一頓飯的步調。

我剛來黃浦會見習不久時，有一回在食堂裡和小韓同桌用餐。她話不多，但是態度友善，我們快要吃完飯時交換了手機號碼。她提到她很愛吃小籠包，對她而言，其美味僅次於葡式蛋撻。這蛋撻雖有葡式之稱，其實是中式點心，是油酥皮包著蛋奶餡，表面烤得有點焦。她說，淮海路有個攤子的蛋撻肯定是最棒的。「在我吃到那蛋撻以前，我從來不知道什麼叫幸福，」她說著說著，嘆了一口氣。接著埋頭把飯菜吃光，衝回廚房。那一回之後，我們並沒有機會多聊，她太忙了。

不過，時日一久，我對她的事也就瞭解得比較詳細一點。她跟我說，兒時壓根沒想過自己會當廚師。「我家裡沒人當廚師的，」她說，「我想當醫生。」

她是因為認識了一個手帕交，而逐漸對烹飪產生興趣。這位在北京長大的好友跟小韓說，她喜歡吃海鮮和北京街頭點心。她特別愛吃一種叫做「驢打滾」的點心，那是種糯米糕，外頭裹著色如黃沙的黃豆粉。小韓一時衝動，就對好友說：「我可以學著做給妳吃。」

「我就這樣變成了廚師，」她告訴我，「這樣我就可以做東西給她吃。」

當時小韓就快要初中畢業，臨畢業前，她可以選擇就讀一般高中或高職。在中國，一般高中競爭激烈，得通過考試才能入學。小韓不想跟人擠破了頭，決定唸高職，讀高職雖不像上高中那麼有光采，但是到頭來卻可能比較能賺錢。正巧小韓的祖父工作的酒店集團旗下擁有上海最好的烹飪學校，她在好友的勸說下，決定修習烹飪。

她和好友後來並未維持交情，不過她對烹飪興趣大增。小韓成了烹飪能手，在完成兩年學業後，她和十一位同班同學贏得難得可貴的機會，得以在黃浦會見習一年。見習期結束後，只有少數幾位學生留下，兩年半後，小韓成為唯一留任的學生。「有些人去了別的餐館，不過有很多不做烹飪這一行了。每個人都得找到適合自己發展的環境，我是越忙，工作表現就越好，」她說。

黃浦會也是她唯一熟悉的地方——這裡就跟她家一樣，是個安全地帶，她還跟父母住在一起。她已開始考慮要不要離開餐廳，到別處尋求更好的機會。可是每當她想到離去之事時，就忍不住熱淚盈眶。「我知道我走的那一天，一定會哭的，」她說。

有一天，我在切配部幫忙小韓挑揀芫荽。當時是早上十點半左右，周遭只有幾位廚師匆忙跑來跑去。我倆穿著廚師服，戴著紙帽，除了兩人都綁了馬尾巴外，從背後簡直看不出我們是男是女。她說她打算去寺廟，因為她有位蒸籠部的同事心情沮喪。「他因為做錯事，常常挨罵，所以想去燒香拜拜。」

「燒香有用嗎？」我問。

「嗯，不知道，」她說，「可是至少沒有壞處。」

我們一邊揀著芫荽葉子，她一邊問我愛不愛唱歌。晚上收工後，她和其他廚師有時會去ＫＴＶ唱歌。我說我愛唱歌，可是說實話，我並不很喜歡去ＫＴＶ，中國朋友老愛唱些愛來愛去、嚴肅的要命的情歌，我因為螢光幕下方的中文字幕跑得太快，總跟不上。

「我只要能在凌晨兩點以前回到家裡，就可以去，」她說，回家太晚，她爸媽會擔心。「我有位長輩是警察，他有很多故事可講，因為他在兇殺組。」

「上海有很多謀殺案嗎？」我問。

「市區很安全，郊區才危險，」她說。我告訴她，這跟美國恰好相反——在美國，郊區一般比市區安全。

「真的？好奇怪，」她說，「可是即使市區也不像以前那麼安全了。」前一年，她在父母家弄堂屋子的二樓臥房睡覺時，有人爬進窗內，亂翻她的東西，偷走她的皮夾，她醒來時，小偷已經跑掉了。

我們揀完芫荽，前往食堂，這一天的菜色有炒大白菜、紅燒蘿蔔和美味的梅菜扣肉。小韓費心把餐盤上每樣東西都吃完，接下來有一天的活兒得幹，她需要力氣。她跟大多數同事一樣，因為成天在廚房裡跑來跑去，身材保持得宜。她剛來上班時體重約五十四公斤，工作一個星期就掉了三公斤半，這會在餐廳工作兩年了，體重一直維持四十九公斤。「誰要是想減肥，就應該來黃浦會工作，」她吃光盤上的飯菜，開玩笑說。

我來到廚房這幾星期來，腰圍卻是有增無減。耀哥不斷地讓我嚐嚐各式各樣剛起鍋的東西，我又沒有意志力能加以推拒。我埋怨說，我都吃胖了。

小韓笑了笑，不把我的埋怨當一回事。我覺得自己像呆瓜，別人有更糟的事情可以抱怨，好比必須站上一整天，還有必須確保端出廚房的每一樣菜都完美無瑕。

「人必須跟好人為伍，」梁子庚告訴我，接著改用普通話說：「近朱者赤，近墨者黑。」

他談的是成功的廚師必須具備的條件。以前，結識有教養的軍中同袍讓他「近朱者赤」，這會兒，他希望馮傑利荷登的出現，或至少有這位名廚的餐廳開在樓下，也能讓他沾光。馮傑利荷登如今已躋身名流之林，在全球開有十七家餐廳，其中紐約川普國際大飯店的那一家更以其姓氏命名，這位法國名廚搭著噴射機行遍天下，到處視察他旗下的餐廳。我和梁子庚談話時，他總會提到馮傑利荷登的大名。「廚師需要學習才能成為企業家，這是讓—喬治告訴我的，」他有天早上在他的辦公室說。又有一次，他儼如在洩露大祕密一般：「我越看，就越覺得自己不適合成為讓—喬治。」

十月裡有一天，這位法國名廚行經城裡，決定到黃浦會午餐。中午時分，有位女服務員在廚房分發通知單，上面的標題潦草寫著「讓—喬治，重要貴賓！」她彷彿在喊著號外似的，大聲報告：「兩點半有八位貴賓！」廚房裡本已忙得熱火朝天，在烹煮三十人的午宴。資深的服務員湯米爆出連珠炮似的上海話，冷盤一直沒做好，讓他很不耐煩，湯米雙眼離得很近，長相老教我聯想到胡狼。冷盤廚師彎腰駝背，按照一貫不疾不許的速度做著冷盤，完全不理會湯米的叫罵。

新來的副廚阿林沒來上班，讓大夥更是忙得不可開交，他今天休假去拍婚紗照。在中國，這可是得佔掉一天工夫的大事。因此，耀哥並未在廚房裡踱步視察，而親自下海掌管一個灶臺。我難得見他上陣燒菜，對他動作何其精簡感到震撼。他將一個淺碗輕輕一倒，當中的食材便悉數落進炒鍋，他用炒菜鏟輕扣碗底，讓黏在上頭的東西都落下，跟著，他好像擲飛盤一般，把淺碗飛扔至一筐髒錫碗裡頭。他用鏟子敲敲鍋子，猛火快炒鍋中食材。他舉起炒鑊，甩了幾下，接著一百八十度大轉身，面朝著身後的料理檯。他稍微彎了彎膝蓋，讓腰與檯面同高，把鍋中菜餚舀進乾淨的錫碗中，喊打荷員過來。整個過程不超過一分鐘。

在點心房中，廚師們掃了掉落在料理檯上的通知單一眼。上面寫了梁子庚為貴客盤算的菜色，這份菜單突顯出受到大江南北中國菜影響的梁氏風格：

蟹粉薑汁蛋白
陳醋生煎蟹粉鮮肉小包佐香脆蛋麵
水晶蝦餃
風乾鴨肝蝦仁鮮肉燒賣
海鮮捲
椰香胡麻綠豆凍
辣味五香鮮肉玉兔餃（鹹點）
蝦仁杏仁蠶形小餃（鹹點）
粵式迷你煎油餅

點心組三位廚師平常日子總是悠悠哉哉，邊幹活邊講黃色笑話（「我好幾個星期沒做了。」我聽過其中一位廚師對另一位說，雖然我的廣東話很彆腳，也很肯定那「做」指的是什麼）。可是今天，他們絕口不講笑話，四位廚師埋頭苦幹，專注又快手快腳地包著形狀複雜的麵食。師傅匆匆把包好的玉兔餃放進蒸籠裡，好像關住了一籠兔子，有位廚師動手把玉兔餃排整齊，一個個白白軟軟的，面朝中央排成圓圈。

掌管點心部門的葉師傅，長得胖胖的，鼻子大大的。他探頭進點心房，「蝦餃好了沒有？」他問。

「好了，」一位廚師回答說。

「十分鐘後要上，」葉師傅說，匆匆忙忙又走開。

點心房外面鴉鴉烏都是人，眾家廚師推推搡搡，不時撞到彼此。梁子庚有一回對我提到「法國洗衣坊」（French Laundry）和Per Se這兩家名店的總廚之名說：「凱勒（Thomas Keller）的廚房工作起來跟瑞士錶一樣準確。」他解釋說，在歐美國家的廚房中，廚師可以不必跟別人溝通，獨立作業。中菜廚房卻不同，即便是氣焰高、聲勢強的餐廳也不例外，廚師必須烹調準備各種不同的材料，所有的菜都必須立即上桌。在黃浦會，人人唇齒相依，鍋鑵敲擊聲此起彼落，噼哩哐噹，彷彿交響樂達到高潮時的鐃鈸聲。錫碗被一連串扔進待洗的杯盤箱中，人人都在大叫大嚷。

廚師和服務員嚷著：「來了，來了，來了！」「去，去，去！」「快，快，快！」

「輕一點，輕一點！」耀哥對一位廚師咆哮，後者漫不經心把昂貴的盤子往料理檯一扔。

蒸籠部的主管竭盡所能地用唇語對一位聽障的廚師說：「香菜，香菜！」長得像胡狼的服務員湯米說：「聶聶聶！」他發出這聲音沒有任何意思，只是想引起某人注意。

穿著黑西裝制服的服務員捧著蓋著透明保溫罩的托盤，推開推拉門，走進餐室。女服務員拿著空托盤，反方向匆匆進了廚房，準備端別的菜出去。一落乾淨的白色盤子往一頭送去，一碗蔥花自那一頭送來。有人以迅雷不及掩耳的速度抓起一隻大閘蟹、一大塊薑或兩隻燒鴨。

甜點房傳出的陣陣香蕉糊香味飄進大堂。甜點師傅最晚才來上班，但是很晚才能下班，他們負責的畢竟是餐後的點心。當廚房眾人為烹調午餐而忙得不可開交時，只有他們能夠置身在洋溢著現磨薑汁、香草莢等芳香氣味的天地當中，相對好整以暇地工作，香氣傳遍廚房，直到通風系統把這香味和熱氣與油味一併抽了出去。

雖然黃浦會的廚房是我在中國看到最乾淨的，卻常常不符合陳醫師的標準，陳醫師是衛生督察，成天就在大樓各家餐廳的廚房探勘。那天下午，她大步走進我們的廚房，一手持老花眼鏡，另一手拿著夾在塑料檔案夾上的檢查表，苦著一張臉。她看來有如中國版的前美國第一夫人南西．雷根，穿著訂製的白襯衫、深色長裙，留著波浪形的短髮。她一貫呼籲廚房改革各種邋遢的習慣，別人卻往往報以嘲笑，這跟雷根夫人推行的「只要說不」運動得到的反應如出一轍。

「風扇沒開到最大！應該開最大！」陳醫師哀號說。她嘮嘮叨叨埋怨著：廚師沒有先洗一下雞蛋，就把蛋打進甜點麵糊；不應該把一架子已擺盤的甜點放在水槽邊；廚師上完洗手間沒洗手！開胃小菜旁邊為什麼有一堆生鴨肉？有些廚師戴了戒指！

「我跟他們講過別戴戒指！」她嚷道。師傅們看看她，一副看笑話的樣子，繼續幹手上的活兒。她轉過頭來對著我上氣不接下氣地說：「來幫幫忙吧，請妳替我跟他們講，好不好？」

「我很忙，沒工夫聽這些，」一位甜點師傅說，那語氣彷彿是跟陳醫師一起接受家庭諮商，而我是居間的心理醫生。廚師們稱陳醫師為「阿姨」，他明白這是阿姨的職責所在，「可是我們要是什麼都聽她的，那餐廳早就關門大吉了。」

陳醫師氣呼呼地走了，到樓上或樓下的另一家餐廳廚房去，她在那兒八成也會得到同樣的待遇。午宴的最後幾碟甜點送出去，一半的廚師已離開。另一半留下，好像在產房外等待的父親，在廚房裡踱著方步，緊張不安地等著八位貴賓大駕光臨。廚師仔細檢查包子頂上的摺數對不對，炒菜鍋已刷乾淨，各項食材也已排列就序。

兩點半，一位女服務員探頭進廚房：讓—喬治來了。大夥立刻展開行動。

一位師傅把大閘蟹肉汁一點一點地滴到盛在空蛋殼裡蒸好的蛋白上，每份蒸蛋裡頭都插了一小支青蔥。

耀哥的手機響了。他一邊低頭整治蒸蛋，一邊大聲回答：「好了，好了！」隨即掛了電話。梁子庚從餐室打進來問菜好了沒有。他那天竟然不在廚房裡，這讓我感到意外。我想他大概覺得留在外頭接待自己所敬重的貴客，還比較重要。

廚房裡，師傅蠶形小餃下到滾燙的油鍋中油炸，餃皮有幾層，每層皆如紙般飛薄。接著，師傅把香酥的蠶形小餃擺在點心籃中。有位廚房拿著牙籤，想把黑芝麻嵌進炸餃的兩側，權充蠶的「眼睛」，芝麻卻不怎麼聽使喚。其他師傅過來幫忙，沒多久，只見四個大男人手裡拿著牙籤，拚命想把小小的黑芝麻鑲進這模樣小巧又胖呼呼的麵餃上。

師傅從油炸機中撈出形如短棍、兩頭蘸了芝麻的春捲，有人像插花一般，把春捲插進雞尾酒杯中，而後把生菜葉當成禮盒中的襯紙似的，塞進杯裡，然後在葉上淋了點特濃的醬油。

一位廚師拿著針筒，把陳醋注射進正在鍋裡烙煎的生煎蟹粉包裡。脆脆的油餅也以同樣手法烙煎，餅上鋪蔥花與肉末，然後對折起來，切成四塊，排在盤上，堆高如金字塔一般，最後灑上海苔絲。師傅從蒸鍋中取出小蒸籠，打開籠蓋，替裡頭的點心塗麻油。每一盤都完成後，一位滿頭大汗的廚師趕緊教人來給貴賓上菜。

將近三點時，幾位廚師把最後一道菜送進餐室，剩下來的十幾位廚師總算放鬆了，大舉朝剩菜進攻。

梁子庚在新加坡服役兩年後重返廚界，在不同的四星級大飯店粵菜餐廳跳來跳去，最後跳槽到一家五星級的度假旅館，那就是印尼第二大城泗水的文華東方酒店。酒店方面將中菜餐廳「薩奇斯」交給他打理。

梁子庚說，五星大飯店的中菜廚房一般需要三位主廚，分別是點心主廚、爐灶主廚和總廚。酒店方面為了省錢，教他一人身兼三職。這家酒店的業主是位生意人，也經營冷凍食品業。梁子庚不但得同時做三個人的職務，還得替冷凍食品公司工作。他不在廚房幹活時，就研究食材，和食物化學家合作開發製作冷凍效果良好的飲茶點心。

工作如此繁忙，可不知怎的，梁子庚仍然有辦法找到時間在食物上頭作實驗。他把鵝肝加進小籠包裡頭，在豬肉燒賣中加魚卵，還把龜苓膏拿去油炸。「這東西拿去油炸時，因為裡面含有吉利丁，通常會融化，」他說，「所以我不用吉利丁，改用麵粉和洋菜。」洋菜是海草製品，可使液體凝結成固態。

餐廳在梁子庚的主導下，變成泗水數一數二的餐館，用餐區有一百八十個座位。「我午餐時要做六百人份的飯菜，」梁子庚說。客人有時得等上兩個半小時才有座位。「那些日子，你簡直就是一國之君，」他用第二人稱來說自己，「我的意思是，我簡直就是——」他搔了搔頭——「當年啦。」

在一九九七年亞洲發生金融危機之前那些年中，亞洲的奢華市場非常景氣，文華東方集團只要新蓋酒店，就派梁子庚前往督導中菜餐廳的開幕。梁子庚搭機從雅加達飛到香港、馬尼拉、吉隆坡，他還不滿三十歲，卻到處指導已年滿六十的大廚，亞洲的文化中有年高德劭的傳統，這樣的安排有時會導致緊張的氣氛。「我的態度不是『你錯了』，而是『這樣做不對』。不管做什麼事，如果你聽任別人為所欲為，事情就辦不成，」他說。

梁子庚在文華東方集團也跟一些歐洲客座主廚有了接觸，在他們幫助下，他培養出對西方精緻美食的品味，好比他以前痛恨不已的肥鵝肝。不同的酒店主辦圓桌午宴，吃外國菜，由客座大廚主廚。「一天是法國菜，然後是印度菜，再來是中國菜，」梁子庚說，「法國大廚會給我們吃真的臭到要命的乳酪，我心裡就會想，昨天吃乳酪，那今天我要教他吃榴槤煎餅！」（榴槤有全世界最臭的水果之稱，在東南亞很受歡迎，吃來口感介乎在洋蔥和鳳梨之間，聞來像幾公尺以外的臭襪子）

到了二〇〇〇年，年方二十九的梁子庚已在亞洲旅館業闖出一番名號。他的榴槤煎餅大獲吉隆坡文華東方酒店的馬來西亞吃客喜愛，他獲獎無數，卻覺得自己好像在原地踏步。文華東方集團提議他轉從事企業方面的工作，訓練他成為餐飲主管人材。「他們想要送我去洛桑，回來以後做同樣的鳥事，只不過我會變成經理，」他說。他指的是這個瑞士城市著名的旅館管理學校。

因此，當新加坡的四季酒店跟他接觸時，他決定回第二祖國。「我重返江湖，進入更開發的地方，那給了另一個高度的挑戰。」那挑戰不在廚房中——他覺得自己截至那會兒有關食物的觀念已昇華了——而在於學習如何和顧客打交道。在文華東方，「我根本不管會見顧客這方面的事，四季的作法不一樣。如果有什麼出了錯，你說我的拿鐵難喝的要命，那你就得聽第一手的埋怨。」

有一天，三位客人吃了梁子庚主廚的飯菜後來找他，他們代表一批亞洲金主，後者正在修繕上海一幢河畔歷史建築，打算翻修成商場和餐廳大樓，總稱外灘三號。金主想找一位能在精緻的用餐環境中烹製標準上海菜的大廚。

三位代表中有一位是華裔美國律師李景漢，他也是外灘三號的聯合主席。我問李先生他對梁子庚的看法，他說，他們找不到可以執行他們想法的上海廚師，「這位大廚需要有在外國五星級大飯店工作的經驗，還需要達到清潔、擺盤美觀的標準。」外灘三號企業主管在考慮過亞洲各國十多位大廚人選後，選中梁子庚。李先生說，梁氏雀屏中選的因素不只一項，其中有一項是，他「非常潔癖」，這在中文裡有此人過於講究細節的意思。「他每一盤菜都漂亮極了，擺盤美得不得了。我們看了他的廚房，整潔又秩序井然，他就像個負責帶新兵的班長。」

梁子庚聽說「讓—喬治會在樓下」，就已經心動了。他也欣然得知能夠按自己的意思，自由創作菜色，而不必像在酒店集團工作那樣得一層層地呈報，申請上級批准；他還喜歡隨時隨地想炒誰魷魚就炒誰。

李先生又說，梁子庚「對上海菜毫無所知」並不是缺憾。李先生說，上海餐飲界已有太多地方想做「懷舊上海菜」或亂七八糟的大雜燴菜色，梁子庚對這個城市感到陌生，反倒是個資產。餐廳開張之前一年，外灘三號聘請梁子庚遷來上海，他研究本地菜，跟好幾位傳統師傅學菜，這些八、九十歲的老人在一家聲名卓著的烹飪學校授課。

梁子庚來中國大陸以前，瞧不起這裡的菜，不少香港人和華僑都有這種心態。他認為中國菜就是香港菜，其他的菜系都只是次要的中國菜。搬到上海「真的教我開了眼界，見識到歷史和文化，我發覺到自己對中國菜瞭解得不夠。還沒來這裡以前，醬菜我碰也不碰，我只會想到骯髒的漬菜桶，可是後來你仔細一看就瞭解到，那桶子是封起來的，加上發酵作用，所以菜是乾淨的」。

梁子庚詳細說明他如何賦與上海茶燻蛋新生命，這道老菜原已逐漸乏人問津，他在裡面加了魚子醬。「我們造成大轟動，只因為一個小花樣，就讓它起死回生啦。」他指出，這道菜如今在上海到處被人仿製，「這讓我很樂，你笑著罵道：『學人精！』」他咯咯笑得很大聲。不過，他也不掩飾他對餐廳開張前的研究期很不耐煩，由於施工期延誤，加上二〇〇三年的非典疫情，餐廳推遲開幕，「餐廳本來可以早一點開張的。」我從他搖頭的幅度猜得出來，他的意思是，可以提早好一陣子。

讓—喬治來午餐的那天晚上，我回黃浦會，想試試看自己能否在廚房待上一整天而不致倒地不起。我看到梁子庚在蒸籠部，穿著白色的廚師服。近幾個月以來，看到這位創始大廚穿上制服，已成了跟在野外瞧見貓熊般罕有的事。然而，他就在那兒，拇指撫擦著下巴，眼睛看著前面某一點，袖子挽到手肘。那件白色工作服穿在他身上顯然太大，這讓他看來好像與周遭格格不入。

眼下，黃浦會開張兩年了，一切都上了軌道，梁子庚逐漸著眼於新的計畫。他往返飛行於北京與上海之間，打算在幾個月後在北京開第二家黃浦會。他也在亞洲各國飛來飛去，他在黃浦會雖擔任全職工作，但仍幫忙老東家作點事，前往吉隆坡和曼谷督導特殊活動，為文華東方重新設計菜單。像這種同時接受委派，替好幾位看來沒有利益衝突的業主辦事的作法，在亞洲是常態。

梁子庚在上海時，很多時間都待在他的辦公室，不是講電話、回覆或發送電子郵件，就是在跟廚房員工開會。他偶爾會到廚房巡視一番，他走近時，廚師們就好像一下子出現神經質的抽痛，變得畏畏縮縮，比較資淺的廚師尤其會如此。梁子庚難得大呼小叫或大發雷霆。他責罵人時，語氣不疾不緩，不致失態，可是卻很冷酷無情。小韓記得有一回有個職員奉命要去問梁子庚午餐想吃什麼，這人卻慌張地跑來哀求小韓代替他去問。好吧，她說，心想這有什麼大不了的。可是當她快走到辦公室門口時，隔窗看到的景象卻讓她畏縮了。

「我嚇壞了，」她說，「我跑開，想找別人去問他。」

「為什麼？」我問。

「他在裡頭罵我們一位同事，」她答稱，「我看不見他的臉，可看得見那位廚師的，他臉色慘白。」

這會兒，我朝他走去時，就跟他的部屬一樣，心裡七上八下。我不過是個卑微的見習生，算老幾呀，居然在他的廚房裡想找他說話？

我囁嚅著問他讓－喬治的午餐怎麼樣。

他眼睛盯著別處，我覺得自己渺小的像隻蒼蠅。後來，他總算答話：「那傢伙開太多家餐廳了。」我還來不及判斷他是語帶妒意或欽佩，他便匆匆忙忙地走到廚房另一頭。

有天晚上，我到一家名叫「音」的餐廳，從前還住上海時，我常來這裡。它坐落在一個綠草如茵的小區，那兒有好幾幢漂亮的老房子，餐廳給人一種簡單大方又高雅的家常感覺。一進門是小小的玄關，接著是寬敞的餐室，木頭地板，牆上掛著當代畫作，陳設著中式骨董家具。飯菜同樣地低調，每天晚上都同一位廚師烹調分量不大的現代上海菜和四川菜。音餐廳跟黃浦會一樣，也走再創造上海菜的路線，只是規模比較小。

鄧師傅做出來的雞肉和魚肉都是去骨剔刺的，他不用味精，改用雞湯或豬骨湯來調味。他作菜少油，烹調風格不矯揉造作，他難得採用奇異的外來食材，配合吃不來辛辣菜色的口味，在菜裡加糖好讓辣豆瓣醬不那麼嗆，在川味擔擔麵裡加花生醬——這種種改良的作法，看在傳統廚師的眼裡，會顯得大逆不道。

我認得的一位旅遊雜誌編輯有一回表示：「最好的餐館和最喜歡的餐館是兩碼子事。」依我看，黃浦會和音餐廳之間的差異正是如此。黃浦會正埋頭苦幹，想登上中國烹飪的巔峰，到那兒用餐是為了得到一種特殊的經驗；不少人認為它是上海最好的餐廳。音餐廳則是街坊餐館，去的都是常客，這裡是他們最喜歡的館子。

音的日本籍老闆宮中照慣例站在玄關迎賓，宮中對人特別客氣，講話輕聲細語，我走進屋內，脫掉我的秋季外套時，他微微一頷首，小綹小綹的頭髮擦著肩頭，他臉上露出驚訝的微笑。我住上海時和宮中與鄧師傅滿熟的，可是我有兩年多沒來了。

我坐下來用餐，鄧師傅從廚房出來跟我打招呼，他穿著黑色中式立領襯衫、牛仔褲，戴著玳瑁框眼鏡。他前額滿佈皺紋，整個人瘦骨嶙峋，膚色像泡了很久的烏龍茶湯。他跟宮中一樣靦腆，微笑著點點頭。他那種不張揚的作風，讓我聯想起在公園裡看到的一些上海中年人，手拎著鳥籠在散步。不過，當我告訴他，回上海來是為了學做菜時，他臉色一亮，恢復原有的廚人神采。「妳一旦學會了基礎，就可以運用在各個方面！」他說，「好比說，我在貴州一家館子工作的時候，老闆有一次拿了隻活的果子狸來。」

「現在不是不准吃果子狸了嗎？」我問。這種很像浣熊的動物跟「非典」疫情的流行有關。

「這是很久以前的事了。總之，我從來沒吃過果子狸，也沒煮過狗肉或貓肉，所以怎麼辦呢？這麼著，首先我扒了牠的毛，那玩意可兇了。」他皺眉，想表達出那禽獸天性有多兇猛。「然後我把牠扔進一鍋滾水裡。」他當著一屋的客人模仿投擲的動作。「跟著，我剝了牠的皮，加醬油和糖紅燒，味道可好了。」這一課的教訓是：「一件事情不可以因為你以前沒見過人家怎麼做，就說你不會做。」他說，我隨時想練練手藝，儘管到廚房找他。

我真的就不時去找鄧師傅，音餐廳的廚房陳設簡單，只有兩個灶臺、一座大型料理檯和兩個水槽，和黃浦會廚房那種緊張又斤斤計較於細節的作風迥然不同，十分怡人。有天下午，我看到鄧師傅在炒菜鍋前面，朝我看了一眼，隔著呼呼作響的抽油煙機聲喊道：「乾脆妳來替老闆燒個午飯好吧？」他喊一位女服務員，後者拿著圍裙和紙做的廚師帽衝過來。宮中已經按老規矩，點了家常豆腐和白飯。

「辛香料少擺點，」鄧師傅說，「他不喜歡太辣。」

梁子庚曾讓我在黃浦會的灶臺試做過一次菜，當時有一位資深廚師在旁監督。不過，他叮囑那位師傅，無論如何，都不能把我煮的東西端給客人吃。

我猜想，即便我炒的菜難吃的要命，宮中也會原諒鄧師傅，可是替老闆燒菜這件事，還是讓我好生緊張。鄧師傅似乎並未注意到，他吩咐我先把切片的豆腐撲上點麵粉再下鍋去炸，炸至外皮金黃香脆時，撈起豆腐。我另起油鍋，下蔥薑，後加了一坨豆瓣醬和一點點辣椒醬到鍋裡。「下豆腐！」鄧師傅壓過吵雜的抽油煙聲，指示說。豆腐在鍋中滋滋作響，我倒了點料酒入鍋，讓汁滾煮一兩分鐘，接著加醬油，再煮一會兒，把汁收乾一點。

我一開始燒菜，就發揮起本能，自信十足地燒好菜，盛到上釉的瓷盤上，女服務員把菜端走。我看著菜一路從砧板上到鍋裡再到餐桌上，心裡好有成就感，當我在張師傅的麵攤上削好一碗麵時，也有同樣的感覺。我烹調了食物，有人要吃這食物，給了評價，而且這個人並不是熱情有餘的親朋好友。

我走出去時，碰到宮中。「豆腐好吃嗎？」我問他。

這位帥哥頓了一下才回答：「妳——是妳做的？」

家常豆腐

1塊12盎司重的豆腐

1／2杯中筋麵粉

1／4杯豆瓣醬
1／4杯中式辣椒醬
1小匙糖
1杯蔬菜油
1大匙蔥花
2薄片薑
1大匙紹興酒
2小匙醬油

豆腐縱切對半，再橫切成1／4吋厚的片。麵粉倒進小碗中，每一片豆腐蘸取麵粉後，鋪在盤子上成一層。另取一個小碗，混合豆瓣醬、辣椒醬和糖，放到爐子旁邊。

炒鍋中加3／4杯油，用大火燒熱後，豆腐逐片下鍋，撥弄一下，讓每片豆腐底部都浸到油（說不定需要分兩三批煎炸）。把一面炸黃後，翻面再炸，也炸黃。撈出豆腐，放在乾淨的盤子上。

倒掉炸油，將尚未用的1／4油加進鍋裡，用大火燒1分鐘，下蔥薑炒1分鐘，加進混合的豆瓣醬料，再炒1分鐘。下豆腐、酒和醬油，轉中火煮3至4分鐘，起鍋，立刻上菜。

鄧師傅的炒菜鏟輕輕敲著鍋子，在鑊中舞動。他掄起墊著濕布的鍋柄，熟練地拋鍋，鴿肉丁、松子和香菇丁被拋至空中，隨即落回鐵鍋中。灶臺旁邊整齊排列著各種醬料和辛香料，看來好像等著被塗抹在帆布上的顏料。

我看得到鄧師傅的副主廚正在一旁把炸好的蟹粉獅子頭投進一鍋滾水中，這些肉丸待會兒要加醬油燉。有位助手在廚房另一頭切牛舌，另外兩位則站在鄧師傅對面的備料檯，臉朝著他，在等他出菜。音餐廳給人一種一家人緊密合作的親切感。

在音的廚房裡，我覺得自己不是外人，和鄧師傅相處自在，我放心到甚至對他透露我和臺灣的淵源。午班收工以後，我們有時會在餐室或露臺上休息、聊聊食物，我草草記下鄧師傅的幾項見解：

在中國，生意人到餐廳談生意，沒人真在辦公室談生意。

燒菜用不著天分。

我認為外國人並沒有興趣吃真正的中國菜。

有天下午，我們坐在幽暗的餐室中，鄧師傅把紅燒肉的作法從頭到尾跟我講了一遍。「買兩斤的五花肉，肉得多，至少兩斤。這就跟煮飯一樣，煮太少，就是不好吃。切成方塊，滾水煮個五分鐘。」他停下來抽了一口菸，「撈出肉，用冷水沖去雜質。切點蔥薑，用油炒，肉下鍋，炒個幾分鐘，加點料酒，大約三湯匙吧。用大火！」他停下，先啜一口咖啡再說。

在認識鄧師傅以前，我從來就不認得有哪位中國廚師愛喝咖啡。廚師總喝茶，他們備有大玻璃杯，不時往杯裡添熱水。鄧師傅告訴我，他是跟他父親學來這習慣，其父曾是成功的建築師，在國外念書時學會喝咖啡。上海從前不難買到咖啡，共產黨掌舵以前，上海有一家英美合資的咖啡烘焙企業，外國人走了以後，政府接管工廠，繼續生產咖啡豆。在共黨政權下，鄧父的景況並不好，身為建築師已經夠糟糕了，他又有些親戚是國民黨同路人，一九四九年時為逃避迫害，逃到了臺灣，鄧父未能及時離開，「生活變得很困難，」鄧師傅緊張地笑笑說。不過，鄧父不改喝咖啡這小資習慣，還傳給了鄧師傅，他十八歲剛當上廚師時，每個月會從四美元的工資中撥出四毛，買一袋現磨的咖啡豆，慢慢地品味，直到下個月再發薪。

政府分發他到一家名叫「梅龍鎮」的國營餐廳工作，雖然這家館子那時在上海數一數二，鄧師傅卻並非特別有志於廚藝。「我連要怎麼拿菜刀都不知道，」他說。他一開始當洗菜工，後來慢慢往上爬，結果在餐廳一待就十八年，從他對那段日子所透露的寥寥數語聽來，當時的生活很悶。一九七〇年代，沒有多少人吃得起梅龍鎮這種館子，魚翅等精緻大菜根本吃不到。只有在國家出錢的特定情況下，好比有文革樣版戲演員經過上海時，餐廳才恢復生氣。

不過，一九八〇年代時，與外國的往來變得比較活絡。一九九一年時，鄧師傅已是資深廚師，有位德國餐廳業者來梅龍鎮用餐，他喜歡鄧師傅的手藝，想聘鄧到他在波昂開的一家餐廳工作。當時這種事還很少見，在這位業者的贊助支持下，鄧師傅得以辦妥護照和工作簽證。在波昂時，他白天燒菜，晚上睡在一間沒有家具的小公寓，睡榻是一張榻榻米。他在梅龍鎮的工資已升到頂，每月掙四十美元；在德國，起薪則是一千二百美元。不過，他並不怎麼喜歡那餐廳。

「我到德國時很意外，」鄧師傅說，「我到了以後，發覺：『怎麼是這樣？』」他沉吟良久，意味深長，當時在德國，「中餐廳沒有小籠包，他們不知道什麼叫魚香汁，不知道該做什麼材料來炒揚州炒飯才對。他們不懂得中國菜和日本菜之間的差別。」這說明了鄧師傅何以認為外國人並沒有興趣吃正宗的中國菜。

在波昂，鄧師傅碰見一位也搬到德國的上海老相識，這位朋友把他介紹到中國餐廳和廚師的圈子裡，鄧師傅從而開始在全德國各地不同的餐廳打工。他在國外待了三年後，決定回國。「我喜歡歐洲，可是問題在於，我沒法留在德國，」他停頓了一下，「嗯，我要留也可以。當時，歐洲讓中國人留下來。」一九八九年天安門事件以後，中國人可以申請政治庇護。可是如果循著這個管道，就無法回中國，起碼在可見的未來沒有辦法，可是他得顧及他的母親。

鄧師傅回中國後，深入內地，在全國各地旅行了幾個月，他在德國攢的錢讓他得以自由地到處探索。他在與中亞接壤的回教省分新疆，培養出對孜然和番茄的口味。他曾在貧窮、多山的貴州省一家上海菜館工作一小段時間，他就是在那兒把兇猛的果子狸給剝皮紅燒了。他到西南的雲南省，主管一家菸草公司經營的餐廳。最後，他回到上海定居。

他回家鄉後不久，認識宮中，後者想開一家非傳統的上海餐廳。在這家餐廳裡，你用餐前可以先來杯西班牙葡萄酒，最後喝杯卡布奇諾，中間在安寧舒適的環境中享用好吃的飯菜。鄧師傅正是宮中心目中想要的人選——一個有經驗卻不死板保守的廚師。

宮中讓鄧師傅掌控菜單，鄧師傅擷取他兒時在上海的回憶、在梅龍鎮燒川菜多年的經歷，還有周遊中國各地的體會，創製出「鄧氏特製什香大蒜炒羊肉片」這類菜色。

我帶過我的食評家友人江老師到音餐廳吃飯。午餐既畢，江老師邊搖著扇子，邊把陳設優雅的餐廳掃視了一遍。「妳想吃真正好的上海菜嗎？」他輕蔑地說，「我帶妳去別的地方。」我碰過對音懷有強烈反感的上海人，他們稱之為「假」中國菜，太簡單，太家常了。還有，按照音的收費——一餐一人份需十至二十五美元——起碼也該有魚頭可吃吧，說不定還該有魚翅或鮑魚。

我在音餐廳領悟到，對於食物「地不地道」的看法是相對的，我人在上海，吃著上海廚師做的上海菜，可是有些人卻不覺得這是正宗貨色。「地道」的上海菜到底是什麼呢？是上海尚未變成繁榮的港都，外來勢力尚未產生影響前，人們吃的基本食物？是本幫菜，也就是自租界時代開始馳名、那混合大江南北口味的菜系？還是梁子庚的新派菜餚？大家口口聲聲說著「地道」一時，並沒考慮到食物是與時並進，一直在變化、調整中，食物反映著起源地，而這起源地也一直在變化。

音比較有居家感這一點也讓我喜歡，這裡有隨興寫意的裝潢、精選葡萄酒，菜色簡單，擺盤不裝模作樣。當我對「正宗」中國菜有更多的瞭解，便不再為自己喜歡音餐廳而感到難為情。學習吃外國菜有如學習外語，需要好長的時光才學得會，而且就算已經十分熟練了，也不表示我始終偏愛中式的食法或講法。我待在上海那段時期當中瞭解到，一如我的性格、我的人生觀和政治觀，我在美國的童年塑造了我的味覺。我在中國這些年雖然發揮了影響，但是它們本質並沒有改變。無論如何，我欣然做我自己，也許我不過就是個對我的「根」有興趣的美國人——兒巴巴的張老師早就這麼說過。

紅燒肉

2磅五花豬肉，切成1吋方塊
1／2杯蔬菜油
1大匙蔥花
4薄片薑
2大匙紹興酒
1／2杯老抽醬油
1／3杯糖
2又1／2杯水

中型燉鍋注入五分滿的水，煮開。豬肉塊下鍋煮5分鐘，用湯匙撇掉水面的浮沫，撈出豬肉，用冷水沖洗。

油倒入炒鍋中，開大火把油燒熱後下蔥薑，炒1分鐘。豬肉下鍋炒3、4分鐘，加酒炒1分鐘後加醬油再炒1分鐘。加進糖，轉中火，炒1分鐘。加水，蓋上鍋蓋，小火燉煮2小時。配白飯吃。

老實說，我吃過的小籠包中，黃浦會的並不是最頂尖的。黃浦會的包子皮口感輕盈而軟，肉餡水準一流，肉湯製作費工，但還是少了什麼，可究竟是啥，說不上來。梁子庚跟我說過，他並不想在本地人穩操勝券的賽局中打敗他們：「我到北京時，可不想做出更好吃的北京烤鴨，你要專心用不同的方式做別的事。」北京做烤鴨就算沒有好幾百年，也已經好幾十年了。同樣的道理也適用於小籠包。

因此我繼續尋找完美的上海湯包。江老師表示要介紹我認識「綠波廊」的經理，這家傳統上海餐館一天賣出上萬顆小籠包。綠波廊坐落在城裡的觀光區，原本只招待共產黨員用餐。一九七九年，開始進行經濟改革後，這家餐館對大眾開放。綠波廊是深受政府偏愛的國營餐廳，常常接待外國來賓。江老師提到，柯林頓也到那兒用過餐。「我跟那經理說，他應該把柯─林─頓用過的筷子留下來，很值錢哪！」

餐廳是狹窄的三層樓房，門口蓋得像中式涼亭，傾斜的屋頂轉角處尖尖的，呈弧度向上翹伸，是明朝風格，不過這幢樓房起造不過幾十年而已。它坐落在上海最熱門的敲竹槓觀光景點「豫園」旁邊，豫園是一座明代園林，維修狀況甚差，遊客卻仍搭著遊覽車絡繹不絕而來。園子周遭一帶專作中外遊客生意，他們在迷宮似的窄巷中遛達，小巷兩旁林立著賣人造玉石和人造絲小皮包的店家。

我到的時候，心裡覺得狐疑——遊客越多、政府越是青睞的餐廳，通常就越差勁。不過，我因為尊重江老師的意見，暫時不去做評斷。

餐廳經理說，我可以先去點心房包幾個小籠包，接著再品嚐，不過得等午餐最忙的時候過了，他才能偷偷帶我進廚房；衛生督察不巧正在餐廳裡。我們一邊等，經理一邊對我追述一九七〇年代早期，流亡的柬埔寨親王來餐廳的往事。這位親王被迫離開柬埔寨後，逃來中國。他是毛主席的朋友，到達上海時，受到鋪張的接待。政府官員通知綠波廊，親王打算去那兒吃頓飯，可是官員沒說究竟何時。整個餐廳對外封閉了三天，恭候親王大駕光臨。到了第三天，親王在打了一局高爾夫球後，總算來了，廚師們慌張起來。黨的領導已吩咐廚房做一種特別的湯，材料有鴨血和特定尺寸和形狀的鴨卵巢。廚師為了找到完美的食材，宰了兩百隻鴨子。經理說，綠波廊以後再也沒有以此等規格接待貴賓了。

點心房裡的料理檯邊，有十二位中年工人坐在高腳凳上，低頭駝背包著小籠包。這看來是再枯燥也不過的廚活，比在餃子工廠幹活還糟。北京那家餃子館用的餡料有好幾種不同的肉和菜，小籠包卻只有肥的不得了的豬肉餡。我訝然發現做小籠包用不著擀皮，廚師用掌心把皮壓扁，隨即在皮中央抹上肉餡，然後匆匆折幾下，就包好一個。生意忙的時候，兩位工人一天可包上三千六百顆小籠包。

我包的小籠包數量在那天的產量僅佔極微小的比例，我包完以後，有位工人拿了一籠給我吃吃看，在我吃過的小籠包中，這些包子難吃的程度數一數二，皮又厚又黏牙，肉嚐來像罐頭貨。

過了幾天，我去探尋小籠包的誕生地，搭著公交車奔馳在高架公路上，前往南翔。公交車逐漸駛離市區，景觀越來越粗糙。一般上海人習慣了住家十條街的方圓內什麼方便的設施都有，早已被寵壞，他們聽到有人建議去郊區，就像如假包換的曼哈頓人聽說要去別區一般，只覺得可怕。就連江老師這位我所認識的最有冒險精神的食評家，也從未去過南翔。我問他想不想一起去時，他說：「不大想去。」並且祝我好運。

我甚至不很肯定自己去對了地方，我問本地人小籠包起源自何地時，他們給我的答案莫衷一是。我推測，最可信的地點是南翔，因為上海有家小籠包老店就叫這名字，在我認識的人當中最瞭解中國歷史的江老師也堅稱，就是南翔沒錯。

覆蓋著防水布的超載卡車轟隆隆駛過，我隔窗看出去，一排排醜陋的樓房飛馳而過，永無止境。馬路顛簸不平，高速行駛的車輛排出的廢氣形成煙霧，籠罩在路面上方。有個面孔骯髒的男人坐在公路匝道附近，手上拿著牌子，上書「不滿」。

公交車駛過一塊滿是垃圾的空地和一座廢棄的工廠，廠房後面有高高的煙囪。「南翔到了，」司機說。他乾脆說「月球到了」算了，我爬下車，發現有幾個男的懶洋洋地坐在摩托車上，想敲竹槓，送生客進城。單調的大馬路兩旁林立著販賣各種建築材料的店家，一家鞋店有架擴音機，尖聲宣傳叫賣店裡的仿皮帆船鞋，舉目不見小籠包店。

我叫了我看到的第一輛計程車，問司機我是否來對了地方：這裡是小籠包的故鄉南翔嗎？他載著我到幾條街的馬路外，那兒小籠包店櫛比鱗次。巷道兩旁有幾十家門面簡陋的餐館自稱是正宗小籠包的創使店。我很快數了數一共有多少家，思索著我的肚子塞得下多少顆小籠包。這時，我看到一家看來比較有模有樣的餐館，名叫「古猗園」，館子旁邊有個花木扶疏的園子，這家店看來較有指望。

這餐廳儘管開在老宅子裡，內部裝潢感覺上卻像食堂：通風良好的餐室天花板特別高，裝飾著藍色的吊扇和簡單的桌子、板凳，女服務員個個臭著一張臉。古猗園的小籠包跟這街坊一帶同樣可怕，皮又厚又韌，肉餡吃來味同嚼蠟。我吞了幾顆就決定，我已經吃夠了。

我和經理做了一會兒的訪談，還是沒能搞清楚小籠包的歷史。經理宣稱有位名叫黃明賢的包子師傅為出奇致勝，在同行的包子店中脫穎而出，在一八七一年首創小籠包。不過經理沒有任何史料可以佐證此說，當我追問古早以前的事情時，他沉默不語，他對未來比較感興趣，有一條從上海市區來此的地鐵正在修建，他希望這會讓餐廳生意更好。國務院已指定本店的小籠包是「歷史遺物」，他已在東京和澳門註冊了店名，想在香港也登記註冊。

「美國呢？」我問。

「美國人愛不愛吃小籠包，很難講，」他說。

不得不再次忍受難吃的小籠包這件事教我好不沮喪，於是叫了輛計程車，高速逃回上海。

「這是什麼呀？」我問司機，車裡滿是頭髮燒焦的氣味。

「這裡是上海污染最嚴重的地方，」他說，「房地產的價格比市區裡任何一個地方都低。」油漆和化學工廠非法遷移到此一地區。司機說，有不少居民是前不久才從上海市中心搬到這裡，他們因老家被怪手推倒，改建成昂貴的新區，而不得不遷移至此。

超載到不可思議程度的自行車在馬路上緩緩駛過；公寓盡是方方正正的水泥房子；由於路旁並無人行道，行人走在路肩上。這裡不同於外灘和法租界的另一個世界，這下子我總算明白上海市民為何難得離開他們舒適安全的生活圈子了。

有一天，小韓和我都不必到黃浦會上班，兩人就去尋找像樣的小籠包店。我們打算去四家店，它們坐落在市區東西南北四角，都宣稱自家的上海湯包是最美味的。我們首先到了「王家沙」，就在我以前的住處附近，我媽就是在這兒愛上小籠包。這家店門面整修得煥然一新，桌面是玻璃的，還有落地窗，完全看不出它以往是個又擠又髒的小吃店。我們去的最後一家叫「佳家」，就在黃浦江黯淡無趣的貨櫃碼頭旁邊。中間我們去了臺商經營的「鼎泰豐」，這家小籠包店坐落在弄堂裡，那一區的石庫門房子被改裝成餐廳和酒館。我們也擠進「南翔」的顧客群中，這家店是曾接待柬埔寨親王的綠波廊的姊妹店，我對它心有疑慮，但是有不少上海人極力誇獎。

我們點的是蟹粉小籠包，大閘蟹正當令，加了蟹肉的湯包吃來更鮮美油潤，口感更豐富。上海人一到秋季便為這種小個頭的螃蟹而瘋狂，小韓說她一星期要吃上三隻。每個街角都有小販在兜售裝在塑料桶裡的大閘蟹。包括黃浦會在內的高檔餐廳紛紛推出大閘蟹品嚐菜單。梁子庚做嗆大閘蟹，生蟹用甜醋和紹興酒浸泡，蟹殼裡滿滿是黏呼呼的蟹黃，這讓蟹肉吃來如日本生魚片般軟嫩，味道卻如魚子醬一般豐厚有勁。比較不正式的小館則供應蟹粉，也就是碎蟹肉。機場樹立著告示牌，畫面是一隻大閘蟹，還有一條對角線畫過蟹身，這圖案表示禁止用手提行李攜帶大閘蟹。

在每一家店，只要小籠包一端上桌，小韓便會整個人肅靜下來，我母親和江老師往往也是這樣，不論端來的是什麼菜，他們都是心無旁騖，眼裡只有食物。這位年輕廚師舉筷夾住小籠包，將之翻個身，仔細端詳。這幾家小籠包大小不一，有的如乒乓球，有的跟她的掌心一樣大。有的皮濕軟如海棉，有的薄得幾近透明。小韓教我如何從細節來判斷優劣，皮應薄但扎實，肉餡的質地需細膩輕巧，如果把一匙的肉扔進一杯水裡，那肉餡會像發泡奶油似的浮在上面。小韓以專家的精確手勢，夾出肉餡檢查。

在這一天之前，小韓一直是南翔的忠實客人。可是當我夾起一顆，皮卻裂開、噴出肉湯時，她的觀感從此不同了。下午三點左右，我們來最後一家店，也就是佳家，我們倆都覺得這家最好吃。軟軟的皮簡直溶入餡裡的肉湯，那湯順口鮮美到教人上癮，每顆包子卻那麼小，讓人幾乎覺得小得可惡。包子裡滿滿是肉餡，摻和著分量充足的蟹肉和蟹黃。我們把一籠十六顆吃個精光，這裡的包子美味更勝前面三家。我們倆進入昏沉沉又懶洋洋的狀態，朝著盡是廢棄廠房的河濱一個髒亂的區域發呆。

我們喝茶的時候，小韓說她打算不久以後到天津。她有個朋友在那裡，這位女性朋友勸她搬到華北這個沿岸城市，保證會幫她安頓下來。現下這份差事，小韓已經做膩了，她想天津競爭不像上海這麼激烈，她可以自己擺個小攤，賣小籠包。她在銀行裡有二萬美元存款，這在中國可不是筆小錢，她打算用來創業。不過，有一個困難：她父母不會讓她離家，也不會讓她動用存款做這麼有風險的事。

我不得不同意她父母的看法，這件事聽來不是個好主意。不過我很同情小韓，我明白身為一個固執又有自信的年輕女孩，渴望擁有自由，自主犯錯，心中是何等的滋味。

「我只要一直還跟我爸媽住在同一個地方，他們就永遠會當我是個孩子，」小韓嘆道。

我聽得出她語氣中的不耐。她擁有的自由已經多於上幾代的人。她跟王主任委員和鄧師傅不同，並不是任憑國家分派她去做一份不喜歡的工作。她並非基於家境狀況而不得不進廚界。她當初希望當廚師，是因為那滿足了年少時期對幸福的一些想望。不過，即便她的選擇已經變多變大，生活卻依然可能教人窒悶難忍。小韓還有更多的嚮往。下午的陽光曬暖了我們的桌子，她繼續邊盤算邊大聲說出她去天津看朋友的計畫。她要送那女友一把薰衣草，可是這年頭機場的規定那麼多，她擔心帶著花不能上飛機。她說，所以她要搭十二小時的火車。火車一路北上，她則一路捧著這把藍色的香花，把它擱在腿上。

那晚在廚房看到梁子庚之後，再見到他是在辦公室裡，他穿著牛津布襯衫和深色便褲。雖然他得穿過廚房才能進辦公室，我卻難得看他經過，他像個精靈似的，彷彿變個法術就到了辦公桌前。

他的辦公室和點心房差不多大，也同樣緊靠著廚房。不過，梁子庚在這兒可不是在做小籠包，而在為他的餐飲帝國擬定雄圖大計。他在牆上釘了他自己拍的高畫質特寫照片，畫面上是他精心創製的名菜。書架上有一排明星廚師的食譜書，辦公桌上則堆著無數檔案夾，裡面夾著不斷快速增加的計畫書。

那天早上，他正在看著一張藍色格子紙，他參加日本的烹飪大賽，必須根據紙上的設計圖做出外觀肖似的菜餚。他拿他北京新店的廚房藍圖給我看，那兒的施工預算已超支。接著，他的注意力又轉向另一個計畫——文華東方想請他為該集團在曼谷的一家中餐廳設計新菜單。

當梁子庚坐下來設計菜單時，他需要獨處兩星期，不跟任何人說話。「我在床頭放記事本，有想法就記下來，」他說。可是，如今他手頭上有那麼多計畫，要找到獨處的時間難之又難。他也堅持追蹤員工的日常業務，有天上午，他在他的筆記電腦上翻找檔案，給我看一張他特別感到自豪的Excel表格，上面列出員工平均一天拆解的蟹肉、蟹黃、蟹爪和蟹殼的重量明細。有時候他好奇心起，就會到廚房去秤一秤當天拆解了多少這些昂貴的珍品。

「要是我一檢查，重量不符合我的紀錄，我就知道其中必有緣故，」他說。

「可是那重量不會不一樣嗎？要看螃蟹的大小而定。」我問。

他聳聳肩，「有一成的出入。」

這只是一個小例子，可以顯示梁子庚常保疑心的做事方法。待在黃浦會的這一段日子，動搖了我對精緻美饌的浪漫幻想。三年前，我會把梁子庚想像成藝術家，樂於鎮日思索食饌與創作美食之事，如今我卻發現他花在蟹肉表格上的時間，多過花在思考飲食的意義這件事上。我太傻太天真：烹飪是生意，不是藝術。

在黃浦會的最後一晚，沒有感傷的告別，有家全球顧問公司包下整個餐廳，那晚臨收工前，人人都已筋疲力竭到撐不住。廚師得為一百零九位客人烹調六道菜的套餐，一晚上埋首苦幹，廚房中央那一長條不鏽鋼檯子上，排滿了餐盤。我記得梁子庚對我說過——他想要把黃浦會的林林總總都標準化，「就像麥當勞那樣」。

這一番說話令我好生驚訝，他的飯菜和速食連鎖店的食品似乎完全是兩碼子事，可是時日一久，我逐漸瞭解到，不論黃浦會看來有多麼光鮮亮麗，不論端上桌的菜餚看來有多麼精美出色，又有多麼美味，廚房裡的作業狀況卻與我在餃子廠看到的情景差不多：烹飪是一再重複、毫不光鮮亮麗的工作。

梁子庚是優秀的生意人，他初上任時只是受雇者，他的企圖心如今卻讓他當上合夥人。他不肯透露他的薪資或黃浦會一年的利潤有多少。不過在我待在那裡的那段期間，餐廳幾乎每晚客滿，午餐尖峰時段往往也一樣忙得不可開交。我在那兒最後一次見習當班時，師傅們議論紛紛，說這場餐宴不過數小時，卻可為餐廳掙到三萬美元。

前不久，梁子庚發現精緻美食商業模式的缺點。他說，每一家頂級餐廳，「都需要一位梁子庚」，就算他怎麼樂意，也是分身乏術，不可能同時現身於每一家連鎖的頂級餐廳。精緻美饌太折騰人，材料成本又高。他如果想擴張，需選擇較「能克服」的目標。他告訴我，所以他打算採星巴克模式，在中國開連鎖加盟的咖啡館。

不過，梁子庚儘管專注於業務，還是得擺個門面，做出在廚房裡埋頭苦幹的樣子。要銷售產品，就需要舞臺，他需要餐室和媒體曝光，需要顧客把他看成是藝術家而非生意人。正因為這個緣故，前此不久，有天晚上我看到他穿著制服待在廚房中。我聽說過梁子庚有一回難得在灶臺大展身手，結果炒出來的醬爆雞丁卻搆不上星級水準。「醬焦了，雞丁黑漆漆的，」跟我講這件事的人這麼說。負責端菜的女服務員原想把這盤菜退回廚房，不端給客人吃，後來發現是梁子庚炒的，才打消此意。

我問梁子庚專注於業務是否已影響到他的手藝，他眨眨眼，「我從來沒想過這事，杜卡斯不燒菜，讓－喬治也很少燒菜。」

此外，烹飪這門生意很無情。梁子庚有一回談到上海說：「我從來沒有在人際關係這麼複雜難纏的地方中做過事。這裡的環境比香港複雜，比新加坡複雜，也比馬來西亞複雜。」他改用普通話說：「上海人真的很會玩遊戲。」在非洲做事可能更困難，然而他無從得知，他沒在那兒工作過。

我的見習生涯將告一段落時，明白了他的言外之意。就在我來黃浦會以前，有六位廚師剽竊梁子庚的招牌菜，辭職加入河對岸一家餐廳，後者企圖傚顰梁氏風格。這些廚師月薪多了六十美元，這不算小數目，因為黃浦會的廚師月薪不過數百美元。率隊叛離的首謀是梁子庚十分器重的員工。

對岸的這家餐館並不是唯一仿傚梁氏菜單的館子，除了他常被仿製的上海茶燻蛋外，全市各處都有不少餐館複製他其他的菜餚。前不久，梁子庚帶一位外地來的朋友到一家聽說菜色滿有意思的餐廳吃飯。他們坐下用餐，端上來的赫然是其糯米紅棗佐煎鵝肝的翻版。「我得說，不難吃，」梁子庚承認。

跟著又發生牽涉到數位服務員的信用卡騙局。在我結束見習好久以後，梁子庚才勉強透露箇中細節。顧客用現金埋單時，服務員用自己的信用卡代為刷卡，現款則納為己有，如此便可獲取信用卡公司的額外獎勵點數。由於黃浦會的消費非常高，服務員很快便累積點數，可兌換成微波爐等各種用品。在我看來，這種作法並沒有哪一方受害，梁子庚卻指出，他原不必擔付一定百分比的信用卡付帳手續費。「他們在佔我便宜，」他埋怨說。雖然他已告知員工不會容忍此等醜事，但他承認說，這種事情仍可能在瞞著他的狀況下繼續下去。

在梁子庚年輕時，當徒弟的若想博得師傅的歡心，得陪師傅打麻將，請師傅吃大餐，這樣才能在廚界發跡。不過，到了豪華旅館業，他又受到一切皆納入嚴格控管的專業環境薰陶。當他開起自己的餐廳時，設置的都是已開發國家水準的硬體，可是他所處的環境仍是開發中國家。因此，他的廚房自然而然就出現矛盾情形：儘管梁子庚堅稱不會特別偏寵某些手下，卻還是指出幾位他視為「弟子」的廚師。儘管他讓員工一星期休假兩天，員工薪資卻跟其他中國餐廳一般微薄。儘管他鼓勵廚師構思新菜色，卻要求他們凡事都得按照他的作風來辦。

這麼一來，種種的矛盾會帶來困擾，也就不讓人意外了。而且，在很大的程度上，對此他無計可施。中國的法令規定如此不周密，想要控告剽竊的餐館和離職員工，就算不是完全不可能的事，也是難之又難。所以，他轉而將心力轉投至做了多半也是白做的措施上，好比在其網頁那些讓人看了流口水的照片上，打上「梁子庚版權所有」這一行字。

他說過，有件事是他可以掌控的，那就是員工的聘雇和解雇。餐廳剛開幕時，廚房裡九成是本地員工，這幾年下來，他開除了不少上海員工，如今廚房裡只有一半本地人。他決定少聘請待過五星大飯店的廚師，他們在態度上有點「太歐洲」——太習於安逸的日子。「你給他們一點，他們卻開口要很多，」他說。他決心不在即將開張的北京餐廳重蹈覆轍。

我快離開黃浦會前的某天早上，跟梁子庚一起坐在他的辦公室中，他隔窗瞇著眼察看他的員工。「我知道北京那裡會是什麼情形，只要有顧客抱怨，就有人得掉腦袋，我不得不殺雞儆猴，」他套用中國成語說，意思是他必須處罰其中一人，以警告其他人。梁子庚一想到這裡精神就來了，高興地咯咯笑了起來。

我在上海最後一晚，江老師帶我去吃地道的本地菜，他對我說過，沒去過「阿山飯店」，不算吃過真正的上海菜。

阿山跟我去過的任何一家上海餐館都不一樣，高大通風的店面好像貨倉，木頭大圓桌搖搖晃晃，看來自餐館一九八三年開張以來就不曾換新。牆壁的釘子上掛著幾張活動式的小牌子，列出今日菜色，每道菜價格在一點五至三點五美元之間。

阿山是餐館的老闆兼大廚，我探頭進廚房時，他正在煎魚頭。這位師傅六十開外，面頰紅潤，唇上兩撇花白的鬍子。他走到飯鍋邊，得意地取出八寶飯，這是加了豆沙和棗子等八種材料同蒸的糯米飯。我嚐了嚐這道甜點，口感像濃厚的布丁，跟耶誕甜點一般適口充腸。

「我一大早兩三點就起床開始煮飯，」他說。餐館每晚打烊後，他和他的妻子就在餐室裡打地舖，這裡既是營業場所也是住家。「真正的上海人來這裡吃飯，人們離開上海好幾年，一回來第一個想要來的地方就是這裡，」他說。

這裡的菜絲毫未受粵菜、川菜或北方菜的影響，就是純粹的上海菜。黃瓜炒蝦仁，阿山把鰻魚片紅燒得「QQ的」——這是中文俗語，意指「軟卻有嚼勁」。他用蔥炒青魚肝，油多到魚肝彷漂浮在湖面上。這正是上海飲食之風：油多的菜才好下飯。

江老師用「土」這個字來形容這兒的菜——簡單、粗、土氣；盛菜的盤子邊緣往往有缺口。阿山沒請打荷員，他的兄弟一人身兼幫廚、跑堂和收銀員三職。牆上釘著無數報紙食評，怪的是，看來講的都是實話。寫作者稱讚阿山飯店既不招搖又實在。老顧客越來越懷念經濟改革前的時代，當時上海的生活比較簡樸，大家都尚未聽過義式生牛肉和中西合壁的鵝肝創意菜餚。人們斤斤計較的「地道」菜色，說不定就是指，重返原汁原味、毫無攙雜的基本事物。

江老師還帶了另一位記者一起來，他就像平日對待我那樣，對待這位記者，我看著覺得特別有意思。江老師把那盤青魚肝推到那人前面，這位男士看來與我年齡相仿，正勤快地作筆記。

「試試看，」江老師說。這位仁兄聞言乖乖舉起筷子，低頭夾魚肝。

「好吃吧？」這位快活的食評家說，「軟得像豆腐，吃來卻還是有肝的味道！」

第三道小菜：酒席

我在黃浦會結束見習後前往揚州，這個怡人的城市位在上海西北方一百五十哩，名列中國四大菜系的淮揚菜即起源自此地。雖然我吃過淮揚菜好幾次，卻只能用短短數語來說明此菜系的特色：不辣也不油，少用外來奇特的材料。淮揚菜以刀工繁複精巧而著稱，淮揚菜廚師出了名地擅長利用胡蘿蔔等蔬菜雕刻動物和仙子，還可以把一塊豆腐切成一絲絲細如麵線。

我也知道淮揚菜正快速式微到乏人問津的地步。前此不久，上海作了大眾最愛吃的餐點種類調查，淮揚菜僅名列二十三。許多還在供應淮揚菜的館子都是破舊不堪的國營餐廳，不過上海廚師仍推崇淮揚菜是現代上海烹飪的基礎，鄧師傅等人也表示，如果我想瞭解自己這一向以來在上海吃到的東西，就得走訪揚州。

揚州這城市就像曾名聞一時的淮揚菜，讓人油然生思古之幽情。本城是中國少數尚未遭到單調的摩天大樓所蹂躪的都市，市區各處設有露臺和石門的矮房子櫛比鱗次，運河水道縱橫，河畔楊柳青青，園林裡花木扶疏，點綴著嶙峋的假山和養著金魚的池塘。天空往往是湛藍的，不像中國大部分城市那樣老是一片朦朧的灰。

揚州如今的地位並不很重要，唐朝時（公元六一八至九〇七年）卻是世上最大最富有的城市之一。揚州城距離連結杭州和北京的大運河的南端不遠，在鐵路取代大運河成為主要幹線前，這裡曾是鹽、糧買賣樞紐重鎮。

陳師傅是揚州一家頂尖大飯店的資深廚師。他是我的導覽，帶著我認識揚州餐飲現況。他為人親切又不擺架子，臉圓呼呼的，長相可愛，可我發現他有很多值得大書特書的事蹟。我們是在二〇〇五年我首次造訪揚州時認識，當時他拿了一篇華盛頓郵報的報導給我看，我在中國從未看過郵報的剪報，更別說是年代早在一九八二年的報導。我在文中讀到，陳師傅是中美關係正常化後率先訪美的中國廚師，他跟著廚師團隊到華府參加烹飪博覽會。

眼下，我帶著烹飪證書又來到揚州，陳師傅設宴款待我和他十幾位朋友一同用餐，同席者都是老資格的餐飲業者和廚師，個個都接近垂老之年。他也堅持第二天早上要請我吃早飯和午飯。他介紹我是「國家認證的中級廚師」，隨即轟然哈哈大笑。我坐在陳師傅和老紀中間，後者是一位頗具影響力的餐館業者，臉皮皺得像棗乾。「他擔任過人大代表，」陳師傅得意地說。老紀對我眉開眼笑，嘴裡嘟嘟嚷嚷，不知用揚州話講了什麼。當一條碩大的燉鯰魚被端到桌子中央的轉盤時，他居然逕自拿起我的筷子，直接夾下魚嘴。

「魚唇是最好吃的部位，」他說，請我吃這珍品。

「哦，不可以，」我推辭，「還有這麼多人在這裡，我不能拿。」

魚唇從魚臉上脫落，掉在我的盤子上，我連聲表示感謝。我吃完魚唇後，他又拾起我的筷子。

「眼睛是次好的部位，」他說。

好幾道菜都是以細膩清淡的調味來突顯主材料的滋味。生鮮小蝦醃在酒精含量很高的米酒中；芹菜切碎汆燙過，灑點米醋和油。螃蟹清蒸過，蘸醋吃。

陳師傅教我吃螃蟹，他先折斷螯和腳，吸吮裡頭的肉。接著把螃蟹翻過來，好像開行李箱一般掀開蓋子。他示範給我看怎麼把長得很像褐色腮蓋的肺拔掉，找到褐色的胃。「不要吃胃，很髒，」他邊說邊扔掉蟹胃。設宴的房間裡迴盪著廚師、餐飲業者和淮揚烹飪協會人員吸吮和咀嚼螃蟹的聲音。

幾道吃了一部分的菜餚被送回廚房加料再燒，吃了一半的醬燒鯰魚再上桌時加了豆腐炒過。鱖魚加上雞肉變成香又濃的湯，裡面還下了麵條。我起先還為剩菜重煮的衛生問題擔心了一下，後來就任憑自己拋開疑慮，專心大啖香醇的美味。

我帶了一瓶法國葡萄酒送給陳師傅，他從鑲著銀黃邊的華麗包裝盒中抽出這瓶酒，得意地拿給同桌而坐的每一位看，一臉感動。由於中國市場上有不少廉價的冒牌貨，我不敢肯定這酒真的是法國貨，可是我在揚州城裡找得到的進口酒，就只有這個。大夥喝完白酒後，陳師傅往每個人的杯裡倒這「洋酒」，不過有好幾位客人設法推辭。他拿著酒瓶朝我這兒比了比，「謝謝，」他誇張地說，「非常好。」

在我去過的梯田村，當地人敬酒時只是碰碰杯子。淮揚廚師和餐飲業者敬酒時儀式就比較多，一個人右手舉起小酒杯，左手食指和中指托住杯底，儼如那酒有一加侖那麼重。然後起身，碰杯，微笑，敬酒，把杯中物一仰而盡，接著把杯子上下顛倒，表示喝乾了。勇敢的人乾完白酒，緊接著喝了一小杯洋酒。

我的敬酒祝辭有氣無力。「非常非常感謝各位招待我，」我說，這句話我當晚不知熱切地重複說了多少遍。那葡萄酒喝來有股皮革味，我瞥見一位客人把他的葡萄酒倒進鄰座的酒杯中。他用手遮住空杯，假裝在喝那不存在的杯中物。

第二天，有位名叫夏勇國的先生，戴著有「多康起重機二十八週年紀念」字樣的紅色棒球帽，帶我參觀淮揚菜博物館。他雖有個冠冕堂皇的頭銜，是淮揚菜烹飪協會的副祕書長，打扮得卻很休閒，在這涼颼颼的深秋天氣裡，只穿著搭配帽子的紅色運動衫和紅短褲。夏先生說，他出生在「民國三十六年」，也就是一九四七年。我說這樣講聽起來怪怪的，因為用的是共產黨掌權以前的那個國號，他立刻補充說，他生在「中國解放前」。

我們一邊參觀展出的文物，夏祕書一邊說，這裡是中國第一座飲食專門的博物館。它坐落曾是鹽商所有的中式宅院中，佔有兩間廳堂。

有一座展示櫃裡陳列著揚州菜的塑料模型，就像在全世界各地日本餐廳前面都看得到壽司和拉麵模型。玻璃底下有一盤揚州炒飯，上頭點綴著黃、綠色小片小片的東西，令人聯想起蛋屑和蔥花。在海外餐廳的菜單上，揚州炒飯不是叫Yangchow fried rice，就是叫Yeung chow fried rice。我吃過的各種揚州炒飯，幾乎用的材料都完全不一樣。淮揚烹飪協會發行了一本小冊子，列出據稱是揚州炒飯的官方食譜，企圖藉著此一牽強之舉將這道菜餚標準化，並向海外餐館收取版權費。那盤模型炒飯旁展出了食譜作法，材料有白飯、蛋、干貝、海參、蔥、竹筍、火腿和雞湯。夏祕書說，一般情況下，任何人若想要瞭解不同材料的確切比例，就必須掏腰包購買這本小冊子，不過由於收取版權費的作法並未成功，協會乾脆就送我一本。「我們幾年前想註冊商標，可是已經太遲了，」他帶著遺憾的語氣說。

博物館牆上掛著一張張令人眼花撩亂的圖表，上面密密麻麻寫著中文。夏祕書和我在展示海洋生物的圖片前佇足，「海鮮是淮揚菜的重點，」他唸道，「我們的海鮮種類非常豐——」他停下來，更仔細地端詳圖片。

「老實講，鰣魚差不多已經絕種，也沒再看到那麼多的鳳尾魚，這年頭旗魚同樣是寥寥無幾了。」

他迅速移往下一個展示品。

一年前我還在努力辨認中文時，在烹飪課上學會「鰣魚」這兩個字，老師不像夏祕書這麼坦白，只提到鰣魚是中國的名產魚，因其美味而成珍品，產於長江。學生並未學到這種魚已變得多麼罕有。

我來到揚州最有名的包子店「富春」時，陳師傅和他的朋友早已就座。「開動吧？」陳師傅問。我舉筷正打算夾包子時，發覺每個人都舉起盛著白酒的玻璃杯，手僵在半空不動，正等著我也舉杯。我放下筷子，盡可能把酒杯舉得高高的。

我們吃揚州風味的小籠包，個頭比上海的大了一倍，餡裡的湯也多了一倍。我們一邊用吸管吸吮融化的豬皮凍，夏祕書一邊講起淮揚菜的種種光榮事蹟。

夏祕書堅稱，揚州依然在中國菜的最前方，尤其是揚州人十分重視改良材料的質量。揚州正推動生產放養雞和其他有利環保的食物，本區目前還有有機飼養的鴨子，人們比較關注污染和食品安全。

「地球越來越暖化，我敢說美國的月亮比中國的圓，中國污染太嚴重了！」夏祕書停下來，「五〇年代時，我們倘若講這種話，會被迫害的。不過，這年頭沒有人可以否認事實了。」

同桌各人開始你一言我一語，講起哪些城市污染最嚴重。

「東京比首爾差。」

「揚州比上海好。」

「上海比北京好。」

「西安和蘭州比北京差。」

淮揚廚師似乎比我在他處認識的廚師更意識到環境問題，說不定這和菜系風格有關，淮揚菜倚重簡單、新鮮的材料。午餐時，我們吃到加了枸杞炒的小個頭河蝦仁。鵝肉用米釀酒醃過，黃瓜汆燙後泡在酒、糖和醬油汁中，再切成脆脆的薄片，我從未吃過這麼好吃的黃瓜。鯉魚柳沾了蛋白糊再炸，一塊塊翻騰如白雲。我在上海時拚命找好吃的小籠包，然而到了揚州，我不論在何處吃到的，都是那麼美味。

我從而發現了淮揚菜。它在中國的地位就好像華特絲（Alice Waters）的加州菜，這位創立柏克萊名店「帕尼斯餐廳」（Chez Panisse）的名廚，大力鼓吹高品質的當令農產。淮揚菜與我在上海和江老師吃的那些濃油赤醬的菜色截然不同，怪不得許多中國人認為現代上海菜是混種菜：這兩種菜系結合後，變成混有種種矛盾的融合滋味。

我也對淮揚菜的未來感到好奇。中國的都市人口似乎偏好口味較重或較新奇的餐館，好比川菜的辛香、中國西南部少數民族的奇特菜色、粵菜的高價食材。淮揚菜華貴珍奇的菜色較少，調味較清淡，注重簡單的材料，因而並沒有多少可嘩眾取寵的話題。也許它有朝一日終將復興，就好像在美國回歸本土食材已蔚然成風。不過看起來，這一天還有得等了。

無論如何，淮揚烹飪協會保持期望。夏祕書確定我會把淮揚菜宣傳到全世界其他地方。「我們用醬油、雞湯、鹽和蔥薑等簡單的調料和醬料創製出百種滋味，」他說，「粵菜有幾十種醬，卻沒有這麼多的滋味。」

夏祕書似乎對廣東人頗有微詞，酒過一巡，人人的杯中又斟上白酒後，他紅光滿面，與身上的襯衫相輝映。他傾身靠向我，大著舌頭在我耳邊說：「廣東人很精，懂得行銷他們的食物，我們就比較保守，時間都花在營造簡單的生活趣味上，不過這會兒我們明白該怎麼宣傳我們的食物了。」他不必再多說，我曉得他的意思，只要餵飽像我這樣的貪吃鬼就成了。

他即興唸起打油詩：

謝謝您吃淮揚菜！
宣傳揚州！宣傳中國！
十一月來揚州，
看到一個男人穿短褲，
別以為他神經有毛病，
就只是我！
就只是我！

揚州炒飯

我一直沒拿到淮揚菜烹飪協會的炒飯正式食譜，不過我揣摩出的版本也還不錯。

3大匙蔬菜油
2顆雞蛋
1／4杯蔥花
1大匙蒜末
1顆中型黃皮洋蔥，切小丁
1根中型胡蘿蔔，切小丁
2大匙雞湯
2小匙紹興酒
2小匙麻油
1大匙醬油
4顆中等大小的乾干貝，用水浸泡數小時後切小丁
1條新鮮海參，切小丁（或3朵較大新鮮香菇，切小丁）
1杯冬筍丁（最好用鮮筍，但罐頭貨亦可）
4杯冷飯
1杯熟火腿丁

1／2小匙鹽
1／2小匙白胡椒粉

把1大匙蔬菜油加進炒菜鍋中，開大火，盪盪鍋子，讓鍋面都沾到油。油熱後，把打散的蛋汁倒入鍋中，盪盪鍋，使蛋液平均分佈在鍋面，形成薄薄的一層，煎1分鐘後，翻面再煎，讓這一面蛋液也凝固。鏟出蛋皮，切成小片。

用抹布擦拭鍋子，加進2大匙油，鍋子熱了以後，下蔥、蒜和洋蔥，炒1分鐘。加胡蘿蔔、雞湯、酒、痲油和醬油，煎1、2分鐘。加進干貝、海參和冬筍，炒2、3分鐘。加進飯、火腿、鹽和胡椒，炒2分鐘，蛋片下鍋，再炒1分鐘便起鍋，上菜。

第四部　胡同烹飪

15

離開北京大半個秋天後，我很高興重返斯地。我以前從未把首都當成家，可是這一回在旅途中，我卻為思鄉之情所苦，更漸漸明白自己思念的不是美國，而是北京。我想念的不單是這地方，還有那裡的人，其中當然有王老師與張師傅，令我意外的是，也有克雷，他是我的好友，也是記者同業，我們在我即將出外旅行前開始交往。我尤其想念這裡的食物，欣然回到麵條、餃子、辣椒和大量的蒜頭之鄉。我懷念氣溫一下降，老北京人就在院子裡堆白菜的景象；賣甜薯的小販也重回街頭，盛在金屬大桶中炭烤的甜薯，在秋高氣爽的日子裡散發著陣陣甜香。

我回來後不久，在十一月底一個涼爽的晚間去看張師傅。他在離之前那麵攤幾哩遠的地方，和他的親戚合開了一家小吃店。我在晚上九點左右到，那店面小而簡陋，坐落在塵土飛揚的馬路邊，靠近幾條鐵道，張師傅和親戚正在清掃，準備打烊。

「妳瘦了！」我一進門，張師傅便說。

這可不是在讚美——瘦並不好，這話意思是說，我看來不健康——不過我曉得張師傅只是在表示關心。

「真的？」我說，「我還以為我胖了。」

「嗯，妳不能再瘦了，」他說，「妳看起來好疲倦。」

「我巴不得瘦一點，」我說。

「為什麼？我想跟他一樣胖，」張師傅邊說邊指著他的親戚，後者正在打掃水泥地上的筷子、紙巾和菜渣。他整個人耷拉著，更突顯其身形之圓胖，一張圓臉也是胖嘟嘟的。張師傅跟我上一回見到他時一樣瘦骨嶙峋，臉頰更加削瘦，顯得一雙眼睛更大更圓。「我不管吃多少，都胖不起來，」他搖搖頭說。

他端了些食物來，要替我補補身子，小吃店供應的菜色比麵店多，有好多我沒聽過的山西特色食物。他給我一整竹簍的蒸麵，叫「栲栳栳」，我將這形如粗管的燕麥麵蘸著香醋芫荽汁吃，感覺到這質地粗粗的、很有嚼勁的麵滑下喉嚨，很帶勁。張師傅的一位朋友替他直接從山西捎來這醋，因為張師傅不信任北京的貨色。「說不定是假貨，」他說。

冷風穿透小吃店的薄牆滲進來，我儘管穿著羽毛衣，還是直打哆嗦。我不想讓張師傅沒面子，盡力不讓他看出我有多冷。不過，我很好奇他在花了一個月時間，騎著鐵馬走遍全市尋覓店面後，為何選中這裡。

「老實講，這位置並不符合我的理想，」張師傅說，「我們挑中這地方，是因為房租便宜。我們不想借錢，也不想跟別人合夥，這樣已經是最好的了。」他的老同事老王仍舊想跟他合夥開館子，可是張師傅認為，他身為民工，跟北京人合夥肯定吃虧，法律永遠站在對方那一邊。

一張書寫著中文字的海報是店裡唯一的裝飾，張師傅還沒租下房子，房東便已張貼在這兒。張師傅解釋說，那是抄自佛經的一段經文。房東原本在這兒開了素菜館，可是素食在這一區不受歡迎，館子就關門大吉了。

「房東吃的是很奇怪的素，」張師傅說，「他連蛋都不吃。他是光頭，不過肯定不是和尚。他很狡猾，很精明。我接下店面前，他清點他之前留下的塑料杯子和盆景，通通記在他的筆記本裡。他想要我把電話留下來，這樣就可以多收我電話費。他警告我不可以磨損地板。」店裡鋪的是水泥地。

張師傅問起克雷，我告訴他，雖然我大半個秋天都不在，但是我們仍想辦法不時相聚，這會兒我回北京了，我們相處時間更多了。

「我有個問題要問妳，」他說，「他有沒部分的中國血統？」

張師傅見過克雷，克雷有雙碧眼和淺棕色鬈髮，從來就沒有人誤認他是華人。「沒有，」我笑著說，「為什麼這麼問？」

「不知道，」張師傅說，「說不上來是什麼讓他有點像中國人，他沒有老外的架子。」

這倒是真的，克雷已在中國待了好幾年，絲毫沒有許多外僑那副目中無人的德行。他漢語說得很好，人很謙虛，中國人欣賞這個。

我問張師傅他家人可好，特別是他兒子。

「他挺好，你們倆相處得挺不錯，我跟他沒那麼親，我離開家太久，他看我像個陌生人。我離家以後，就只有『非典』時期在山西待了好一陣子。」疫情流行時，餐廳教他停職，他因此在家裡待了三個月，不過少了收入，那段日子生活壓力大，並不輕鬆。

我問他害不害怕感染非典。

「我當時並不害怕，我是傳統的中國人，相信命運。有些事情是人不能控制的，我不會躺在床上等著它掉到我頭上。有些事情是命中註定，好比說認識妳吧，我會開第一家麵店，是命，要是我沒開那家店，兩個小姑娘不會帶妳去店裡，我就不會認識妳。有些事情是預料得到、控制得了，有些卻不成。」

我們聊了大約一個小時以後，我起身告辭。我知道張師傅與其回去睡在不怎麼舒服的克難床鋪上——妻兒回山西後，他又搬家了——不如逗留在店裡，但是我的身體已快凍僵，就謝謝他請我吃麵，揮手道別，打車回到我的公寓，我曉得那兒暖氣開得很大。

幾個月後，張師傅和他的親戚關了小吃店。他決定離開北京，有位朋友在離北京八個小時火車路程外的小城，替他謀了份管食堂的差事。那食堂供應經理級人員的伙食，那些經理在那兒監督龐大的公路建設工程。張師傅決定，他再也沒有辦法成天餵飽別人的肚子，卻仍得擔心能不能餵飽自己，他需要穩當的飯碗。不過他鄭重宣告，有朝一天終將重返北京。

我花了整個冬季增進對克雷的瞭解，發覺一件事：倘若說要有什麼讓他沒資格當中國人的話——這一點比他的長相影響更大——那就是，他對食物不感興趣。我們開始交往不久，他便坦承說：「我巴不得能發明一種可以代替食物的藥丸。」在他看來，食物不過等同於燃料，他吃東西速度很快，寧可把時間花在其他任何事情上，他覺得吃東西根本是浪費時間。他有個很可怕的習慣——早上喝即溶咖啡，依他看，磨咖啡，然後用法式濾壓壺或濾泡杯泡咖啡，太麻煩了。他判斷中餐廳好壞的標準是，宮保雞丁這道最基本的菜色做得行不行。我愛吃生鮪魚、生蠔和生或三分熟的牛肉，他卻堅持非全熟的不吃，還責備我拿自己的健康冒險（我想他有他的道理——畢竟，這裡是中國。即便如此，我還是不聽話，照樣冒我的險）。

我們多多少少想辦法忽視在我們看來對方的性格缺點，無論如何，我們跟大多數情侶一樣，花很多時間上館子，有意思的是，我們約會的地點恰好呈現北京餐飲界的橫斷面。我們頭一次正式約會是在藝術區一家通風良好的時尚川菜館，那裡坐滿了長髮的畫家和音樂家。另一天晚上，我們跟朋友一道去一家破爛的街坊小館，那兒賣的是維吾爾族的羊肉和馬鈴薯菜色。我們冒險前往郊區，到蘋果園農舍改裝的館子吃東西。我記不得在這些餐館吃了什麼，因為我不在乎，那可是長久以來的第一遭。我太忙著談戀愛了。

春天時，王主任委員和她丈夫從他們單調乏味的公寓房子，搬到胡同裡的平房。那屋子有兩間房，坐落在北京市中心一幢宅子的一角，宅院中央是天井。傳統的四合院有四間廂房，磚砌、木樑、灰屋瓦。廂房圍著天井，如四方形的堡壘，只有一扇門可供對外出入。四合院原本是有錢人的房子，只供一家大小居住，如今卻被分成好幾個小單位，往往就形成大雜院。走進大門是一條狹窄又塵埃飛揚的通道，包圍著天井，通往不同住家的房門。

王家所在的這四合院歷史很有意思。王先生的父母是工人階段，在共產黨來以前就攢夠錢買了這兩間房，王先生就在這兒長大。文革時期，為了配合重新分配財富的運動，其中一間房被充公，王父過世後，王先生同他母親繼續住在剩餘的那間房裡。可是在王先生結婚後，家裡空間不夠三人住，小倆口成婚頭一年就住到王先生的辦公室。

王主任委員生下兒子以後，決定上書北京副市長，說她丈夫是老師，他們倆有個小嬰兒，辦公室可不是養育孩子的好環境，政府能不能行行好把另一間房還給他們？

第二個星期，王主任委員接到回信，說政府正在研究這件事。過了一個月，一位幹部到她丈夫的辦公室找她，問了幾個問題。又過了幾個月，政府通知小倆口將把房間撥還給王家（「這年頭再也不會有這種事！」王主任委員追述往事時說）。一家三口於是搬進收回的房間，一直住到八〇年代初才遷至水泥公寓，當時這可是大大地升級：從兩間房加公廁，搬到三大房、獨立廚房和私家的抽水馬桶。

王先生的母親過世後，幾位親戚住進王家的屋子。王家夫婦倆近幾年考慮過搬回胡同，想把現代化的公寓給就快成親的兒子住，不過他們太客氣，不好意思請佔用的親戚離開。在我看來，換做在美國，絕不會有這種事：讓親戚無限期佔用我家，偶爾收到一盒蘋果當做房租。不過，親戚後來總算找到新住處，把兩間房還給王家。王家夫婦倆搬回胡同，忙著把緊鄰著房間的小露臺改建成第三個房間，附浴室和廚房（胡同居民能擁有自家的洗手間已算走運，才不會為廁所就在廚房隔壁這種事操心，街坊一帶配管系統畢竟有限）。

裝修工程可把人給累壞了，王家外頭有棵老棗樹的樹幹推擠到房屋的牆面，他們需要向相關的政府單位申請許可才能砍樹，這就得向官員行賄一番，致贈幾條昂貴的香菸。他們雇了一批民工砍樹，砌了幾面新磚牆。王家原本打算加蓋二樓，可是當建築工人開始蓋樓時，有位鄰居揚言要向地方單位申訴，這個地區在技術上是不准蓋二樓的。為了敦親睦鄰，王家送了白酒過去。王主任委員到北京一家室內裝潢大賣場，自個兒挑了浴室和廚房的各種裝置（她說，可不能信任轉包商）。裝修期間，夫婦倆守在工地監工，以免工人偷工減料。過了三個月，花了五千美元、十條香菸和一打白酒，王家浴室和廚房完工了，簇新的設備閃閃發光。雙爐嘴的爐臺旁有亮銀色的冰箱與洗衣機，眾多的櫥櫃可以儲藏王主任委員愛吃的零嘴和主食，空間夠寬敞，擺張圓桌也不嫌擠。浴室有明亮的白磁磚牆面和白色陶瓷器配件。

這裡一點都不像她以前那間廚房——舊家廚房破舊又光禿禿，王主任委員得蹲踞在砧板前，幹活時照明的燈光就只有吊掛在牆壁釘子上的一顆燈泡。我向她恭喜。

「還行，」她說，不壞。她微微笑了一笑，寬闊的腮幫子遂將眼鏡往上一推。

又快到端午節，因此有天早上我跟王主任委員一起包粽子。我們直接就動手，不過她沒動用新的料理櫃，反而在門邊擺了很像她在舊家廚房用的那種小桌子，兩人就坐在小凳子上。我沒問這是什麼緣故，因為我忙於全力對付粽子。我能夠將糯米填進粽葉裡，也能折起兩邊的葉子把米蓋住，卻老是笨手笨腳的綁不好繩子。繩子散開，米從旁邊漏出來。

「妳真是沒救！」王主任委員笑嘻嘻地說。

為別人做飯，只為一個人，是讓這個人以一種親密的方式進入你的生活。雖然冬去春來，我與克雷相處得更融洽，我卻遲疑著一直沒為他下廚。我的前一段戀情在我為對方做飯不久以後就告吹了，我明白那晚燒的菜並沒有問題，但是我感覺到對方把我燒菜這件事，還有此事隱含的家居意味，當成一個信號，那就是我們之間的關係變得太過認真了。我不想讓凡此種種的期望在我和克雷之間作梗，所以只燒菜給王主任委員、老友和偶爾來訪的外地親友吃。

克雷呢，卻沒有什麼做飯就是關係太認真的心結，在我的面前無畏地下廚烹飪，切菜，調味，炒菜，一副漫不在乎的狂放模樣。有天晚上，他邀我去吃他表演的「一鍋到底式烹飪」。說不上來他是怎麼完事的，因為我嚇得不敢看，不過他還是在只弄髒一口鍋子的情況下，做出了有蔬菜還有切碎的加工乳酪的義大利麵。他提議做蘑菇雞肉，據他說，作法很簡單。他會去舶來品超市買一罐「湯廚」牌蘑菇濃湯，加一點雞胸肉，然後把混合好的東西放進我的小烤箱烤（正規的烤箱在中國是稀有貨品）。他辯稱這可是標準的美國菜；我指出，這裡不是美國，同時立下規矩：這種令人厭憎的東西永遠不准出現在我家。

我發覺克雷每回一提議要燒菜，我就緊張起來。只要他一講到這事，我就顧左右而言他，過了幾分鐘再隨口提起有家新的川菜館、上海菜館，乃至於就在轉角的俄羅斯菜餐廳很棒，但是我感覺得出來克雷起疑了。我為什麼一直不做飯呢？我這些日子以來真的上過烹飪學校，到過餐廳實習嗎？總之，我無法抗拒為我英俊的新男友洗手作羹湯，他堂堂六呎（近一百八十三公分），有運動員的體格，碧藍的雙眸和足可融化鐵石心腸的笑容。所以我冒險走進廚房，一開始我做標準的西方菜——奶油培根蛋汁義大利麵。幾週過後，我端給他一點剩下的麻婆豆腐嚐嚐看，我知道前一晚的晚餐就是靠這道豆腐搞定。「真好吃！」他邊說邊把豆腐一掃而空，「是我吃過最棒的麻婆豆腐。」

我一下子勇氣大增，同意在他家為我們的六位朋友做農曆除夕大餐。客人預定八點到，下午三點我看著堆在廚房裡的一大堆蔬果食品，慌了起來。「我們乾脆出去吃算了，」我建議。城裡某個地方肯定有家餐館座位尚未訂滿。

克雷到廚房裡幫忙，教我放心，一切都會很順利的。他開始洗洗切切，活像卡通影片裡的大嘴怪。我們終究還是辦到了。晚餐一共有八道菜，一開始我上了我這一年半以來學過的幾道菜色，我做了在烹飪學校學的咕咾肉和乾燒扁豆、在上海學的紅燒茄子，還有我自己即興構思的生菜包肉末，最後，我們吃餃子。就跟感恩節吃火雞一樣，中國除夕夜少不得吃餃子。按照鄧師傅的作法做的燻鴨子是唯一失敗的菜色，我烤過頭了，鴨肉出小烤箱時看來像一塊木頭，全熟，正是克雷喜愛的熟度。跟一個不講究吃的人交往，最大的好處就在這裡：不論我做了什麼，他通通愛吃。午夜時，我們爬到克雷住處的屋頂，欣賞三百六十度的炫麗煙火表演，星星點點紅、黃、藍的微光在夜空中閃耀；鞭炮聲不絕於耳，聲浪之轟然不亞於巴格達的砲火：這是北京市民集體造就的成果，他們把握機會，隨心所欲想買、想放多少鞭炮都成。

「最棒」的麻婆豆腐

2大匙蔬菜油
1／4磅牛絞肉
2大匙大蔥末或青蔥末
1小匙薑末
1／4杯豆瓣醬
2大匙醬油
1／4小匙鹽

1／2小匙糖
1／2杯水
1盒豆腐，切成1／4吋見方的小塊
1／2小匙花椒粉
1大匙紹興酒

把油加進炒鍋中，用大火燒，油熱了以後加牛肉，把肉末炒散、炒變色。加以下材料：蔥薑、豆瓣醬、醬油、酒、鹽和糖，每加一樣需炒1分鐘，再加下一樣。加進水，轉中火，煮4、5分鐘。豆腐下鍋，轉大火，再炒2、3分鐘。把花椒粉灑在豆腐上，起鍋，立刻上菜。

夏天時，梁子庚的黃浦會北京店在延宕數月後開幕了。餐廳位於北京毫無特色的金融區，坐落在如小綠洲般的公園中，周遭盡是新的玻璃帷幕大樓。十年以前，這裡還是胡同區，可是在本區被規畫成首都的金融中心時，所有的胡同都被怪手鏟平了。不過，政府高層中一定有人對失去如此古老的建築感到後悔，因為有人利用舊磚舊瓦，在這兒重新蓋了三幢傳統的四合院，梁子庚的餐廳佔用其中一幢。

一個怡人的夜晚，我和克雷去那兒用餐。他當初到上海看我時，我決定不帶他去黃浦會，因為他並不喜歡到頂級餐館用餐，那對他是時間和金錢的雙重浪費。「吃個飯何必花上兩個小時？」他在一家時尚館子裡曾有此一問，整個人像個十歲孩子似的很不耐煩，如坐針氈。還有一回我們外出吃晚飯，他研究菜單時，眼珠子都快掉下來：「啤酒要七塊半？開玩笑不成？」我居然能說動他跟我來黃浦會的北京店，單只這一點便顯示出他已有所進步。

這幢四合院有私人包廂和酒吧間，酒吧間佈置著黑漆壁面、深色皮椅和藍綠色的絲質靠墊。半明半暗的走廊通往地下室的門廳，那裡吊掛著不同大小的黑色鳥籠，連接著偌大的餐室。餐室有個驚人的特色，頭頂上方竟是玻璃底的金魚池，這讓陽光得以照亮底下的用餐者，天花板上掛著金屬片吊飾反射著光線，金光閃爍。如此利用地下室的空間，太有巧思了。隨著太陽的西沉，金屬吊飾變得好像冰柱一樣，這裡也逐漸變暗，有如洞穴。我也注意到若干細節，好比洗手間的藍色馬鬃壁紙和包著條紋亮皮的座椅，皆仿傚上海讓—喬治餐廳的設計。我懷疑如此雷同並非偶然。

我們坐在以藍絲絨簾幕與大餐室分開的小包廂，裡面有巴洛克風味的黑色水晶吊燈和Bose音箱。我們打開菜單，我默默發現克雷還有件事也進步了：他看著菜單，就只眨了一下眼睛，沒說什麼。不過，過了一會兒，他大笑出聲。

「妳看到沒有？」他問，指著菜單的封面，唸道：「在才華洋溢且甚具魄力的創始大廚梁子庚策畫下，上海的黃浦會名聲卓著，獲推崇為全球最佳美食餐廳之一，北京有幸加入黃浦會的行列，這難望項背的中國美食象徵。」

「嗯，他還滿自負的，」我說。

「自負？」克雷說，「沒安全感吧？」

穿著黑袍、繫著黃腰帶的服務員過來，我點了七十五美元的品嚐套餐，克雷單點炒雞肉和茶燻豆干。儘管餐廳佈置的如此華麗——說不定正因為如此——我對食物水準感到擔心。不很久以前，梁子庚才坦承說，他抽不出足夠的時間構思食譜，我前些日子還聽說他炒了盤不怎樣的雞丁。他顯然在這餐廳的室內裝潢上投注了大筆銀子和心力，我在想這會不會又是北京另一家華而不實的時髦餐館。

一個白色的長盤送上桌，盤上盛著五彩繽紛的開胃小菜，每一樣小菜都是一口分量，擺得很秀氣。各樣小菜彼此滋味十分融洽，頗令我喜出望外。梁子庚曾視為鄙物的肥肝凍質地柔滑，鑲在細緻的豆腐捲上面。醬菜堆得高高的——這是梁子庚搬來中國前碰也不肯碰的食材——口感清脆的不得了。有一捲一種名為油麥菜的中國葉菜，上頭淋了辣味芝麻醬，吃來既滑順卻又火辣辣。馬鈴薯絲切得極細，展現了廚師的刀工。一小堆白菜加了山葵，有勁道，這正是梁氏的風格特徵。

梁子庚請廚師也為克雷準備一份品嚐套餐，我們津津有味吃著一道又一道的佳餚，他點的雞肉和豆干美味歸美味，卻還是慢慢變涼了。我頭一回看到克雷待在頂級美食餐廳中仍如此平靜自得；他看來甚至還滿享受的。

單是開胃菜便足以消弭我對梁子庚能力的懷疑，接下來的菜水準稍微有點不平均，酸辣龍蝦湯浪費了一塊鮮美的不得了的海鮮，烤羔羊肉吃來濃膩且不搭，不過每道菜的擺盤都美得驚人，幾乎可以彌補滋味不均衡之不足。最後幾道菜補救了這一餐，美味的蔥烤鱈魚又嫩又香，梁子庚依北京傳統為本詮釋改造的炸醬麵端上桌時，附著琳瑯滿目的粉紅蘿蔔絲、胡蘿蔔絲、黃瓜絲和一點玉米粒，醬料裡還加了花椒添香。北方風味的鍋貼包得特別仔細，一個個造型繁複細膩得像樹葉，那鍋貼內餡汁液淋漓，克雷一口咬下，汁竟呈弧形噴到桌子對面。甜點大獲全勝——香酥的杏仁餡餅佐以盛在細緻陶壺中的傳統北方杏仁茶。總的來說，這是我嚐過最精緻的北方菜——就別在意有些人會說，北方菜本來就不該以細緻見長。

餐畢，梁子庚過來跟我們打招呼，他穿著白襯衫和牛仔褲，人看來輕鬆多了，我好久沒見他如此輕鬆。我稱讚食物好吃。

「今年是豬年，」他一邊在我們的包廂坐下，一邊說，「我生在豬年，中國人相信，碰到你的生肖年，那一年不是大好就是大壞。」

（他這一番話有先見之明，北京店開張後上半年，餐廳又有廚師叛離，金主拒絕他的咖啡館構想，第二年，也就是鼠年，他運氣轉好，餐廳更加門庭若市，而且開始得獎）

梁子庚說他喜歡北京，北方的廚師比上海廚師閒散但也較不貪婪。「比方今晚，」他說，「我要帶他們去吃羊肉串，大家都很開心，換做在上海，有人就會問：『那打車的錢誰出？』」

我們聊了一個小時左右，他即將前往東南亞海邊度假，他想念熱帶地區較慢的步調。他提到說，自己應該不會在中國大陸待一輩子——總有一天，在他建立他的餐飲帝國後，他會到某個好地方退休。我和克雷起身離開時，已過了十一點，梁子庚送我們到門口，問一位女領檯廚師都在哪兒，他一整天沒吃東西，這會兒可以帶他們出去吃消夜。

「他們都回家了，」她說。

我和克雷的關係變得更認真，夏初時我搬過去和他一起住。他住在一個三層樓房大院的二樓公寓裡，胡同區鮮少有這種大院。一九八〇年代末期，有位清華大學的建築教授配合營造永續居住環境的計畫，設計這座大院，當時的想法是要在附近一帶廣建這種大院，不過只蓋成了幾座，此一計畫便夭折。這些公寓雖有淋浴間、廁所（兩間）和廚房等現代化設施，卻仍保有素樸的氣息，讓我們能聯想起周遭的環境。夏季時，如果有太多人開了冷氣，就會跳電，冬天時則得把全身包裹得一層又一層，因為有氣無力的電暖器根本不熱。

可是我愛透了這地點，公寓安坐在巷弄當中，聽不見汽車喇叭聲，我和克雷黃昏時會散步到後海。我一切烹飪歷險的起點——華聯烹飪學校，也在步行可至的範圍內。最棒的是，騎自行車只要五分鐘，就到了王主任委員家。

「恭喜恭喜！」我跟她說我和克雷已經訂婚時，她喊道。她燙鬈過的灰髮已經變直，夏天熱，她把厚厚的直髮剪了，短得簡直像平頭。她仍然穿著那件藍花旗袍，差不多一年以前她參加我的餃子宴時，穿的就是同一件衣服。

我告訴別人我的好消息時，大多數中國朋友都不為所動，他們好像覺得你一開始跟某人交往，最後一定走進結婚禮堂。這裡有很多女性稱呼男友為「老公」，也就是丈夫，在這個社會中，正式訂婚這件事引發了疑竇：我和克雷沒訂婚以前，是交往到什麼程度？

不過，那天下午我們碰面不是為了慶祝，而是有正事要談。我和王主任委員出外找地方，打算開烹飪學校。自我開始烹飪以來，不斷有朋友和熟人問我，他們可以到哪兒學作菜？我們在朋友家的廚房試開了幾堂課，現在決定時候到了，我們該找個合適的地方開班授徒。

從我家的那條巷子再過去，有位房東給我們看了一幢看來再合適也不過的胡同公寓：兩個大房間俯瞰著院落，據他說，還有個小房間可以闢為洗手間。

第二天，我打電話給包商，他於是過來給裝修費用估價。

「那兒沒法裝洗手間，」他說。

「為什麼？」我問。

「馬桶距離化糞池不能超過幾公尺，」他說。他帶我看這樓房的周邊，給我看最近的化糞池在哪兒。化糞池上方有個寫著「污」字的人孔蓋，那裡離我們想闢作洗手間的地點可不近。我們又從頭找起烹飪學校的地點。

那一次以後，我每天走在巷道裡，生平頭一回格外注意所有的人孔蓋，它們暗示著地面底下看不見的網路：「信息」表示電信網路；「錶」，有儀錶；「閘」，電閘。凡此種種都有助於提醒我，中國還有很多微妙的細節尚等著我學習認識。

有天上午，我和王主任委員在她的廚房裡作菜，我發牢騷說，我們住的街坊那一帶都沒賣肉和賣蔬菜水果，鄰里的便利商店只賣方便麵、飲料和加工餅乾。

「妳有沒有去過鼓樓附近的市場？」王主任委員問。我沒去過，她非得馬上補救這事不可。我們一蒸完第一批的窩窩頭，就跳上鐵馬，往市場騎去。她騎車姿態優雅，腳尖略向前，身子坐得端正。她像一陣風似的穿過一條胡同，轉到大馬路上，在車水馬龍間輕盈穿梭，我落在後方。

我們來到好幾間貨倉前面，這一區就躲在一排餐館後頭。貨倉跟飛機棚一般高大且通風，裡頭滿是攤販和顧客，大夥在那兒討價還價，買賣肉、蔬果和糧食。有一間房擺滿了一大堆米和堅果，不遠處有買菜的人在打量桃子和哈密瓜，這種瓜大小和質地都像西瓜，味道和長相卻像甜瓜。肉販磨磨刀子，準備按顧客的吩咐切五花豬肉和豬腳。這市場比王主任委員帶我去過的她舊家附近那市場還大了一倍，我不敢相信自己在這一帶住了兩三個月，卻直到這會兒才來到這裡。

不過，這便是在胡同裡生活的滋味：我逐漸有新的發現，好比說人孔蓋吧，只要我願意保持耐心，就能更完整地看見北京傳統生活的面貌。有天早上，我信步走出我們住的公寓，湊巧碰見有個女的，騎著自行車，車後拉著蓋著毯子的小推車。「賣菜唷！」她以好似蒙古喉唱歌手般的嗓門尖聲叫喊。她掀開毯子，下面有花椰菜、番茄、黃瓜和洋蔥。附近的雜貨店不賣生鮮農產，原因就在這裡。「大米！大米！白麵粉！」另一位小販大聲叫賣著他推車裡的米和麵粉。磨刀匠每隔一天的下午四點左右，必定騎車經過。「磨刀！磨刀！」他喊道，他的刀子碰撞著金屬板，哐噹哐噹響，他在我們的大院暫停的時間夠久，我來得及把我的菜刀拿給他磨。

我很高興自己及時發現這些單車小販，北京急於蛻變成現代化的世界級首都，在這過程中，這城市改變了好多，它的特色還有食物的傳統正逐漸流失。常見的街頭小吃點心慢慢消失無蹤，比方煎好以後抹點辣椒醬再灑點芫荽的煎餅。老麵店不見了，取而代之的是供應無味義大利肉醬麵的咖啡館。王主任委員帶我去的那兩家菜市場，逐漸變成稀有事物，「沃瑪」和「家樂福」這樣的大賣場則紛紛出現在城裡各處。

在北京不斷向前行的同時，我卻往後朝另一個方向走。不說別的，在我父母的眼光中，單就只是來到中國，就已經是有異於直覺思考的事。我母親的家人當年逃離中國，他們可是費了好大辛苦才逃出來，怎麼我想要回去呢？他們不明白我何以不想在美國找份穩定的工作，何以冒險在共黨國家工作。這會兒，我在變成廚師以後，又往後走了一步，走進破舊古老的街坊，這些胡同正一個個逐漸被怪手推倒。

我雖然逆向而行，心裡卻找到了平靜，在中國住了七年後，我總算心滿意足。我何等有福，能有好吃的食物、好朋友、愛情，對歷史也有了一點點瞭解，這讓我能夠欣賞這一切的意義。在我到加州探望父母，為他們作了一頓飯、七道菜，讓整個家裡飄著油香、辣椒香和胡椒香後，他們已原諒我搬到中國的這件事，也已認可我對烹飪的熱情。在北京，我和克雷建立了一個家，王主任委員又住在附近。至於在我的烹飪之旅中遇見的無數中國朋友，其中包括張師傅、小韓、小秦和餃子師傅們，他們仍在努力尋找自己的路。我很好奇他們到頭來會有什麼樣的遭遇。

然後我想起王主任委員對我說過的一番話：「酸、甜、苦、辣，我這一生全都嚐過了。」她一生當中苦多於甜，酸多於辣，可是一切都「還行」，不壞，這讓我對接下來的人生充滿希望。

有關食譜的說明

除了特別提到的情形，要製作書中菜色所需的特殊器具僅有中式菜刀和炒菜鍋，直徑十四吋的鑄鐵鍋最合乎理想。

中國菜一般是以家人共食的方式端上桌，烹煮四人份的餐食時，準備四至六道菜，附上餃子或麵條（參見食譜）或白飯（用飯鍋兩杯生米應該就夠了）。

食譜中的青蔥（主要是中國南方人愛用）和大蔥（主要是北方人愛用），互換也無妨。大多數中國人用大豆油燒菜，如果想用菜籽油或別種味道溫和的蔬菜油，悉聽尊便。也可用橄欖油，不過油炸時不宜。

國家圖書館出版品預行編目資料

味人民服務：從小麵攤到五星級餐館的奇妙歷程/林留清怡(Jen Lin-Liu)著；韓良憶譯.一第一版.一台北市：樂果文化，2010.08
面； 公分 --（樂故事；5）
譯自：Serve the People：A Stir-Fried Journey Through China
ISBN 978-986-86181-3-8(平裝)

1.飲食風俗 2.文化 3.烹飪 4.中國

538.782 99012388

樂故事 005

味人民服務：從小麵攤到五星級餐館的奇妙歷程

作　　者／林留清怡（Jen Lin-Liu）
譯　　者／韓良憶
行銷企劃／李麗斐
封面設計／姚筱涵
內頁設計／陳健美
總 編 輯／曾敏英

出　　版／樂果文化事業有限公司　樂果文化@臉書（請在Facebook搜尋樂果文化）
社　　址／台北市 105 民權東路三段 144 號 223室
讀者服務專線：（02）2545-3977
傳真：（02）2545-7773
直接郵撥帳號／50118837 號　樂果文化事業有限公司
印　　刷／卡樂彩色製版印刷有限公司
總 經 銷／紅螞蟻圖書有限公司
地　　址／台北市內湖區舊宗二路 121巷28・32 號 4樓
電話：（02）27953656
傳真：（02）27954100

2010年 8月第一版　定價／**320 元**　ISBN 978-986-86181-3-8
※本書如有 頁、破損、裝訂錯誤，請寄回本公司調換